तीर्थंकर

लेखक की अन्य किताबें

आस्था
देवदत्त पट्टनायक

योग पुराण
देवदत्त पट्टनायक

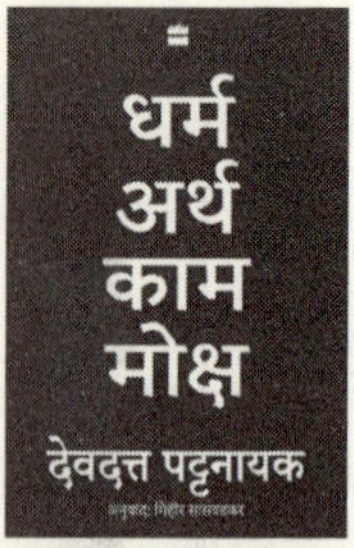
धर्म
अर्थ
काम
मोक्ष
देवदत्त पट्टनायक

DEVDUTT
PATTANAIK
SHIVA
TO
SHANKARA
GIVING FORM TO THE FORMLESS

DEVDUTT
PATTANAIK
CULTURE
50 INSIGHTS FROM MYTHOLOGY

DEVDUTT
PATTANAIK
LEADER
50 INSIGHTS FROM MYTHOLOGY

DEVDUTT
PATTANAIK
FAITH
40 INSIGHTS INTO HINDUISM

DEVDUTT
PATTANAIK
WITH MATTHEW RULLI
YOGA
MYTHOLOGY
64 ASANAS AND THEIR STORIES

DHARMA
ARTHA
KAMA
MOKSHA
40 INSIGHTS INTO HAPPINESS
DEVDUTT
PATTANAIK

तीर्थंकर

जैन धर्म पर 63 विचार

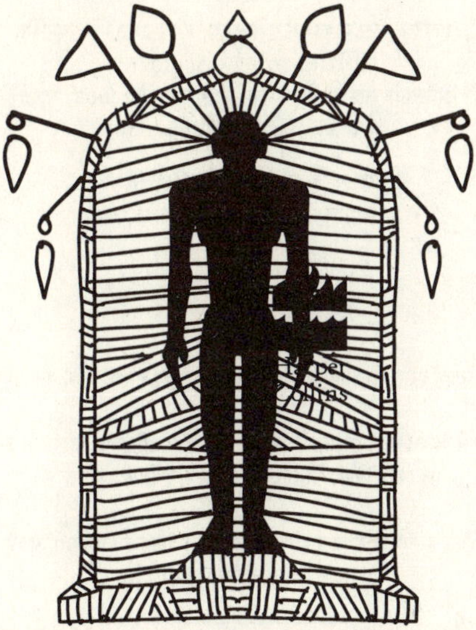

देवदत्त पट्टनायक

अनुवाद: मिहीर नीलम जाजोदिया

लेखक द्वारा चित्रित

हार्पर
हिन्दी

हार्पर हिन्दी
(हार्परकॉलिंस पब्लिशर्स इंडिया) द्वारा वर्ष 2023 में प्रकाशित
बिल्डिंग नं. 10, टावर A, 4th फ्लोर,
डीएलएफ साइबर सिटी, फेज II, गुरुग्राम 122002, भारत
www.harpercollins.co.in

P-ISBN: 9789356995970
E-ISBN: 9789356995987

टाइपसेटिंग : स्पेशल इफ़ेक्ट्स ग्राफ़िक्स डिज़ाइन कम्पनी, मुंबई
मुद्रक : थॉम्सन प्रेस (इंडिया) लि.

FSC www.fsc.org MIX Paper from responsible sources FSC® C010615

This book is produced from independently certified FSC® paper to ensure responsible forest management.

अरिहंतों

सिद्धों

आचार्यों

उपाध्यायों और

साधुओं को समर्पित

अस्वीकरण

ये पुस्तक

- जैन और ग़ैर-जैन सामान्य पाठकों के लिए है
- जैन धर्म के विचारों का स्त्रोत होने का दावा नहीं करती है
- जैन दर्शन शास्त्र की व्याख्या के कई संप्रदायों के बारे में अवगत है
- किसी कहानी के सभी स्त्रोतों या वर्णनों का उल्लेख नहीं करती है
- ऋषियों, साधुओं और देवताओं के लिए उपाधियों का प्रयोग नहीं करती है
- उच्चारण स्पष्ट करने के लिए विशेषक चिन्हों का उपयोग नहीं करती है

अनुक्रम

जैन धर्म और हिंदू धर्म

जैन धर्म और बौद्ध धर्म

जैन प्रथाएं

जैन वास्तुकला

जैन कला

जैन कहानियां

जैन धर्म और एकेश्वरवाद

अनुवादक की ओर से

हालाँकि जैन धर्म भारत में जन्मे धर्मों में से एक है, दूसरे धर्मों की तुलना में वह पृष्ठभूमि में रहा है। उसके बारे में मुझे इतना तो पता था कि जैन धर्मीय धरती के नीचे उगने वाली सब्ज़ियां नहीं खाते हैं। और वे अहिंसा को महत्त्व देते हैं। लेकिन इनके अलावा मैं इस धर्म के बारे में इतना कुछ नहीं जानता था।

इसलिए, इस पुस्तक का अनुवाद करने का अवसर मिलने पर मैं बहुत ख़ुश था। देवदत्त पट्टनायक की पुस्तकों में न केवल बहुत सारी जानकारी होती है बल्कि विषय-वस्तु पर गहन अंतर्दृष्टि भी होती है। और वे यह सब अपनी संक्षिप्त, सुगम शैली में करते हैं। यह पुस्तक भी कुछ ऐसी ही है - जानकारी और तथ्यों के साथ-साथ उनकी अनोखी विद्वत्ता। इस कारण, उसका अनुवाद भी संवेदनशीलता से करना आवश्यक था।

इस पुस्तक में अहिंसा और अपरिग्रह के सिद्धांतों का मुझपर गहरा असर हुआ। विशेष रूप से इसलिए कि आधुनिक विश्व में हमारा अनुकूलन इन दोनों के बिलकुल विपरीत अर्थात प्रतिशोध और संचय की ओर है।

मेरी आशा है कि देवदत्त पट्टनायक की इस पुस्तक का मूल आशय आप तक पहुंचाने का मेरा प्रयास आपको पसंद आएगा।

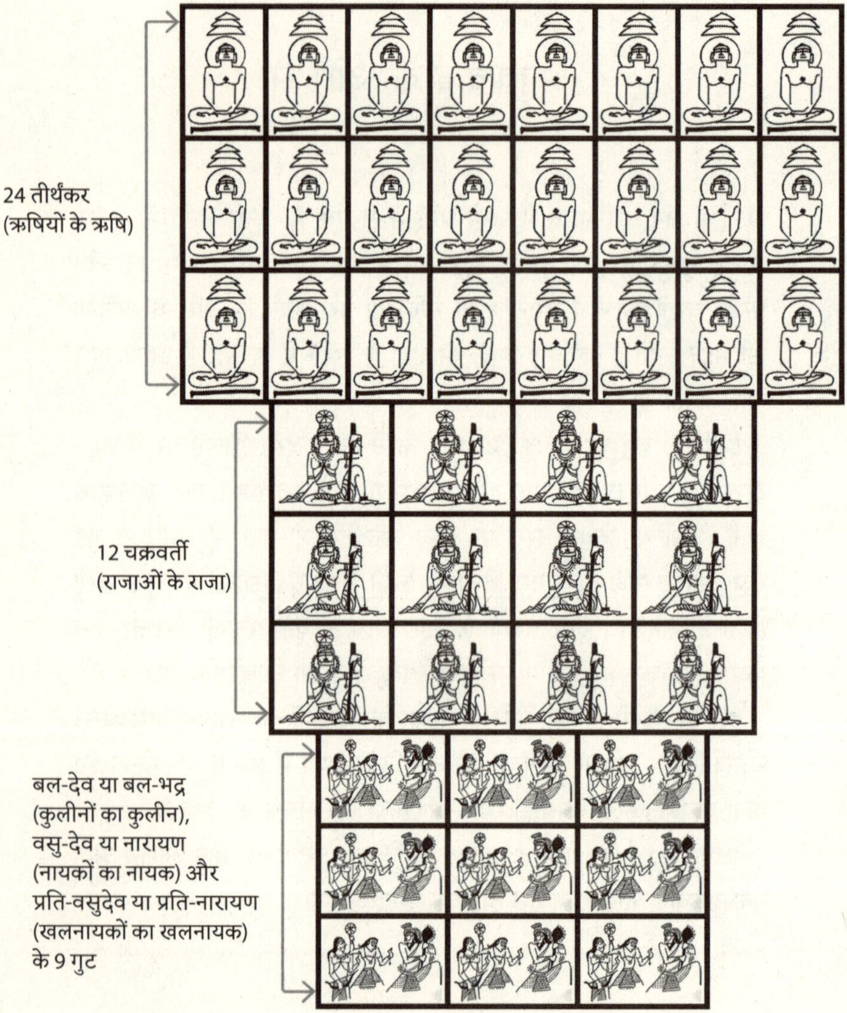

63 महा/शलाक-पुरुष जो मानवता के प्रत्येक कालचक्र में जन्म लेते हैं

1

प्रस्तावना: तीर्थंकर बाहुबली पर विचार

सभ्यता की शुरुआत में, ऋषभ ने पुरुषों और महिलाओं के लिए क्रमश: बहत्तर और चौसठ कार्य निर्मित किए। उनकी पुत्रियों, सुंदरी और ब्राह्मी, ने लोगों में अंकों और लेखन के ज्ञान का प्रसार किया। ऋषभ ने सौ राज्य स्थापित किए थे। उन्होंने अपने सौ पुत्रों में से हर एक को एक राज्य का उत्तरदायित्व सौंपा। फिर, उन्होंने विश्व को त्याग दिया और जीवन का रहस्य सुलझाने हेतु वे संन्यासी बन गए।

ऋषभ के चले जाने के बाद, उनके ज्येष्ठ पुत्र, भरत ने विश्व का सम्राट (चक्रवर्ती) बनने की इच्छा से अपने निन्यानवे भाइयों को अपने सामने झुकने के लिए कहा। उसके भाइयों ने इनकार किया: अठानवे भाइयों ने अपने पिता जैसे राज्य त्याग दिया और वे संन्यासी बन गए। लेकिन ऋषभ का दूसरा पुत्र, बाहुबली, राजा बना रहा। उसने स्वतंत्र रहने की ठान ली थी। भरत ने बाहुबली पर युद्ध घोषित किया। अनावश्यक रक्तपात रोकने के लिए दोनों भाइयों ने द्वंद्वयुद्ध लड़ा। बाहुबली अधिक शक्तिशाली था - उसने अपने भाई को तैराकी में हराया। कुश्ती में भी उसने भरत के मुक्कों को आसानी से झेला। लेकिन जब भरत पर वार करने की बारी आई तब उसे अपने ही बड़े भाई को मारने का विचार निंदनीय लगा। योद्धा होने के कारण उसका कर्तव्य था कि अपना उठाया हुआ हाथ वह कुछ किए बिना नीचे न करें। इसलिए, उसने अपना ही एक बाल नोचकर हाथ नीचे किया और वह भी संन्यासी बन गया।

ऋषभ-देव का पुत्र, बाहुबली, जो ध्यान में इतना तल्लीन था कि उसके अंगों के आसपास लताएं उग आईं।

बाहुबली के कनिष्ठ भाइयों ने उससे पहले विश्व त्याग किया था, और अब वे उससे वरिष्ठ साधु थे। इसलिए, अब बाहुबली को उनके सामने झुकना पड़ता। लेकिन बाहुबली किसी के सामने झुकना नहीं चाहता था - न सांसारिक विश्व में भरत के सामने और न मठवासी विश्व में अपने अन्य भाइयों के सामने। वह दोनों विश्वों के पदानुक्रमों के बीच फंस गया था। इस असमंजस के समय, उसकी बहनें चिल्लाईं, 'अपने गज से नीचे उतरें!' बाहुबली उनके कहने में अंतर्निहित अर्थ समझ गया। वह अपने अहंकार पर सवार था। अहंकार के कारण वह एक मदहोश गज की तरह स्वयं में इतना डूब गया था कि वह दूसरों को पीड़ा दे रहा था। अहंकार को वश में करने वाला व्यक्ति सच्चा विजेता (जीन) होता है। भारत की मंदिर कला में यह विचार गज को वश में कर रहे सिंह से दिखाया जाता है।

बाहुबली के पिता, ऋषभ, जीन बन गए थे। उन्होंने वह तीर्थ ढूँढा था जिसे पार करके मनुष्य पदानुक्रमों के सांसारिक विश्व से पदानुक्रम रहित आध्यात्मिक विश्व तक पहुंच सकते हैं। इसलिए, ऋषभ को तीर्थंकर कहा गया। चूँकि ऋषभ शाश्वत तीर्थ के इस कालचक्र में फिर से खोज करने वाले पहले व्यक्ति थे, उन्हें देवताओं समान माना गया। और इसलिए उन्हें ऋषभ-देव तथा आदि-नाथ (आचार्यों के पहले आचार्य) नामों से जाना जाता है। उनके बाद 23 तीर्थंकर आए।

जैन मार्ग मन के बाहर नहीं बल्कि मन के भीतर स्थित है। बाहुबली ने अपने पिता द्वारा खोजे पथ को ढूंढने का दृढ़ संकल्प किया था। इसलिए, अपने अहंकार से लड़ते हुए वह एक स्थान पर बिलकुल स्थिर खड़ा रहा।

समय के साथ उसके पैरों के आस-पास लताएं उगकर उन्हें लपेटने लगीं। लेकिन उसने अहंकार के बंधनों को तोड़ने का दृढ़ संकल्प किया था और इसलिए बिलकुल स्थिर खड़ा रहा। इस प्रकार वह पहला श्रमण बन गया, वह संन्यासी जो जीन के मार्ग पर चलने का श्रम करता है।

उधर भरत, जो अब सौ राज्यों का राजा था, विश्व के केंद्र में स्थित मेरू पर्वत के शिखर पर अपने नाम की नक्काशी कर अपनी महिमा की घोषणा करना चाहता था। लेकिन उसने पाया कि शिखर पर पहले से ही सैंकड़ों चक्रवर्तियों के सैंकड़ों नाम थे: उन्हें भी लगा था कि चक्रवर्ती बनने वाले वे पहले व्यक्ति थे। और यह स्पष्ट था कि वे अंतिम चक्रवर्ती भी नहीं थे। भरत समझ गया कि वह सांसारिक विश्व के पदानुक्रमों में फंस गया था। वह अपने पिता और अपने भाइयों के सामने झुक गया। उसने ऋषभ के सम्मान में मंदिर बनाए और बाहुबली के सम्मान में मूर्तियां बनाईं। इस प्रकार, वह पहला श्रावक बन गया, वह गृहस्थ जो जीन का आदर कर जीन-वाणी का प्रसार करता है। श्रावक सुनिश्चित करता है कि सांसारिक विश्व के मोहों से मुक्त करने वाले तीर्थ की याद सभी में बनी रहती है।

'तीर्थ' नदी के तटों को जोड़ने वाला उथला भाग है। पुल के विपरीत वह नैसर्गिक है। इसका तात्पर्य यह है कि जैन धर्म के तीर्थंकर कोई कृत्रिम या अलौकिक बात नहीं बल्कि सनातन नैसर्गिक विचारों को प्रकट करते हैं।

महावीर इस कालचक्र के चौबीसवें और अंतिम तीर्थंकर थे। वे बुद्ध के काल के ठीक पहले, लगभग 2500 वर्ष पहले जीवित थे। उनकी सीखों को सदियों तक मौखिक रूप से प्रसारित किया गया। कुछ सीखों को लिखित रूप दिया गया, लेकिन अधिकतर सीखें खो गईं। इसलिए जैन समुदाय में वाद-विवाद होकर वह विभाजित हुआ।

श्वेत वस्त्र पहने श्वेताम्बर जैनों का मानना है कि जैन मार्ग पर चलकर मोक्ष प्राप्त करने वाला पहला व्यक्ति एक पुरुष नहीं बल्कि एक स्त्री थी - बाहुबली नहीं बल्कि ऋषभ की माँ, मरू-देवी। मोक्ष प्राप्त किए हुए, जैन मार्ग खोजने वाले, ध्यान में बैठे हुए अपने पुत्र, ऋषभ, को केवल ताकने से गज पर सवार मरू-देवी ने मोक्ष प्राप्त किया। श्वेताम्बर मंदिरों में, मरू-देवी की छवि प्रमुख होती है, जिसमें वे गज पर बैठी हुईं अपने पुत्र को ताक रही हैं।

आकाश से ढकें दिगम्बर जैन बाहुबली की विशाल मूर्तियां स्थापित करना पसंद करते हैं। इन मूर्तियों में उनके अंगों से लताएं लिपटी होती हैं। इस प्रकार वे तीर्थंकर की मूर्तियों से अलग होती हैं। दिगम्बर पंथ, जो और रूढ़िवादी है, पुरुष के शरीर को विशेषाधिकार देता है। दिगम्बर जैनों का मानना है कि ऋषभ-देव के बाद कुछ तीर्थंकरों ने विवाह नहीं किया और सभी ने वस्त्र नहीं पहनें। 'आकाश से ढका' नग्नता के लिए मंगलभाषी शब्द है। नग्नता नंगेपन से अलग है। नग्न व्यक्ति दूसरों की ताक के प्रति तटस्थ रहता है जबकि नंगा व्यक्ति चाहता है कि लोग उसे देखें।

डेरा-वासी जैन तीर्थंकर की प्रतिमाओं को प्रतिष्ठापित कर उन्हें अलंकृत करते हैं। उनके अनुसार देवताओं ने भी सात समुद्र पार नंदीश्वर-द्वीप में मंदिर बनाकर ऐसी मूर्तिपूजा की। स्थानक-वासी जैन मूर्तिपूजा से पूर्णतः दूर रहते हैं। जैन धर्म में सिद्धांत और अनुष्ठानों के आधार पर और भी विभाजन हैं। कुछ पंथ उन यक्ष और यक्षियों की मूर्तियों को पूजते हैं जो जीन के सेवक थे। अन्य पंथों में कम तथा अधिक सरल अनुष्ठान होते हैं। कुछ पंथ

गुरुओं की श्रृंखला के अनुयायी हैं। कुछ और पंथ चित्रकारी से अधिक ग्रंथों को महत्त्व देते हैं।

लेकिन सभी जैन पंथों में कई समानताएं हैं। किसी भी जैन ग्रंथ में ऐसे किसी सर्वशक्तिमान परमात्मा का उल्लेख नहीं है जिन्होंने विश्व का निर्माण किया और जिनके सामने झुकना आवश्यक है। सभी जैन इस बात पर सम्मत हैं कि भारत देश का नाम बाहुबली के महान बड़े भाई, भरत की स्मृति में है, जिन्होंने अहिंसा, अनेकांत-वाद और अ-संचय (अपरिग्रह) के मार्ग के सम्मान में पहला जैन मंदिर बनाया। सभी जैन पंथों ने 1974 में एक सार्वजनिक चिन्ह स्वीकार किया, जिससे वे बंधे हुए हैं।

वीरचंद राघवजी गांधी ने 1893 में शिकागो में हुई विश्व धर्म महासभा में यह जैन विचार प्रस्तुत किए। इसी महासभा में स्वामी विवेकानंद ने विश्व से हिंदू धर्म का परिचय करवाया था। अंग्रेज़ों ने कुछ वर्ष पहले ही जैन धर्म की 'खोज' की थी। इसलिए, 1880 की जनगणना में 'जैन' श्रेणी का पहली बार समावेश किया गया था। वर्तमान काल में हालाँकि भारत के एक प्रतिशत से भी कम लोग जैन समुदाय के हैं, 90 प्रतिशत से अधिक जैन साक्षर हैं। आज, अनुमानों के अनुसार भारत की एक चौथाई आयकर कमाई जैन समुदाय से आती है, जिस कारण वह एक बहुत प्रभावशाली अल्पसंख्यक समुदाय है।

लेकिन बहुत कम लोग जैन धर्म के बारे में जानते हैं और बहुधा उसमें तथा हिंदू और बौद्ध धर्मों में गड़बड़ा जाते हैं। और इसलिए, इस पुस्तक में इस अंतर्दृष्टि को मिलाकर जैन धर्म से मिलीं कुल 63 अंतर्दृष्टियां हैं।

ऋषभ-देव की माँ, मरू-देवी। जब मरू-देवी गज पर सवार होकर ऋषभ-देव से मिलने गईं तब उन्होंने उनका सिद्ध रूप देखा।.

63 ही क्यों? क्योंकि जैन आख्यानों के अनुसार मानव सभ्यता के अनगिनत कालचक्रों में से प्रत्येक कालचक्र में 63 महान/ प्रसिद्ध व्यक्ति (महा/शलाक पुरुष) अस्तित्व में आते हैं। आदि-नाथ ऋषभ और चक्रवर्ती भरत पहले दो शलाक पुरुष थे। प्रत्येक कालचक्र में ऐसे 24 तीर्थंकर या आदि-नाथ और 12 चक्रवर्ती होते हैं। उनके अलावा 9 नायक (वसु-देव) भी होते हैं जो 9 शांतिवादियों (बल-देव) की रक्षा करते हैं और 9 खलनायकों (प्रतिवसु-देव) से लड़ते हैं। रामायण और महाभारत के जैन वर्णनों में राम बल-देव हैं तथा कृष्ण वसु-देव हैं।

ये 63 लेख जैन विचारों की मेरी व्यक्तिपरक समझ प्रस्तुत करते हैं। यह समझ भारतीय और पाश्चात्य मिथकों के पच्चीस वर्षों के मेरे अध्ययन पर आधारित है। मिथक कहानियों, चिन्हों और अनुष्ठानों के माध्यम से व्यक्त किए गए वंशागत सामाजिक सत्य हैं। इन अध्यायों में जैन विचारों, इतिहास, प्रथाओं, वास्तुकला, कला और कहानियों की चर्चा की गई है। उनमें जैन धर्म की हिंदू तथा बौद्ध धर्मों के साथ और यहूदी धर्म, ईसाई धर्म और इस्लाम जैसे एकेश्वरवादी धर्मों के साथ तुलना की गई है। इस पुस्तक में इन विषयों का केवल परिचय दिया गया है, जिससे कि सभी लोग आगे जाकर इनकी खोज कर सकें। इसलिए, इस पुस्तक को जैन ऋषियों के परामर्श के अनुसार संघर्ष की नहीं बल्कि जिज्ञासा की भावना से पढ़ें, यह ध्यान में रखते हुए कि

अनंत पुराणों में छिपा है सनातन सत्य
इसे पूर्णतः किसने देखा है?
वरुण के हैं नयन हज़ार
इंद्र के सौ
आपके, मेरे केवल दो

जैन विचार

2

लोक पर विचार

तीर्थ नदी के दो तटों को जोड़ने वाला उथला भाग है, जिससे हम नदी को पार कर सकते हैं। वह पुल से भिन्न है, जो कृत्रिम होता है। तीर्थ प्राकृतिक होता है और खोजे जाने तक हमसे छिपा रहता है। इसलिए, तीर्थ जैन प्रज्ञा के लिए सबसे अच्छा रूपक है। यह प्रज्ञा हमें सांसारिक आक्रामकता और इच्छा के जीवन से आध्यात्मिक संतुष्टि के जीवन तक पहुंचने में मदद करती है। तीर्थ सदा से अस्तित्व में रहा है। इसलिए जैन मार्ग सनातन माना जाता है और उसकी फिर से खोज करने वालों को तीर्थंकर कहते हैं। जैन विश्वदृष्टि के अनुसार, प्रत्येक कालचक्र में 63 महान व्यक्ति होते हैं, जिनमें से 24 तीर्थंकर होते हैं।

जैन मानते हैं कि विश्व अनादि और अनंत है। समय सर्प जैसे चलता है, और सदा सौभाग्य (सुषमा) समय अवधि की ओर आरोहण (जिसे उत्सर्पिणी कहते हैं) और दुर्भाग्य (दुषमा) समय अवधि की ओर अवरोहण (जिसे अवसर्पिणी कहते हैं) करता है। सौभाग्य और दुर्भाग्य की समय अवधि, जिसे आरा कहते हैं, समान नहीं होती है; साधारणतः सौभाग्य की अवधि अधिक होती है।

प्रत्येक आरोहण और अवरोहण में छह आरा होते हैं:

1. सुषमा-सुषमा (सबसे अच्छी और लंबी अवधि)
2. सुषमा (सुषमा-सुषमा से कम अच्छी और कम लंबी अवधि)
3. सुषमा-दुषमा (सुषमा से कम अच्छी और कम लंबी अवधि)
4. दुषमा-सुषमा (बुरी और छोटी अवधि)
5. दुषमा (दुषमा-सुषमा से भी बुरी और छोटी अवधि)
6. दुषमा-दुषमा (सबसे बुरी और सबसे छोटी अवधि)

जैन मंदिर परिसर का कलात्मक चित्रण, जो हमें याद दिलाता है कि पृथकत्व कुछ भी नहीं होता है, हर माप तुलनात्मक होता है और हर धारणा संदर्भ पर निर्भर होती है।

अच्छा और बुरा समय दोनों स्थायी नहीं होते हैं। इस प्रकार के असीम कालचक्र होते हैं, और सबमें आरोहण और अवरोहण के दो भाग होते हैं। प्रत्येक आधे भाग में 63 महापुरुष जन्म लेते हैं। पहले तीर्थंकर, ऋषभ, तीसरे आरे के अंत में प्रकट हुए। चौबीसवें तीर्थंकर, महावीर, चौथे आरे के अंत में प्रकट हुए। दोनों के बीच अन्य 61 महापुरुषों ने जन्म लिया। अब हम पांचवें आरे में हैं, और इससे भी बुरा समय अभी आना बाकी है। उसके पश्चात अच्छा समय फिर से शुरू होगा।

सभी तीर्थंकर सिद्ध-लोक में जीते हैं। यह एक विशिष्ट लोक है जहां कोई भूख नहीं होती है, जिस कारण वे न खाने का सुख, न खाए जाने का दुःख अनुभव करते हैं। यह लोक स्वर्ग के पार है। स्वर्ग वह श्रेष्ठ लोक है, जहां प्राचुर्य होता है और सारी भूख की पूर्ति की जाती है। अभाव का लोक, नरक, सबसे नीचे स्थित है, जहां सारी भूख बढ़ जाती है। स्वर्ग और नरक के बीच मनुष्यों का भू-लोक है।

भू-लोक के मध्य में मेरू पर्वत स्थित है, जिसके चारों ओर छह द्वीप फूल की पंखुड़ियों की तरह फैले हुए हैं। सभी द्वीपों पर चक्रवर्ती का राज है। उन्हें लगता है कि उनका पूरे विश्व पर राज है। लेकिन उन्हें यह नहीं पता कि परिचित खारे समुद्र के पार भूमि के छह और चक्र हैं। इन छह चक्रों के बीच छह महासागर हैं। सबसे दूर स्थित नंदीश्वर-द्वीप में देवताओं ने चारों दिशाओं में 13 जैन मंदिर, अर्थात कुल 52 मंदिर स्थापित किए हैं।

काल और देश की ये भव्य समझ जैनों को जैन धर्म के तीन रत्न (रत्न-त्रयी) प्राप्त करने के लिए प्रोत्साहित करती है - 'सम्यक' दर्शन, 'सम्यक' ज्ञान और 'सम्यक' चरित्र।

दुर्भाग्यवश, औपनिवेशी प्रभाव के कारण, जब सम्यक का अनुवाद किया गया तब उसका अर्थ उचित या अच्छा लिया गया। इससे प्रतीत हुआ कि यह धर्मसिद्धांत था। जैन धर्म पुनर्जन्म की धारणा पर आधारित है, जिसमें एक से अधिक जीवनकालों के पार कारण और परिणाम देखने की क्षमता है।

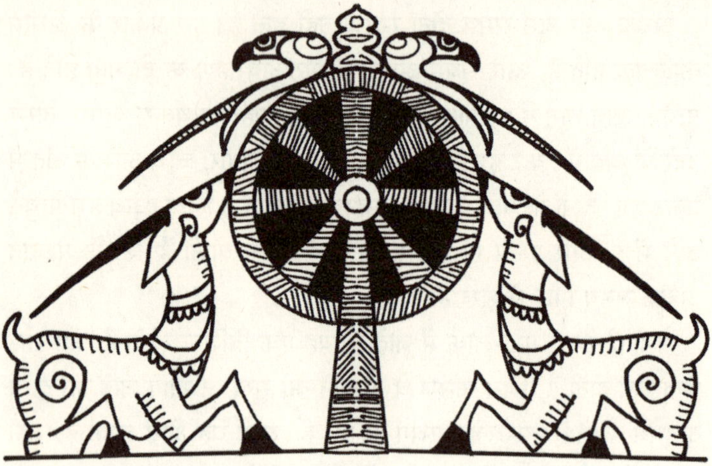

सम का अर्थ है प्रारंभ तक लौटना, मानो जैसे किसी चक्र में होता है: जो आगे जाता है वह लौट कर आता है।

औपनिवेश से प्रभावित अनुवाद ने इस बात को ध्यान में नहीं रखा। वर्तमान काल में जो कुछ भी उचित लगता है वह भविष्य में या किसी और के दृष्टिकोण से अनुचित लग सकता है। वर्तमान काल में जो कुछ भी अनुचित लगता है वह भविष्य में या किसी और के दृष्टिकोण से उचित लग सकता है। बदलते काल, देश और दृष्टिकोण के अनुसार कुछ भी एक जैसा नहीं लगता है।

सम्यक शब्द 'सम' से उत्पन्न हुआ है। संगीत में सम का अर्थ है पहले स्वर पर लौटना। इस प्रकार, सम्यक लौटने, गोलाई, समावेश, व्यापकता और दूसरों के दृष्टिकोण के समावेश का संकेतक है। मिथ्या सम्यक के विपरीत है, जो सीमित और रैखिक है और जिसमें दूसरों के दृष्टिकोण का समावेश नहीं किया जाता है। सम्यक परभक्षी और शिकार, पीड़ित और खलनायक, अतीत और वर्तमान दोनों को ध्यान में रखता है; जबकि मिथ्या केवल किसी एक को ध्यान में रखती है। इसलिए, जैन धर्म के तीन रत्नों

(रत्न-त्रयी) - सम्यक दर्शन, सम्यक ज्ञान और सम्यक चरित्र - का अनुवाद 'समावेशी' दर्शन/ ज्ञान/ चरित्र न कि 'उचित' दर्शन/ ज्ञान/ चरित्र होना चाहिए।

मेरू पर्वत के तल पर और उसके शिखर पर दृश्य अलग हैं। और शिखर पर स्थित लोग वो नहीं देख सकते जो सिद्ध-लोक से तीर्थंकर देख सकते हैं। असीम दृश्य और प्रत्येक दृश्य को व्यक्त करने के असीम तरीक़े हैं। इसलिए, इस बात पर अड़े रहना कि हम सब कुछ जानते हैं व्यर्थ है। इस अनुभूति से हम अहिंसा की ओर बढ़ते हैं। जैसे हमारी आध्यात्मिक उन्नति होती है और हम समझते हैं कि देश और काल के अनुसार असीम दृश्य होते हैं, हममें संवेदनशीलता और सहानुभूति बढ़ती है। हालाँकि हम और अधिक देख सकते हैं, पर हम 'सब कुछ' कभी नहीं देख सकते। केवल तीर्थंकर सब कुछ देख सकते हैं - अतीत, वर्तमान और भविष्य में स्थित असीम दृश्य (अनेकांत-वाद) और देश और काल में फंसे हुए सभी जीवों का सीमित दृश्य (स्याद-वाद)। तीर्थंकर केवलिन अर्थात सर्वज्ञ हैं। वे सभी कुछ और सभी को, सभी प्रेरणाओं, क्रियाओं और प्रतिक्रियाओं को देख सकते हैं। लेकिन वे भव्य रूप से, सबसे तटस्थ, कैवल्य अवस्था में बैठते हैं। उनमें अपनी पहचान स्थापित करने या किसी एक दृष्टिकोण का समर्थन करने की कोई इच्छा नहीं होती है। इस शाश्वत जैन तीर्थ तक पहुंचने के लिए सभी को अपना मार्ग बनाना होगा।

3

माप पर विचार

माइक्रोस्कोप के माध्यम से सूक्ष्म जीवों की खोज से बहुत पहले जैनों ने तर्क के माध्यम से इन जीवों (निगोद) के अस्तित्व की संकल्पना की थी। इन एक-इंद्रिय जीवों की जीवन-अवधि इतनी छोटी है कि मनुष्यों की आंख की एक झपकी, हृदय की एक धड़कन या एक श्वास के समय में इनकी कई जीवन-अवधियां होती हैं। इस प्रकार समय को अति सूक्ष्म इकाइयों में घटा दिया गया।

जैनों ने समय को अनंतता तक विस्तारित भी किया। पहले तीर्थंकर, ऋषभ, का जन्म 10^{224} वर्ष पहले हुआ था। वे $500\text{X}10^{18}$ वर्षों तक जीवित रहे।

चौबीसवें और अंतिम तीर्थंकर, महावीर, 2500 वर्ष पहले 100 मानव वर्षों से कम अर्थात 72 वर्षों तक जीवित रहें। तीर्थंकरों की घटती जीवन अवधि इस बात का संकेतक है कि हम अवसर्पिणी में जी रहे हैं (विश्व के अवरोहण का चरण) और हम भाग्य से दुर्भाग्य की ओर अर्थात सुषमा से दुषमा की ओर बढ़ रहे हैं।

उत्सर्पिणी विश्व के आरोहण का चरण है। दोनों चरणों से एक कल्प बनता है। एक कल्प एक सागरोपम तक चलता है। एक सागरोपम दस करोड़ पल्योपमों के बराबर है। पल्योपम की गणना कुछ इस प्रकार की जाती है: एक नवजात युगलिक (एक विशेष शिशु जिसने संभोग हुए बिना जन्म लिया हो) के बाल की लट लें, और उसे समान लंबाई के अति-सूक्ष्म

टुकड़ों में विभाजित करें। एक गड्ढा खोदें जो आठ योजन (एक योजन लगभग 8 मीलों के बराबर होता है) गहरा और चौड़ा हो, और उस गड्ढे को लट के पतले टुकड़ों से भर दें। गड्ढे को ऊपर तक भर दें। यदि कोई सेना उस पर से जाए भी तो उसे दबना नहीं चाहिए। अब हर 100 वर्ष में एक लट खींचें। गड्ढे को रिक्त हो जाने के लिए लगा समय 1 पल्योपम के बराबर होगा।

यह समझाने के लिए कि अलग-अलग जीवों की शक्ति भी अलग होती है, जैन ग्रंथों ने घोषणा की: 12 योद्धा एक वृषभ जितने शक्तिशाली होते हैं, 10 वृषभ एक अश्व जितने शक्तिशाली होते हैं, 12 अश्व एक महिष जितने शक्तिशाली होते हैं, 15 महिष एक गज जितनी शक्तिशाली होती हैं, 500 गज एक सिंह जितने शक्तिशाली होते हैं, 2000 सिंह एक शरभ (आठ पैरों वाला मांसभक्षी प्राणी) जितने शक्तिशाली होते हैं, दस लाख शरभ एक बल-देव जितने शक्तिशाली होते हैं, दो बल-देव एक वसु-देव जितने शक्तिशाली होते हैं, दो वसु-देव एक चक्रवर्ती जितने शक्तिशाली होते हैं, 100,000 चक्रवर्ती एक नागराज जितने शक्तिशाली होते हैं, 1 करोड़ नागराज एक इंद्र जितने शक्तिशाली होते हैं, और असंख्य इंद्रों की शक्ति एक तीर्थंकर की शक्ति की तुलना में नगण्य होती है।

इन वर्णनों में बड़े और छोटे की धारणाएं निरपेक्ष नहीं हैं; प्रत्येक वस्तु की तुलना किसी और वस्तु के साथ की गई है। हमें सदा कुछ न कुछ मिलेगा जो हमसे बड़ा और छोटा होगा। मापने से हममें माया उत्पन्न होती है। इतनी बड़ी, अनुपयोगी संख्याओं की गणना अनंत की धारणा के लिए तीव्र इच्छा का संकेतक है। हम सीमित जीव हैं जो असीम विश्व में जीते हैं। इसलिए, हमें यह हमेशा ध्यान में रखना होगा कि हमारे नीचे और हमारे ऊपर सदा कोई न कोई जीवित है। हम शून्य से अनंतता तक फैले हुए सांतत्यक में जीते हैं। व्यापारियों को भाने वाले इन गणितीय विचारों को संन्यासियों और संतों के दर्शन शास्त्र ने आकार दिया।

जैन मंदिर परिसर का कलात्मक चित्रण, जो हमें याद दिलाता है कि पृथकत्व कुछ भी नहीं होता है, हर माप तुलनात्मक होता है और हर धारणा संदर्भ पर निर्भर होती है।

अनंतता के इस विश्व में हमारा मूल्य शून्य है। बौद्ध धर्मीय शून्य की समझ प्राप्त करने के साथ आसक्त हैं। हिंदू धर्मीय अनंत/ पूर्ण में विलीन होने के साथ आसक्त हैं। जैन धर्मीय संख्या रेखा पर मनुष्यों का स्थान निर्धारित करने के साथ आसक्त हैं: धनात्मक संख्या जमा का संकेत है, ऋणात्मक संख्या विकलन का संकेत है। विकलन (पाप) से दुःख निर्मित होता है जबकि जमा (पुण्य) से सुख। दुःख और सुख हमें कर्मों पर आधारित हिंडोले में जकड़ लेते हैं।

4

धर्म पर विचार

विदेश में रहने वाले कई भारतीय हिंदू, बौद्ध और जैन धर्म जैसे भारत में शुरू हुए धर्मों के लिए 'धार्मिक मज़हब' वाक्यांश का उपयोग करते हैं। वे ऐसा राजनीतिक कारणों के लिए करते हैं, इन धर्मों और यहूदी धर्म, ईसाई धर्म तथा इस्लाम में भेद करने के लिए, जो आज विश्व में प्रमुख धर्म हैं। धार्मिक मज़हबों की ये विशेषताएं हैं:

- वे मध्य एशिया में नहीं बल्कि भारत में उत्पन्न हुए।
- वे एक जन्म पर नहीं बल्कि पुनर्जन्म पर आधारित हैं।
- हिंदू धर्म को छोड़, इन धर्मों में परमात्मा का उल्लेख नहीं है।
- पाप और अवज्ञा के बजाय वे जमा, विकलन, ऋण और मुक्ति की बात करते हैं।
- उनमें जजमेंट डे या क़यामत के दिन की कोई धारणा नहीं है।

कई हिंदू मानते हैं कि जैन और बौद्ध धर्म स्वतंत्र धर्म न होते हुए हिंदू धर्म के प्रति 'प्रतिक्रिया' है। लेकिन हिंदू धर्म का आधुनिक रूप स्वयं जैन और बौद्ध धर्मों के प्रति प्रतिक्रिया है। जैन और बौद्ध धर्मो में विचार वेदों में पाए गए विचारों से बहुत अलग हैं। हम कह सकते हैं कि तीनों धर्म भारतीय संदर्भ में उत्पन्न हुए, जहां समय (काल) और पिछले जन्मों (कर्म)

को बहुत महत्त्व दिया गया। हालाँकि बोलचाल की भाषा में 'धर्म' का अर्थ अब मज़हब या जीवन पद्धति बन गया है, तीनों धर्मों में इस शब्द के अलग प्रयोग से हम उनमें अंतर समझ सकते हैं।

- ▶ 'धर्म' की धारणा हिंदू धर्म का आधार है। पुराणों के अनुसार विष्णु ने अपने कई अवतारों के माध्यम से धर्म की स्थापना की। 'धर्म' मत्स्य न्याय के विपरीत है, जिस न्याय से पौधों और प्राणियों के राज्य शासित हैं। जंगल में सभी जीव या तो खाते हैं या खाए जाते हैं। केवल सबसे स्वस्थ्य जीव जीवित रहते हैं और प्रबल जीव दुर्बल जीवों को खा जाते हैं। लेकिन मनुष्यों में इस प्रवृत्ति को उलटने की क्षमता है - प्रबल असहायों और दुर्बलों की मदद कर सकते हैं और स्वस्थ्य अस्वस्थ्यों की मदद कर सकते हैं। सबसे महत्त्वपूर्ण बात यह है कि खाने वाले या खाए जाने वाले होने के बजाय हम खिलाने वाले या खिलाए जाने वाले बन सकते हैं। लेकिन मनुस्मृति जैसे हिंदू शास्त्रों में 'धर्म' का अर्थ वो कर्तव्य है जिसे प्रत्येक वर्ण / जाति के व्यक्ति को उसके जीवन के चरण (आश्रम) और लिंग के अनुसार करना अपेक्षित है। यहां, सहानुभूति से अधिक पदानुक्रम को महत्त्व दिया गया है।

- ▶ बौद्ध धर्म में 'धम्म' शब्द का प्रयोग बौद्ध ज्ञान के कोष के लिए किया जाता है, जिसकी मदद से हम समझते हैं कि संपूर्ण विश्व पीड़ा से भरा है, कि इच्छा ही पीड़ा को जन्म देती है और बौद्ध मार्ग हमें पीड़ा से निर्वाण तक ले जाता है। निर्वाण में हमें सांसारिक विश्व (संसार) की शून्यता का एहसास होकर हम अपनी पहचान के बंधनों से मुक्त होते हैं। बौद्ध धर्म के उत्तरकालीन संप्रदायों में 'धर्म' शब्द का बहुवचनी प्रयोग किया गया। इस शब्द ने संवेदनाओं, स्मृतियों, कल्पनाशक्ति, बुद्धि और मन जैसी जीवन की कई इकाइयों को इंगित किया जो मिलकर जीवन में माया निर्माण करती हैं।

▶ जैन धर्म में 'धर्म' गति का एक मूलभूत सिद्धांत है। जैन मानते हैं कि इस लोक में कोई परमात्मा नहीं हैं। विश्व कुछ मूलभूत द्रव्यों से बना है - इनमें जीव अर्थात जीवन प्रदान करने वाले सिद्धांत और अजीव अर्थात पदार्थ का समावेश होता है। जीव संवेदनशील है जबकि अजीव असंवेदनशील है। अजीव में काल, आकाश और पदार्थ (पुद्गल) का समावेश होता है। इसमें धर्म अर्थात गति का सिद्धांत और अधर्म अर्थात स्थिरता का सिद्धांत भी है।

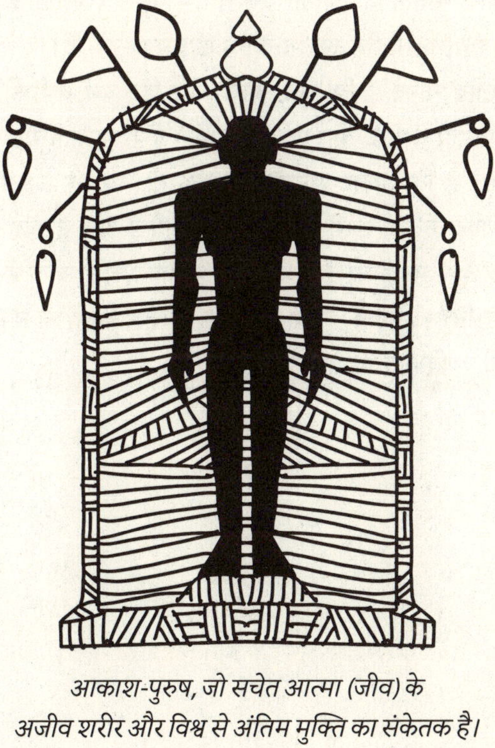

आकाश-पुरुष, जो सचेत आत्मा (जीव) के अजीव शरीर और विश्व से अंतिम मुक्ति का संकेतक है।

इस प्रकार जैन धर्म में धर्म की धारणा बौद्ध धर्म के धम्म और हिंदू धर्म के धर्म की धारणाओं से भिन्न है। जैनों का मानना है कि आत्मा पुद्गल के साथ घुल-मिल जाती है और इस घुल-मिलने से भ्रम उत्पन्न होता है, जिससे माया और अंत में बंधन निर्माण होता है। जैन मार्ग की स्पष्टता से ये बंधन तोड़े जा सकते हैं।

जैन धर्म जैसे, हिंदू धर्म भी मानता है कि सभी जीवित प्राणियों की आत्मा (जीव) होती है। हिंदू धर्म मानता है कि एक सर्व-शक्तिमान, समावेशी ब्रह्मांडीय आत्मा (परम-आत्मा) होती है, जिसके जागरण से सृष्टि का निर्माण हुआ और जो व्यक्तिगत जीवों को सांसारिक विश्व की माया में फंसने से बचा सकती है। लेकिन जैन धर्म में यह धारणा नहीं है। बौद्ध धर्म में व्यक्तिगत या ब्रह्मांडीय आत्मा की कोई धारणा नहीं है।

कई भारतीय मानते हैं कि जैन, बौद्ध और हिंदू धर्म धर्म की धारणा पर आधारित एक ही धर्म के तीन पंथ हैं। लेकिन ऐसी मान्यता में हम इस बात को भूल जाते हैं कि अलग समुदायों में एक ही शब्द के अलग अर्थ होते हैं। किसी शब्द की कौन-सी परिभाषा हम चुनते हैं और उसका कैसे प्रयोग करते हैं यह हम पर निर्भर है। कौन-सी परिभाषा चुनी जाती है यह बहुधा राजनीति पर निर्भर होता है - क्या हमें एक विस्तृत समूह का हिस्सा दिखना है या अपनी व्यक्तिगत पहचान बनाए रखनी है।

5

कर्म पर विचार

महावीर ने घोषणा की कि वे तब तक भोजन नहीं करेंगे जब तक कि एक रोती, भूखी, सिर मुंडवाई हुई, पैरों में बेड़ियों से जकड़ी राजकुमारी, उन्हें बासी, ठंडा पनीला भोजन नहीं देती है। यह एक असंभव मांग थी। लेकिन उनकी इच्छा प्रकट हुई।

वसुमति नामक राजकुमारी का अपहरण करके उसे एक व्यापारी के परिवार में दासी के रूप में बेच दिया गया था। लेकिन उस व्यापारी ने वसुमति को अपनी बेटी मानकर उसे चंदना नाम दिया। जब व्यापारी काम पर दूसरे शहर गया था, तब उसकी ईर्ष्यालु पत्नी ने चंदना का सिर मुंड़वाया, उसे बेड़ियों में बांध दिया, मानो वो कोई प्राणी हो, और उसे भूखा रखा। घर लौटने पर व्यापारी अपनी पत्नी की क्रूरता को देखकर दंग रह गया। चंदना को कुछ खाना देकर वह लोहार को बुलाने गया जो चंदना की बेड़ियां तोड़ सकें। चंदना खाना खाने ही वाली थी जब उसने एक संन्यासी को वहां से चलते हुए देखा। यह संन्यासी महावीर थे। हालाँकि चंदना भूखी थी, उसने ठंडी और पनीली दाल महावीर को प्रस्तुत की। लेकिन महावीर के भोजन करने के लिए रखी हुईं सभी मांगें पूरी नहीं हुईं थी - सिर मुंड़वाई, बेड़ियों में बंधी हुई राजकुमारी रो नहीं रही थी। जब महावीर ने भोजन को नकारा, चंदना इस त्रासदी पर फूट-फूटकर रोने लगी - इस दयनीय परिस्थिति में उसकी भिक्षा भी ठुकराई जा रही थी। लेकिन महावीर की मांगें अब पूरी हो

गई थीं। महावीर ने चंदना द्वारा दिया गया भोजन स्वीकार करके उसे सांत्वना दी। उस समय, कर्म की शक्ति प्रकट हुई।

जीवन में जो हमारे नियंत्रण के बाहर होता है वह हमारे पिछले जीवन में निर्मित कर्म से प्रभावित होता है। दूसरों की भूख मिटाने में मदद करने से हमारे कार्मिक खाते में पुण्य अर्जित होता है। स्वयं की भूख मिटाने के लिए उपभोग करके हमारे कार्मिक खाते में पाप अर्जित होता है। अतिरिक्त पाप अर्जित होने से हमारे सपने साकार नहीं होते हैं और वह दुर्भाग्य और पीड़ा का कारण बनता है, जैसे चंदना के साथ हुआ। अतिरिक्त पुण्य अर्जित होने से हमारी असंभव इच्छाएं भी पूरी होती हैं, जैसे महावीर के साथ हुआ। हमारे पिछले कर्मों से अर्जित पाप और पुण्य से हम सौभाग्य और दुर्भाग्य अनुभव करते हैं। जब वर्तमान की परिस्थितियों के प्रति हममें राग या द्वेष निर्मित होता है, जब हम हमारी भूख (काम) को तृप्त करते हैं तब हम और भी पाप और पुण्य अर्जित करते हैं। इस प्रकार हम फंसे रहते हैं। संपूर्ण मुक्ति पाने के लिए हमें सभी क्रियाओं और प्रतिक्रियाओं को रोकना होगा।

अपने संन्यासी जीवन में महावीर के साथ बहुत शारीरिक और मानसिक दुर्व्यवहार किया गया, लेकिन उन्होंने वह उदासीन बनकर सह लिया। एक

महावीर, बिना कोई अपराध किए, धैर्य से अज्ञानी लोगों के हाथों यातना सहते हुए।

कर्म की धारणा समझाने के लिए जैन साधुओं ने सांप और सीढ़ी के खेल का आविष्कार किया।

बार, जब वे ध्यान में बैठे थे, तब एक ग्वाले ने उन पर उसकी गायें छिपाने का आरोप लगाया। महावीर ध्यान में इतने तल्लीन थे कि उन्होंने अपनी निर्दोषता या अपनी अज्ञानता के बारे में कुछ नहीं कहा। ग्वाले ने चिढ़कर महावीर के कान के पर्दों में कांटों से छेद कर दिए। महावीर शांतिपूर्वक सभी सहते गए। उन्होंने उन लोगों से भी ग्वाले की शिक़ायत नहीं की जिन्होंने उनके कानों से कांटें निकाले। इस प्रकार नए कर्म उत्पन्न किए बिना उन्होंने पहले के कर्म मिटा दिए। इससे वे सर्वज्ञ केवलिन बन गए।

कर्म की धारणा समझाने के लिए जैन साधुओं ने सांप और सीढ़ी के खेल का आविष्कार किया। सांप दुर्भाग्य का प्रतीक है और इसलिए खेल में सांप हमें नीचे लाता है। सीढ़ी सौभाग्य का प्रतीक है और इसलिए खेल में वह हमें ऊपर ले जाती है। जैसे हमारा पांसे पर कोई नियंत्रण नहीं होता है, वैसे हमारा भविष्य पर भी कोई नियंत्रण नहीं होता है। जीवन अननुमेय है।

6

भाग्यवाद पर विचार

महावीर और बुद्ध से 200 वर्ष पहले जीवित पार्श्व-नाथ, कर्म और नियति की बात करने वाले इतिहास में संभवतः पहले संन्यासी थे। हालाँकि यह धारणा प्रारंभिक वेदों में नहीं दिखाई देती है, बाद में रचे वेदों और प्रारंभिक उपनिषदों में वह पाई जाती है। वैदिक ऋषि, याज्ञवल्क्य, जिन्होंने पहली बार पुनर्जन्म की बात की, संभवतः पार्श्व-नाथ के समय, अर्थात 2800 वर्ष पहले जीवित थे।

पाश्चात्य दर्शन शास्त्र मानता है कि कर्म में विश्वास करने से व्यक्ति भाग्यवादी बन जाता है। और चूँकि सभी कुछ पूर्वनिर्धारित होता है, वह अपनी परिस्थिति को सुधारने का प्रयास नहीं करता है। लेकिन पार्श्व-नाथ के अनुसार, हालाँकि परिस्थिति पूर्वनिर्धारित होती हैं, पर उनके प्रति प्रतिक्रिया हम चुनते हैं। हमारी प्रतिक्रियाएं हमारा भविष्य निर्धारित करती हैं। इस प्रकार, कर्म का अर्थ हमारी क्रिया (हम जो चयन करते हैं) और हमारी प्रतिक्रिया (जिससे हमारे जीवन में परिस्थितियां निर्मित होती हैं) दोनों हैं।

शुरू में जैनों को निग्रन्थ कहा गया, वे जो जीवन की सभी गांठों (ग्रन्थ) को सचेत होकर खोलते हैं। वे आजीविका नामक संन्यासियों के एक और समूह के साथ बहुधा लड़ते थे, जो जीवन (जीविका) को बस सहन करते थे।

जैन और बौद्ध धर्मग्रंथों के अनुसार (कोई आजीविका धर्मग्रंथ नहीं है), गोसाल महावीर के समय का आजीविका नेता था। दोनों साथी थे। गोसाल ने

मुक्त इच्छा के विरुद्ध तर्क किया। महावीर ने गोसाल को तीन घटनाओं की भविष्यवाणी की थी, जो गोसाल बदल नहीं पाया। इसलिए वह इस निष्कर्ष पर पहुंचा कि मनुष्य अपनी नियति बदल नहीं सकते हैं और उन्हें सभी परिस्थितियों को स्वीकार कर पीड़ा सहनी चाहिए।

- पहली घटना में, महावीर ने गोसाल को बताया कि भिक्षा में उसे केवल सड़ा हुआ खाना मिलेगा। गोसाल के प्रयत्नों के बावजूद उसे दिनभर केवल सड़ा हुआ खाना मिला।
- दूसरी घटना में, महावीर ने देखा कि मटके में दूध में भिगोए चावल पकाए जा रहे थे। उन्होंने घोषणा की कि कोई भी उस 'खीर' को खा नहीं पाएगा। गोसाल के प्रयत्नों के बावजूद, मटका टूट गया और सारा खाना आग में गिर गया।
- तीसरी घटना में, महावीर ने एक पौधे को देखकर घोषणा की कि वह वर्षा ऋतु के बाद भी जीवित रहेगा। महावीर को ग़लत ठहराने के लिए गोसाल ने उस पौधे को उखाड़ दिया। लेकिन अगले वर्ष जब दोनों वहां से जा रहे थे, तब उन्होंने देखा कि उसी स्थान पर पौधे की जड़ों के कारण वह जीवित रह पाया था।

एक बार एक तपस्वी ने जूँओं को अपना मांस खाने दिया। जब गोसाल ने उसकी हंसी उड़ाई तब उस तपस्वी ने अपनी आंखें खोलीं और उनसे गोसाल पर अंगारे बरसा दिए। महावीर ने शीतल किरणों से गोसाल की रक्षा की। यह जानकर कि ध्यान करने और मन को नियंत्रित करने से सिद्धि की शक्तियां प्राप्त की जा सकती हैं, गोसाल ने भी समय के साथ ये शक्तियां प्राप्त कीं।

जैसे महावीर को अधिक अनुयायी मिलते गए वैसे गोसाल को उनसे ईर्ष्या होने लगी। वह महावीर के साथ वाद-विवाद करना चाहता था, लेकिन

हर बार महावीर कोई प्रतिक्रिया दिए बिना मौन रहे। महावीर के आदेशों के बावजूद, उनके कुछ छात्र गोसाल के साथ वाद-विवाद करने लगे। तब गोसाल अचानक से क्रोधित हुआ और उसने अपनी नई शक्तियों से आंखों से महावीर पर अस्त्रों से वार किया। फिर भी महावीर ने कोई प्रतिक्रिया नहीं दी। यह स्वीकृति नहीं थी। यह सचेत रूप से दूसरे के क्रोध और उसकी अज्ञानता को संतुष्ट न करना था। यह भाग्यवाद नहीं बल्कि मुक्त इच्छा से किया कार्य था।

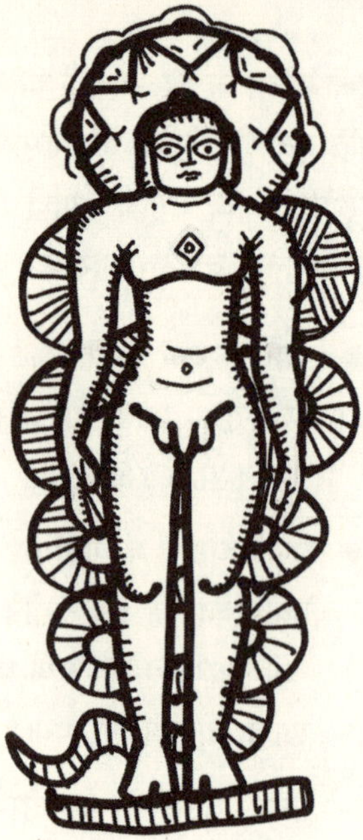

नाग के फण से सुरक्षित तीर्थंकर पार्श्व-नाथ।

आजीविका मानते थे कि जीवन पूर्वनिर्धारित होता है और उसे सहन करने के अलावा हमारे पास कोई विकल्प नहीं है। उनके अनुसार हमें भोजन को त्यागकर मृत्यु के विरुद्ध संघर्ष करना बंद करना चाहिए। जैनों की मान्यता थी कि मानवता में प्रलोभित न होने की क्षमता है। भूख पूर्वनिर्धारित होती है लेकिन भोजन ग्रहण हम पर निर्भर होता है। हम संतुष्टि चुनकर भोजन के लिए तरस के पार जा सकते हैं और मृत्यु को अपने पास आने दे सकते हैं।

7

हिंसा पर विचार

प्रकृति हिंसक है। भूखे भोजन के लिए लड़ते हैं। शिकार अपनी रक्षा करने के लिए हिंसक बनता है। प्रतिद्वंद्वी खाने के लिए लड़ते हैं।

संस्कृति भी हिंसक है। प्रकृति को हिंसा से पालतू बनाकर संस्कृति स्थापित की जाती है। कृषि, शिकार और खनन जैसी हिंसक गतिविधियों से हम मानव उपभोग के लिए संसाधन निचोड़ते हैं। व्यापार कम हिंसक भले ही प्रतीत हो, लेकिन लेन-देन की जाने वाली वस्तुओं के उत्पादन के लिए कच्चा माल प्रकृति से हिंसक रूप से निकाला जाता है। इसमें जंगल और परिणामस्वरूप पर्यावरण नष्ट होता है। वस्तुओं को चोरों से सुरक्षित रखने के लिए हिंसक होना पड़ता है। इसलिए, जैन धर्म में भी रक्षक देवता होते हैं जो हथियार धारण करते हैं। हिंसा से बचना असंभव है।

उपभोग हिंसक है। सच्ची अहिंसा तब होती है जब हम उपभोग करना बंद करते हैं। और वह केवल तब संभव है जब हम संतुष्ट बनते हैं। तीर्थंकर संतुष्ट हैं: वे न भोजन के लिए अन्न चाहते हैं न पहनने के लिए वस्त्र, न रहने के लिए घर, न यात्रा करना चाहते हैं, न मनोरंजन चाहते हैं यहाँ तक कि सहचरिता भी नहीं चाहते हैं। उन्होंने भूख को वश में किया है, जो हिंसा का मूल कारण है।

इस प्रकार जैन धर्म में अहिंसा की धारणा हिंसा से इतनी नहीं जुड़ी जितनी वो मानवीय भूख, आवश्यकताओं, इच्छाओं, महत्त्वाकांक्षाओं और तृष्णा के पूर्णतः पार जाने से जुड़ी है, जो हिंसा के मूल कारण हैं। जब हम भूखे

नहीं होते हैं तब हम भोजन भी नहीं चाहते हैं। जब हम भोजन नहीं चाहते हैं तब हम पर्यावरण के साथ हिंसक नहीं बनते हैं। हम प्रकृति में हस्तक्षेप नहीं करते हैं। सबसे पवित्र जैन साधु संपत्ति, वस्त्रों, आश्रय और भोजन के लिए अपनी इच्छा कम करते हैं। वे धीरे-धीरे भूख के पार जाते हैं और अंत में भूखे मर सकते हैं। इसे सल्लेखना कहते हैं।

आमरण उपवास सांसारिक विश्व की अस्वीकृति का एक कठोर रूप भले ही हो, जो केवल साधुओं के लिए उचित है, तटस्थता इस अस्वीकृति का मध्यम रूप है, जो गृहस्थों के लिए उचित है। हम बदले में कोई अपेक्षा किए बिना, उदार केवल तब बन सकते हैं जब हम धन से तटस्थ हैं। इसे अपरिग्रह कहते हैं - संचय न करना, लोभ न करना, सीमित भोजन करना और दूसरों के साथ बांटना, ताकि उपभोग कम हो सकें, लोग कम खाएं और पीड़ा कम हो जाएं। अपरिग्रह उपवास करने से विकसित किया जाता है। सच्चा उपवास तब होता है जब हम कम में ही संतुष्ट रहते हैं। इसके लिए हमें शरीर को सुख और संपत्ति के प्रति आसक्त न होने का प्रशिक्षण देना आवश्यक है। और इन अतिरिक्त संसाधनों का क्या करना चाहिए? हमें वे दूसरों को देने चाहिएं। यदि हम उनसे चिपके रहेंगे, हम भूखों को हमारे घरों पर छापा मारकर हमारी संपत्ति चुराने के लिए प्रेरित करेंगे।

घंटाकर्ण, श्वेताम्बर जैनों की रक्षा करने वाले 52 रक्षक देवताओं (वीरों) में से एक।

जैन साधु और साध्वियां शारीरिक और मानसिक हिंसा की प्रवृत्ति को वश में करने के लिए पूरा जीवन समर्पित करते हैं।

साधारणतः, दूसरों को धन देने पर वे हमारे ऋणी बन जाते हैं। ये ऋण चुकाए बिना वे नर्क जाते हैं, जबकि हम इस ऋण को प्राप्त करने के लिए स्वर्ग जाते हैं। ऋणी और ऋणदाता दोनों पुनर्जन्म के चक्र में फंसे हैं। इस जाल से मुक्त होने के लिए हमें ऋणों को माफ़ करना होगा। फिर ऋणी नर्क नहीं जाएगा और ऋणदाता स्वर्ग नहीं जाएगा। अपरिग्रह से हम ऋणों को माफ़ करने में सक्षम बनते हैं। इस प्रकार, निवेश उदारता के कार्य बन जाते हैं। निवेश पर प्राप्त हुए लाभ का संचय न किए बिना उसे समाज में फिर से निवेश किया जाता है ताकि दूसरे भी उनकी आवश्यकताओं के लिए धन निर्माण कर सकें। जो संतुष्ट होता है वह यक्ष की तरह धन का संचय नहीं करता है। देवों के विपरीत वह धन का सुख नहीं भोगता है। और राक्षसों के विपरीत उसमें हिंसक बनकर धन हड़पने की न कोई इच्छा जागती है, न वह दूसरों को वैसा करने के लिए प्रेरित करता है।

संतुष्ट व्यक्ति संचय नहीं करता है। हमारे भोजन को बांटकर हम दूसरों को भोजन के लिए हिंसक बनने से भी रोकते हैं। इस प्रकार, व्यक्तिगत अपरिग्रह वैश्विक अहिंसा को सक्षम बनाता है।

8

सुख पर विचार

यह बात उल्लेखनीय है कि मठवासी धर्म होने के बावजूद जैन धर्म में कामुक साहित्य का विशाल कोष है। संभवतः यह उसके मठवासी होने के बावजूद नहीं बल्कि उसके कारण है। यह इसलिए कि इस साहित्य से लोगों को कामना की व्यर्थता समझाई जा सकती है - लगाव से जुड़ा दुःख, सुख का खोखलापन और वासना का घिनौना पहलू।

लगभग 1500 वर्ष पहले संघदास ने कृष्ण के पिता, वसुदेव, की कामुक करतूतों पर प्राकृत भाषा में *वसुदेवहिंदी* नामक लेख रचा। अपने एक पूर्व जन्म में वसुदेव एक माली थे, लेकिन कोई महिला उनसे विवाह नहीं करना चाहती थी। इससे दुःखी होकर उन्होंने अपना सारा समय पौधों के ज्ञान से जैन साधुओं की बीमारियां ठीक करने में बिताया। इस अर्जित पुण्य से वे मोक्ष प्राप्त कर सकते थे। लेकिन वे महिलाओं की अस्वीकृति नहीं भूल सके और इसलिए उन्होंने एक कामदेव के रूप में जन्म लिया, वह जिसके प्रति महिलाएं बहुत आकर्षित होती हैं। *वसुदेवहिंदी* में उन महिलाओं की कहानियां हैं जिनसे वसुदेव मिले और जिनसे उन्होंने विवाह किया।

ऐसी ही एक कहानी लगभग दसवीं सदी में तिरुत्तक्कतेवर द्वारा लिखित तमिल महाकाव्य, जीवक चिंतामणि, में है। इस कहानी के नायक, जीवक ने अपने कई कौशलों और अच्छे कार्यों के कारण कई महिलाओं से विवाह किया। उसने चोरों को एक शहर से भगाया, संगीत और धनुर्विद्या की प्रतियोगिताएं जीतीं, व्यापारियों को धन कमाने में मदद की, तपश्चर्या की,

जंगली गज को वश में किया, विषैले सांप को मारा और वह विविध सुगंधों में सूक्ष्म भेद पहचान सकता था। अपनी पत्नियों और बच्चों के साथ कई सुख भरे वर्ष बिताने के पश्चात वह समझ गया कि हमें सच्चा आनंद केवल तब प्राप्त होता है, जब हम सांसारिक सुखों और संपत्ति को त्याग देते हैं। इसलिए वह जैन साधु बन गया।

एक और कहानी स्थूलभद्र की है, जो श्वेताम्बर जैन पंथ का एक नेता था। वह कोश नामक गणिका से इतना प्रेम करता था कि उसने राजदरबार में अपने पिता के पद को उत्तराधिकार में प्राप्त करने से इंकार किया। जब राजा और उसके पिता के बीच राजनीतिक तनाव के कारण उसके पिता की मृत्यु हुई, स्थूलभद्र ने सांसारिक जीवन में रुचि खो दी और उसने साधु बनने का निर्णय लिया। अपने संयम की परीक्षा लेने के लिए उसने अपने शिक्षक से कहा कि वह वर्षा ऋतु के चार महीने, जब साधुओं को यात्रा करना वर्जित होता है, अपनी पूर्व प्रेमिका के घर में बिताना चाहता है। उसने चार महीनों तक सफलतापूर्वक ब्रह्मचर्य का पालन किया। तब उसके शिक्षक ने उससे

कोश, सबसे सम्मोहक गणिका।

कहा कि यह सफलता उन साधुओं की सफलताओं से भी प्रशंसनीय थी जो चार महीने बाघों और सांपों के साथ रहे थे। इससे अन्य साधु उससे ईर्ष्या करने लगे। इसलिए, अगले वर्ष वर्षा ऋतु के चार महीनों में, स्थूलभद्र का एक साथी अपने संयम की परीक्षा लेने के लिए कोश के कोठे में रहने गया। लेकिन कुछ ही दिनों में वह कोश के प्रति बहुत आकर्षित हुआ। वह कोश के लिए महीन, कढ़ाई किए हुए वस्त्र लाने के लिए नेपाल गया। इस तरह उसने मठवास के नियमों का उल्लंघन किया। यह देखकर सभी मान गए कि स्थूलभद्र का अपनी इंद्रियों पर नियंत्रण दूसरे साधुओं से कही अधिक था।

एक बार राजा के सारथी ने कोश को प्रभावित करने का प्रयास किया। वह अपने से दूर स्थित आम के पेड़ पर तीर चलाकर आम कोश के शयनकक्ष तक लाया। फिर कोश ने सरसों के बीजों और सुइयों के ढेर पर स्वयं को चोट पहुंचाए बिना या किसी भी बीज को हिलाए बिना उन पर नृत्य किया। 'हम दोनों कुशल हैं,' कोश ने राजा के सारथी से कहा, 'लेकिन हम दोनों में स्थूलभद्र जितनी मानसिक शक्ति नहीं है, जिसे मैं मोहित नहीं कर पाई।'

मठवास के लिए कड़ा आत्मसंयम आवश्यक है, जिस कारण मठवासी नायक से श्रेष्ठ है, क्योंकि नायक संभोग और हिंसा के आवेग के वश में आ जाता है। यह इन कहानियों का मूल विचार है। किसी वांछित वस्तु को प्राप्त करना आसान है लेकिन उस वस्तु को प्राप्त करने की इच्छा को त्यागना बहुत कठिन है। जो वांछित वस्तु ढूंढकर उसे प्राप्त करता है वह वीर है, पर जो वांछा को ही त्याग देता है वह नायक (महा-वीर) है।

9

समलैंगिकता पर विचार

चरक ने चरक-संहिता नामक अपने चिकित्सीय ग्रंथ में 'तृतीय प्रकृति', अर्थात तीसरी नैसर्गिक अवस्था की बात की। विभिन्न भारतीय भाषाओँ में इस अवस्था के लिए कई शब्द हैं - संस्कृत में क्लिब्ब (जो प्रजनन नहीं कर सकता/ सकती), नपुंसक (जो पुरुष नहीं है), किन्नर (जो पूरी तरह से पुरुष नहीं है); तमिल में पेदी (जो दूसरे लिंग के कपड़े पहनता/ पहनती है) और पालि में पंडका (स्त्रैण समलैंगिक पुरुष)। ये शब्द भ्रमित कर सकते हैं क्योंकि वे जीवविज्ञान (जननांगों), मनोविज्ञान (यौन भावनाओं), व्यवहार (यौन क्रिया) और सामाजिक अभिव्यक्ति (वस्त्र और सार्वजानिक व्यवहार) का उल्लेख करते हैं।

2300 वर्ष पहले पतंजलि द्वारा संस्कृत में रचे महा-भाष्य में कामुकता को शारीरिक, मूर्त रूप में देखा गया - पुरुष वो था जिसके पूरे शरीर पर बाल थे, महिला वो थी जिसके स्तन और लंबे बाल थे, और जो न पुरुष न महिला था वो 'नपुंसक' था। बौद्ध साहित्य में जैविक चिन्हों के बजाय व्यवहार को अधिक महत्त्व दिया गया। इसलिए, उस साहित्य में पुरुषों के साथ संभोग करने वाले पुरुषों, या पुरुषों जैसे व्यवहार करने वाली महिलाओं का उल्लेख है। इन लोगों को मठवास से जुड़ने से रोका गया।

लगभग 1500 वर्ष पहले लिखे गए जैन ग्रंथों में लिंग और कामुकता के बारे में अत्यधिक परिष्कृत समझ है। वहां हम व्यक्ति के शरीर और व्यक्ति

के मनोविज्ञान में भेद पाते हैं, जिन्हें क्रमशः द्रव्य-पुरुष और भाव-पुरुष कहा गया।

प्राचीन काल के साधु पहचान गए कि शरीर पुरुष, स्त्री या नपुंसक का हो सकता है। वे मानते थे कि पुरुष महिलाओं के प्रति प्रलोभित होते थे जिस कारण स्त्री का शरीर आध्यात्मिक विकास में बाधा लाता था। साध्वियों को बोला गया कि आध्यात्मिक श्रेणी में वे साधुओं से एक पायदान नीचे थीं। सर्वश्रेष्ठ लक्ष्य को प्राप्त करने के लिए उन्हें पुरुष शरीर की आवश्यकता थी जिसमें वीर्य के स्खलन को रोककर उसके प्रवाह को उलटने की क्षमता होती है।

महिलाओं के प्रति आकर्षण को पुरुष-वेद, पुरुषों के प्रति आकर्षण को स्त्री-वेद और जो आकर्षण अस्पष्ट था उसे नपुंसक-वेद कहा गया। इन शरीरों और आकर्षणों में से जिस व्यक्ति का पुरुष शरीर था और जो महिला के प्रति आकर्षित था अर्थात जो पुरुष विषमलैंगिक था उसे विशेषाधिकार दिया गया। यह मान्यता थी कि ऐसा व्यक्ति साधु बनने के सबसे अनुकूल था। जैन साधुओं ने देखा कि पुरुष-वेद जंगली आग जितना तीव्र था, स्त्री-वेद

गृहस्थी की आग (स्त्री-वेद) *जंगली आग (पुरुष-वेद)* *नगर की आग (नपुंसक-वेद)*

1500 वर्षों पहले जैन विचारकों ने तरह-तरह की कामुकताओं को आग के प्रकार के माध्यम से समझाया।

गोबर की आग जितना अर्थात सबसे कम तीव्र था और नपुंसक-वेद बस्ती में आग जितना अर्थात सबसे अधिक तीव्र था। इस कारण क्वीअर लोगों को मठवासी बनकर उस व्यवस्था को अस्त-व्यस्त करने से रोका गया।

इसके अलावा, कुछ जैन ग्रंथों में इस बात के आधार पर वर्गीकरण किया गया है कि क्या व्यक्ति पुरुष, महिला या क्वीअर के प्रति आकर्षित है। ये तीनों प्रकार के लिंगों में देखा जा सकता है। समाजीकरण का उल्लेख भी किया गया है, जहां पौरुष-नपुंसक और स्त्रैण-नपुंसक में भेद किया गया है। बौद्ध साहित्य में सक्रिय (पदिसेवति) और निष्क्रिय (पदिसेववति) समलैंगिक संभोग के बारे में उल्लेख भी है। ये सारी धारणाएं लगभग 1500 वर्ष पहले उभरीं और बाद की सदियों में उन पर गहन विचार किया गया।

लेकिन यहां, उद्देश्य आधुनिक लैंगिक अध्ययनों के उद्देश्य्य से बहुत भिन्न था। आधुनिक काल के अध्ययनों का उद्देश्य एक आदर्श विश्व का निर्माण करना है। इस विश्व में सभी प्रकार के चयनों को स्वीकारा जाएगा, उनका आदर किया जाएगा, उनके गुण गाए जाएंगे और पितृसत्तात्मकता पर आधारित विषमलैंगिक संरचनाओं को समाज पर नहीं लादा जाएगा। प्राचीन भारतीय लैंगिक अध्ययनों का उद्देश्य प्रकृति की विविधता (अनेकांत-वाद) को पहचानना और उन व्यक्तियों को पहचानना था जो साधु बन सकते थे और अपनी कामुक इच्छाओं से पार जाकर सभी कर्म से मुक्ति पा सकते थे। ईसाई धर्म संभोग को पाप मानता है और इस्लाम मानता है कि संभोग को लेकर किसी चयन से पहले पैग़ंबर की इजाज़त लेना आवश्यक है। इन दृष्टिकोणों और भारतीय दृष्टिकोणों में भेद करना आवश्यक है।

10

संयम पर विचार

जैन धर्म में संयम को महत्त्व दिया जाता है। दिखावा न करें। अपने कष्टों के बारे में किसी को न बताएं। किसी को दोष न दें। दिखावा करने से हम अपने अहम को संतुष्ट करते हैं, जो मनोवैज्ञानिक उपभोग करने जैसा है। किसी को अपने कष्ट बताने या किसी को दोष देने से मनोवैज्ञानिक हिंसा होती है जिसमें भी हम अहम को संतुष्ट करते हैं। इस विचार को समझाने वाले ये रहे कुछ आख्यान।

श्रेणिक, या राजा बिंबिसार, महावीर का शिष्य था। उसका पुत्र, मेघकुमार, महावीर के मठ में रहने लगा। लेकिन वह रात में सो नहीं सका क्योंकि पास से चलने वाले साधु भूल से उस पर पैर रखते थे। जब उसने महावीर से इस बात की शिकायत की, तब महावीर ने उसे बताया कि उसके पूर्व जन्म में वह कितना शक्तिशाली था। वह एक गज था जो जंगल में आग में फंसा था। छोटे प्राणियों ने उसके विशाल शरीर के नीचे आश्रय लिया। इस बीच उसने अपने एक पैर को खुजलाने के लिए अपना दूसरा पैर उठाया। तब एक ख़रगोश ने पैर के नीचे आश्रय लिया। यदि वह अपना पैर नीचे रखता तो ख़रगोश मर जाता। इसलिए वह आग के बुझ जाने तक पैर ऊपर उठाए खड़ा रहा। लेकिन तब तक उसका पैर इतना सख़्त हो चुका था, कि वह उसे ज़मीन पर नहीं रख सका। अंत में वह धरती पर गिरकर मर गया। कितनी आश्चर्यजनक बात कि एक शक्तिशाली गज ने एक कोमल

राजकुमार बनकर पुनर्जन्म लिया। महावीर की बातों से राजकुमार समझ गया कि लचीला और मिलनसार होने के लिए कितनी शक्ति लगती है।

एक जैन गुरु अपने शिष्यों को सदा वाद-विवाद न करने का उपदेश देते थे क्योंकि वाद-विवाद करने से अंत में अहम को चोट पहुंचती है और तर्कहीन व्यवहार का कारण बनती है। लेकिन उनके एक शिष्य ने एक क्षेत्रीय राजा के मंत्री, नमुचि से वाद-विवाद किया। नमुचि वाद-विवाद हार गया। इससे वह इतना परेशान हुआ कि रात में वो सभी सोए हुए साधुओं को मारने के लिए आया। लेकिन, अपने क्रोध से अँधा होकर, वह अँधेरे जंगल में साधुओं को ढूंढ नहीं पाया। भविष्य में इस असंतुष्ट मंत्री से संघर्ष से बचने के लिए जैन साधुओं ने दूसरी जगह जाने का निर्णय लिया।

एक व्यापारी ने लंबी यात्रा से लौटने पर पाया कि उसकी पत्नी आत्म-संतुष्ट थी। उसकी पत्नी ने कहा कि तीर्थंकर अजित-नाथ के प्रवचन सुनने के बाद उसने जैन मार्ग अपना लिया था। इससे प्रभावित होकर व्यापारी भी जैन मार्ग में जुड़ गया। लेकिन अन्य व्यापारी इस निर्णय से परेशान हुए और उन्होंने व्यापारी का बहिष्कार किया। सर्दी में एक दिन उन्होंने इस व्यापारी को गांव के अन्य लोगों के साथ सार्वजनिक अलाव से अपने आप को गर्म करने से रोका। उन्होंने कहा कि यदि वह जैन धर्म के माध्यम से ही जीवन के

गज, जो ख़रगोश को बचाने में मर गया।

सभी प्रश्नों के उत्तर पा रहा था तो उसे जैन धर्म ही गर्मी भी दिलाएगा। जैन मार्ग की सच्चाई को सिद्ध करने के दृढ़ निश्चय से उसने यह घोषित करते हुए अपने नवजात पुत्र को आग में फ़ेंक दिया कि यदि जैन मार्ग सच्चा है, तो उसका पुत्र जीवित रहेगा। और होना क्या था, उसका पुत्र बच निकला। पास में उड़ रही देवी, जो जैन मार्ग का आदर करती थी, ने उस नवजात को बचा लिया। हालाँकि सभी ने इस चमत्कार की सराहना की, व्यापारी की पत्नी ने उससे कहा कि उसका पुत्र सुरक्षित रहे या मर जाए, जैन मार्ग फिर भी सच्चा रहेगा। इसलिए, किसी को भी जैन धर्म जैसे स्वयंसिद्ध सत्य की वैधता को सिद्ध करने की आवश्यकता नहीं है।

एक बार एक जैन स्त्री ने एक व्यक्ति को जैन साधु का ढोंग करके भोजन मांगते हुए देखा। इसके बावजूद उसने उसे भोजन परोसा। उसने इस व्यक्ति का हठ पूरा किया। और जब वह बीमार पड़ा तब उसने उसकी देखभाल भी की। ढोंगी जान गया कि वह स्त्री उसके ढोंग के बारे में जानती थी। वह अपने किए से लज्जित था। स्त्री के धैर्य से प्रभावित होकर वह उसकी श्रद्धा से बदल गया और सच्चा साधु बन गया।

एक बार एक शिकारी ने ध्यान में बैठे साधु की चुप्पी और स्थिरता से परेशान होकर उसके गले में एक मृत सांप डाल दिया। यह जानकर शिकारी की पत्नी को बुरा लगा। वह साधु को ढूंढने जंगल गई। वहां उसने देखा कि मृत सांप के शरीर पर चीटियां आ गई थीं, जो साधु को काट रही थीं। उसने धीरे से चीटियों और सांप को निकालकर साधु के घावों पर लेप लगाया। जागने पर साधु न शिकारी पर क्रोधित हुआ न उसने शिकारी की पत्नी के प्रति कृतज्ञता दिखाई। शाप देने से नकारात्मक कर्म निर्मित हो जाता और आशीर्वाद देने से सकारात्मक कर्म। दोनों बंधन निर्माण करते, जिससे जीव सांसारिक विश्व में फंसा रहता।

जैन इतिहास

11

उत्पत्ति पर विचार

कुछ समय पहले तक, अधिकतर इतिहासकार मानते थे कि जैन धर्म सहित अन्य संन्यासी (श्रमण) संप्रदाय वैदिक (ब्राह्मणवादी) कर्मकांड की प्रतिक्रिया में विस्तृत मगध क्षेत्र (वर्तमान काल का बिहार और झारखंड) में उभरें। 19वीं सदी के औपनिवेशी विद्वानों के अनुसार, ये संप्रदाय यूरोप के कैथोलिक चर्च में हुए प्रोटेस्टैंट सुधार के भारतीय संस्करण थे। लेकिन, 21वीं सदी में, कई विद्वान अब इस बात पर विचार कर रहे हैं कि संभवत: पुनर्जन्म और मुक्ति की धारणाएं गंडकी नदी के पूर्व में, गंगा के पूर्वी मैदानी क्षेत्रों में स्वतंत्र रूप से उभरीं।

संस्कृत में 'प्राचीन' शब्द 'प्राची' से आया है, जो पूर्व दिशा के लिए शब्द है। जैन और बौद्ध श्रमण परंपराएं पूर्व में उभरीं। यज्ञ का अनुष्ठान, जो वेदों में पाया जाता है, पश्चिम से आया। ऋग्वेद के स्तोत्रों से यह स्पष्ट है कि ये परंपराएं सिंधु नदी से यमुना और गंगा के क्षेत्रों तक फैलीं। क्या ये इस बात का संकेत है कि वेदों में स्वीकार किया गया कि भारत के पूर्व में भी पूर्व-वैदिक मठवासी विचार पनपें?

कंकाली टीला, मथुरा में 2000 वर्ष पुरानी व्रतानुष्ठित पटिया पर पाई गई जैन स्तूप की प्रतिमा। इस पर यूनानी प्रभाव का संकेत है।

- पुरातात्विक और पाठों में मिलें साक्ष्यों के अनुसार, हम जैन इतिहास के बारे में निम्नलिखित जानते हैं:
- वृषभ, गज, हिरण, बकरी और गण्डक जैसे चिन्ह (लांछन), जो परंपरागत रूप से तीर्थंकरों के साथ जोड़े जाते हैं, 4000 वर्ष पहले हड़प्पाई मुहरों में पाए गए। लेकिन उनका अर्थ हम नहीं जानते हैं।
- 3000 वर्ष पहले के प्राचीन वैदिक ग्रंथों में संभवत: ऋषभ-देव और अरिष्टनेमि के उल्लेख पाए गए हैं।
- 2600 वर्ष पहले, मगध क्षेत्र में श्रमण संस्कृति का महत्त्व बढ़ने लगा। महावीर बुद्ध के कुछ दशकों पहले जीवित थे। महावीर के माता-पिता एक और गुरु, पार्श्व-नाथ के अनुयायी थे, जो महावीर से 200 वर्ष पहले जीवित थे।
- 2300 वर्ष पहले, मौर्य काल में, जैन समुदाय दो पृथक समूहों में बंटने लगा: श्वेताम्बर जैन, जिनके साधु श्वेत वस्त्र पहनते थे और दिगम्बर जैन, जिसके साधु नग्न रहते थे।
- तमिलनाडु में 2200 वर्ष पहले तक कालांकित गुफ़ाओं में तमिल ब्राह्मी लिपि पाई गई है, जो इस बात का संकेतक है कि जैन तपस्वी दक्षिण तक फैले थे।

- ओडिशा की उदयगिरि गुफ़ाओं में राजा खारवेल के 2100 वर्ष पहले तक कालांकित शिलालेखों में उनके द्वारा मगध से जैन छवियां वापस लाना दिखाया गया है।
- मथुरा के कंकाली टीला में तीर्थंकर की सबसे प्रारंभिक छवियां पाई गईं, जो 2000 वर्ष पहले तक कालांकित हैं। व्रतानुष्ठित पट्टों (आज्ञा-पट्टों) पर जैन चिन्ह और जैन 'स्तूप' हैं, जो संभवतः तीर्थंकर के महान गोलाकार सभा का संकेत हैं।
- जैन मूल्यों पर आधारित सबसे पहली रामायण, विमलसूरि द्वारा लिखित पउमचरिउ, 1700 वर्ष पहले लिखी गई। उसमें 63 महान या प्रसिद्ध नायकों (महा/शलाक-पुरुष) की धारणा पहली बार प्रस्तुत की गई।
- 1600 वर्ष पहले, गुजरात के वल्लभी और मालवा के उज्जैन में जैन विचारों को लिखित रूप दिया गया। इनमें देश और काल और एक से अधिक स्वर्ग और नरक जैसी धारणाओं का उल्लेख किया गया, जिनका जैन आख्यानों में उल्लेख हुआ था।
- 1500 वर्ष पहले से तीर्थंकरों की बैठी और खड़ी हुई छवियां बिहार के पार भारतभर में प्रसिद्ध होती गईं और ओडिशा, तमिलनाडु, कर्नाटक, महाराष्ट्र और मालवा की गुफ़ाओं में दिखाई देने लगीं। ऋषभ-देव, पार्श्व-नाथ और महावीर को सबसे पहले पहचाना गया क्योंकि इन छवियों के साथ वृषभ, सांप और सिंह के चिन्ह (लांछन) थे। ऋषभ को बहुधा लंबे, जटाओं वाले बालों के साथ दिखाया जाता है।
- 1000 वर्ष पहले से, संस्कृत और कन्नड़ ग्रंथों में 24 तीर्थंकरों के विशिष्ट चिन्हों और सेवकों (सासन-देवों) की पूरी सूची का उल्लेख है। चालुक्य, कदंब, राष्ट्रकूट और शिलाहार राजाओं ने कर्नाटक में

पहाड़ों पर जैन मंदिर (बसदी) निर्मित किए। इन बसदियों में चार मुख्य दिशाओं पर आँगन और द्वार स्थित थे।

- लगभग 1000 वर्ष पहले, पहले तमिलनाडु और फिर कर्नाटक में हिंदू भक्ति परंपरा के शिव और विष्णु भक्तों ने जैन प्रथाओं का कड़ा विरोध किया। मदुरै में छवियों में हम देख सकते हैं कैसे राजाओं ने जैनों को सूली पर चढ़ाया, जो राजा जैन साधुओं का संरक्षण रोककर शिव भक्तों को संरक्षण देने लगे थे। जैसे जैन प्रथाएं दक्षिण में घटती गईं, वे पश्चिम भारत में गुजरात और राजस्थान में सोलंकी (चालुक्य) राजाओं और धनवान व्यापारियों के संरक्षण में पनपने लगीं।
- लगभग 800 वर्ष पहले, जब समस्त भारत में तंत्र लोकप्रिय होने लगा, तब मंत्र और यंत्र का जैन प्रथाओं में समावेश किया जाने लगा।
- पिछले 200 वर्षों में, ब्रिटिश राज ने भारतीय धर्मों में बहुत रुचि ली। इसलिए, जैन धर्म पर पुस्तकें छपने लगीं, और लोग जैन साहित्य और सुलभता से प्राप्त करने लगे। परिणामस्वरूप, नग्न मुनियों की जगह-जगह जाने की प्रथा को पुनर्जीवित किया गया और मंदिर की देखभाल करने वाले स्थायिक मुनियों की संख्या घट गई। जैन ग्रंथों का अनुवाद और उनका अध्ययन किया गया। कई महिलाएं साध्वियां बन गईं। यह सुधार और पुनर्जीवन उस समय के हिंदू, बौद्ध और सिख प्रथाओं में भी देखा गया।

जैन धर्म का इतिहास उसके आख्यान शास्त्र से बहुत अलग है। इतिहास में सबसे अधिक महत्त्व संदेह और साक्ष्य को दिया जाता है। आख्यान शास्त्र विश्वास को महत्त्व देता है और साक्ष्य के प्रति उदासीन रहता है। इसलिए, इतिहासकारों के दावों के बावजूद, कई जैन मानते हैं कि जैन धर्म का कोई

स्रोत नहीं है और वह सनातन है। और यह कि हज़ारों वर्ष पहले जीवित ऋषभ-देव ने इस कालचक्र के लिए जैन धर्म की केवल फिर से खोज की।

12

भूगोल पर विचार

तीन हज़ार वर्ष पहले, वैदिक संस्कृति उस क्षेत्र में पनपी जहां आज पंजाब, हरियाणा, उत्तरांचल और उत्तर प्रदेश राज्य हैं। लेकिन इस क्षेत्र के पूर्व में, जहां आज बिहार और झारखंड राज्य हैं, जैन धर्म उभरा। 24 में से 22 तीर्थंकरों ने इस क्षेत्र में विभिन्न जगहों में निर्वाण प्राप्त किया। इनमें से 20 जगहें झारखंड में शिखरजी पर्वत पर स्थित हैं। अन्य दो जगहें बिहार में हैं: 12वें तीर्थंकर, वासुपूज्य ने भागलपुर के निकट चंपापुर में और 24वें तीर्थंकर, महावीर ने पावापुरी में निर्वाण प्राप्त किया।

फिर जैन धर्म समुद्रतट से होते हुए, दक्षिण की ओर, ओडिशा के पार तमिलनाडु और कर्नाटक तक और पश्चिम की ओर गंगा की उपनदियों से होते हुए मध्य और पश्चिम भारत तक फैला। 22वें तीर्थंकर, नेमि-नाथ ने गुजरात में स्थित गिरनार पर्वत पर निर्वाण प्राप्त किया। उत्तर में जैन धर्म हस्तिनापुर और मथुरा के पार नहीं फैला; गांधार और कश्मीर में भी उसके इतने अनुयायी नहीं थे। पहले तीर्थंकर ने अष्टापद में मुक्ति प्राप्त की, जो संभवत: कैलाश पर्वत के निकट है।

हमें ऐसी कहानियां मिलीं हैं जिनमें नग्न, भटकते तपस्वी, जो संभवत: जैन साधु थे, सिकंदर की सेना के साथ फ़ारस और यूनान तक गए। कहते हैं कि यूनानी सैनिक इन तपस्वियों की तटस्थता से आश्चर्यचकित रह गए। ये तपस्वी आमरण उपवास करने के लिए तैयार थे और जब उन्हें लगता कि इस पृथ्वी पर उनका उद्देश्य पूरा हो चुका है, वे आत्मदाह तक करने

के लिए तैयार थे। इन उल्लेखों को छोड़ 'जम्बूद्वीप' या 'भारतवर्ष' क्षेत्र के बाहर यात्रा करने वाले जैनों के अन्य उल्लेख नहीं पाए गए हैं।

इंडिया के लिए 'जम्बूद्वीप' शब्द का पहला प्रयोग तीसरी सदी में सहसराम, बिहार, में अशोक द्वारा बनाए गए आदेशपत्र में हुआ। पाटलिपुत्र (आधुनिक काल के पटना) से शासन करने वाले यह मौर्य सम्राट बौद्ध धर्म के संरक्षक थे। लेकिन जैन किंवदंतियों के अनुसार, उनके दादा, चंद्रगुप्त मौर्य, और उनका पोता, संप्रति जैन थे। चंद्रगुप्त ने कठोर जैन मठवासी प्रथाओं के अनुसार कर्नाटक क्षेत्र में आमरण उपवास किया। कहते हैं कि जैसे अशोक ने बौद्ध भिक्षुओं को धर्मप्रचार के लिए श्री लंका भेजा था वैसे संप्रति ने जैन साधुओं को दक्षिण में स्थित तमिलकम जाने के लिए प्रोत्साहित किया था।

इंडिया के लिए 'भारतवर्ष' शब्द का पहला प्रयोग राजा खारवेल द्वारा कलिंग (ओडिशा) में पहली सदी में, हाथीगुम्फ़ा में बनाए शिलालेख में हुआ। इस शिलालेख में उत्कीर्ण किया गया है कैसे खारवेल मगध से एक जैन मूर्ति को बचा लाए। जैन तपस्वियों के आश्रय के लिए खारवेल ने 117 गुफ़ाएं खोदीं। प्राकृत शब्द 'दूरभिक्षा' का शाब्दिक अर्थ 'वो समय जब साधुओं को भिक्षा नहीं मिलती' है। ओड़िया भाषा में सूखा और अकाल के लिए इस शब्द का आज भी प्रयोग किया जाता है। और ओड़िया लोकसाहित्य में पुरी में कृष्ण की बहन, सुभद्रा को कभी-कभार चपटी नाक (चेपी-नाकी) वर्णित किया गया है। यह एक जैन कहानी से प्रेरित है, जिसमें कंस ने सुभद्रा की नाक काटी ताकि वह ऐसे किसी पुरुष के साथ विवाह न कर पाती जो कंस के शासन का विरोध कर सकता था।

चौथी सदी तक कालांकित तिरुक्कुरल जैसे तमिल ग्रंथों में शाकाहार का समर्थन और पशु बलि का विरोध किया गया। यह इस बात का संकेतक है कि उनके लेखकों पर जैन धर्म का प्रभाव रहा होगा। मदुरै में समनार (जो नाम श्रमण शब्द से उत्पन्न हुआ है) पहाड़ों में स्थित गुफ़ाओं में जीन की

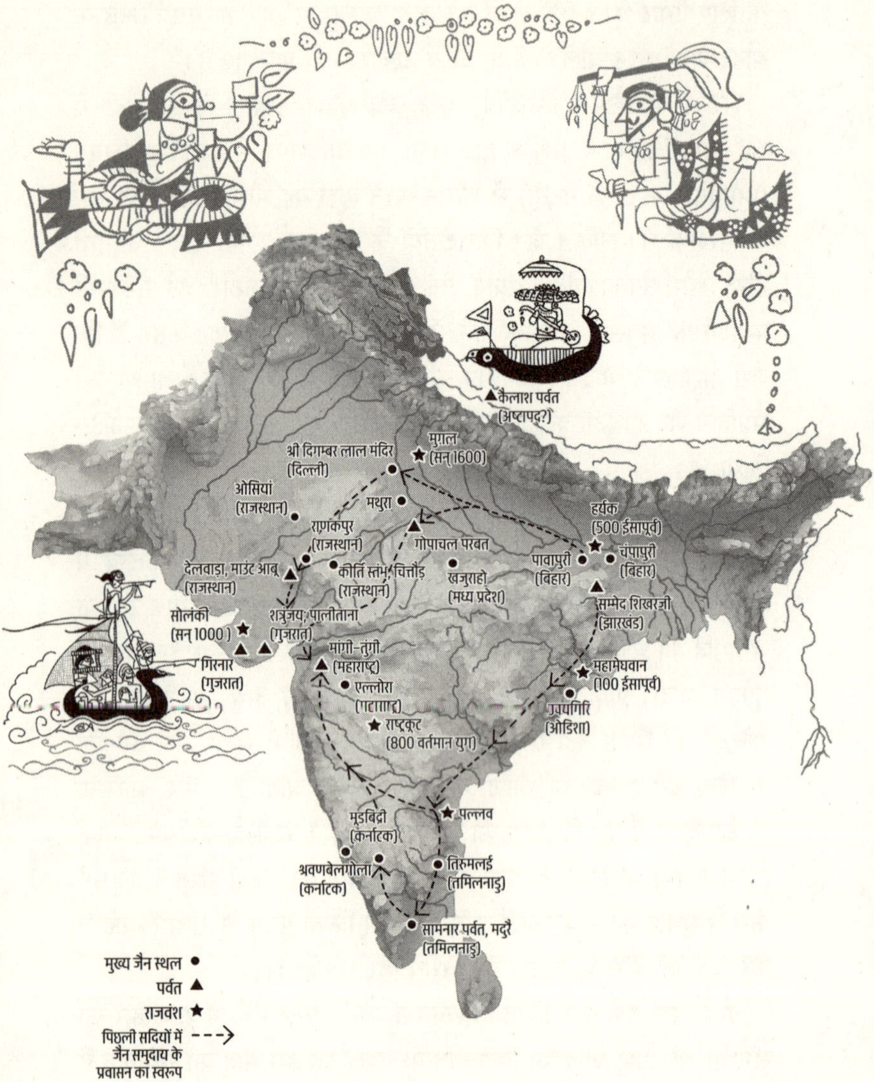

भारत भर में फैले जैन स्थल (यह केवल आकृति है जो अनुपात के अनुसार नहीं है)

प्रतिमाएं हैं। जब वर्षा-ऋतु में जैन साधुओं को यात्रा करना प्रतिबंधित था तब वे इन गुफ़ाओं में ठहरते थे। तमिलकम में लगभग 10वीं सदी से, जब नयमनार नामक शैव पंथ का उद्गम हुआ, तब जैन धर्म के प्रति विरोध बढ़ गया।

मौर्य काल में एक महान अकाल के कारण कई जैन कर्नाटक के क्षेत्र में स्थानांतरित हुए। इस क्षेत्र में जैन प्रभाव लगभग 9वीं और 10वीं सदी में चालुक्य राजाओं और अमोघवर्ष जैसे राष्ट्रकूट राजाओं के शासनकाल में चरम पर था। राष्ट्रकूट राजा, इंद्र IV, ने आमरण उपवास भी किया, जैसे चंद्रगुप्त मौर्य ने किया था। इन राजाओं ने जीन की महिमा में पहाड़ों पर जैन मंदिर (बसदी) और स्तंभ निर्माण किए, विशेष रूप से दक्षिण कर्णाटक में और इस प्रकार जैन मूल्यों का गुणगान किया। श्रवणबेलगोला में बाहुबली की विशाल मूर्ति पर दसवीं सदी में यहीं नक्काशी की गई थी। लेकिन लगभग 11वीं सदी से सरना समुदाय ने जैनों का कड़ा विरोध किया। ये उत्साही शिव भक्त थे जिन्होंने बाद के वीरशैव और लिंगायत समुदायों को प्रेरित किया।

जैन धर्म व्यापार के मार्गों से होकर फैला, क्योंकि व्यापारियों, साहूकारों और राजाओं ने उसका समर्थन किया, जो कृषि अर्थव्यवस्था से अधिक बाज़ार की अर्थव्यवस्था को महत्त्व देते थे। व्यापार को अधिक महत्त्व दिया गया चूँकि कृषि की तुलना में वह कम हिंसक था। जैन धर्म उत्तर की ओर गंगा नदी से होते हुए मथुरा और हस्तिनापुर तक भी फैला। इसलिए सबसे पुराने जैन चित्र, जो सन 100 तक कालांकित किए गए हैं, मथुरा के कंकाली टीला में पाए जाते हैं।

मध्य प्रदेश में ग्वालियर के पास गोपाचल में 7वीं से लेकर 15वीं सदियों तक कालांकित गुफ़ाएं हैं जिनमें तीर्थंकर की विशाल प्रतिमाएं हैं। खजुराहो में 11वीं सदी तक कालांकित जैन मंदिर भी हैं। यह इस बात के संकेतक हैं कि जैन धर्म व्यापार मार्गों से होते हुए पश्चिमी समुद्रतट पर स्थित बंदरगाहों तक फैला।

महाराष्ट्र में एल्लोरा गुफ़ा परिसर में जैन मंदिर हैं। नासिक के पास मांगी-तुंगी नामक पहाड़ों पर गुफ़ाएं हैं, जिनमें जैन आख्यानों के अनुसार राम, हनुमान और कृष्ण के बड़े भाई, बलराम, ने मोक्ष प्राप्त किया था। 8वीं सदी में महाराष्ट्र का समुद्रतट शिलाहार राजाओं के शासन में था। उन्होंने कोंकण और कोल्हापुर क्षेत्र में जैन धर्म को बढ़ावा दिया।

मरू-गुर्जर (राजस्थान और गुजरात) क्षेत्र में जैन धर्म के कई पवित्र पर्वत हैं। गुजरात के शत्रुंजय में आदि-नाथ ऋषभ-देव ने अपना पहला प्रवचन दिया। जैन आख्यानों के अनुसार पांडवों ने भी जैन धर्म अपनाकर शत्रुंजय में निर्वाण प्राप्त किया। गुजरात के वल्लभी में जैन आख्यानों को पहली बार लिखित रूप दिया गया। यह 1500 वर्ष पहले, मैत्रक राजाओं के शासनकाल में हुआ।

उल्लेखनीय बात यह है कि आसीन या खड़े तीर्थंकर की जैन चित्रकला में दो हज़ार वर्षों से और देशभर में न के बराबर बदल आए हैं।

माउंट आबू पर व्यापारियों ने कई टंक बनाए, जो दीवार से घिरे आंगन में जैन मंदिरों के समूह हैं, जो मंदिर शिखर पर हैं। इस क्षेत्र में देवियों के मंदिर, जैसे ओसियां में सचिया माता के मंदिर और गुजरात के समुद्रतट पर हरसिद्धि माता के मंदिर ने जैन प्रभाव के कारण पशु बलि रोक दी।

17वीं सदी के पाठों के अनुसार राजस्थान के खंडेला में एक राजा हज़ार जैन साधुओं की बलि चढ़ाना चाहता था। तब चक्रेश्वरी देवी और जिनसेन नामक साधु ने राजा को

हिंसा न करने के लिए मना लिया, जिसके बाद खंडेलवाल समुदाय उत्पन्न हुआ। इस क्षेत्र के चावड़ा और सोलंकी राजाओं ने जैन मंदिरों और साधुओं का समर्थन किया।

जैनों ने कई सुल्तानों और मुग़ल सम्राटों के लिए लेखाकार और वित्तदाता का काम करके उनका सम्मान अर्जित किया। इसलिए, उत्तर भारत की कई जगहों में जैन मंदिर हैं, जैसे दिल्ली और आगरा से लेकर गंगा के मैदानों तक और उसके पार बंगाल तक। वीरजी वोहरा गुजरात में स्थित एक प्रमुख जैन साहूकार थे, जिन्होंने मुग़लों और ईस्ट इंडिया कंपनी दोनों की सेवा की। जगत सेठ बंगाल में रहने वाले साहूकार थे, जिन्होंने ईस्ट इंडिया कंपनी को बंगाल में सहायता दी और उन्हें प्लासी का युद्ध जीतने में मदद की।

भारत में लोग दूषित होने के भय से समुद्र पार नहीं करते थे। जैन समुदाय ने भी इस प्रथा का सख़्ती से पालन किया। इसलिए, जैन धर्म के लोग केवल 20वीं सदी में पहली बार विदेश गए और अमेरिका और जापान जैसे देशों में अपनी पहचान बनाकर जैन मंदिर स्थापित किए।

13

हड़प्पा पर विचार

हड़प्पाई सभ्यता सिंधु घाटी में और गुजरात के तट पर 4,500 वर्ष पहले, 2500-1900 ईसापूर्व के बीच पनपी। लगभग इसी समय मिस्र में पिरामिड बनाए जा रहे थे। हड़प्पाई सभ्यता ग्रिड जैसे, विशाल क्षेत्रफल पर फैले एकरूप शहरों के लिए प्रसिद्ध है। हम आज तक हड़प्पाई लिपि समझ नहीं पाए हैं, जिस कारण हम इस सभ्यता के बारे में बहुत कम जानते हैं।

यौगिक मुद्रा में बैठे, पशुओं से घिरे हुए, सींगदार पुरुष की मुहर यहां मिली प्रमुख शिल्पकृतियों में से एक है। लोग इसे 'पशुपति' मुहर कहते हैं। इस पुरुष की यौगिक मुद्रा, उसके त्रिशूल जैसे मुकुट और उसके आस-पास जंगली जानवर होने के कारण प्रारंभिक पुरातत्वविदों ने इस धारणा को जीवित रखा कि यह व्यक्ति शिव हैं। लेकिन वेदों में पशुपति जंगली प्राणियों से नहीं बल्कि पालतू प्राणियों से जुड़े हैं। वे मुकुट कभी नहीं पहनते हैं। तो क्या यह व्यक्ति वास्तव में शिव है या कोई और है? क्या यह मुहर जैन तीर्थंकर का प्रतीक हो सकती है?

पशुपति मुहर पर चार प्राणी तीर्थंकर से जोड़े जा सकते हैं - बकरी कुंथु-नाथ (17वें तीर्थंकर) से; गण्डक श्रेयांस-नाथ (11वें तीर्थंकर) से; गज अजित-नाथ (दूसरे तीर्थंकर) से; और महिष वासुपूज्य-नाथ (12वें तीर्थंकर) से। पांचवा प्राणी बाघ है, जो हड़प्पाई शिल्पकृतियों में पाया जाता है, लेकिन तीर्थंकर के प्रतीकों में नहीं पाया जाता है। इसका क्या अर्थ निकाला जाए?

महावीर बाघ से नहीं बल्कि सिंह से जुड़े हैं। अश्व और सिंह हड़प्पाई मुहरों पर नहीं पाए जाते हैं; उनका वेदों में उल्लेख है।

कई मुहरों पर कूबड़ वाले वृषभ, बकरियां, हिरण और गज हैं। ये सभी विभिन्न तीर्थंकर के प्रतीक हैं। कुछ मुहरों पर स्वस्तिक का प्रतीक है, जो चार जैन समूहों (सामान्य पुरुष, सामान्य स्त्रियां, साधु और साध्वियां) का प्रतीक है और श्रीवत्स नामक गांठ है, जो तीर्थंकर की छाती पर पाई जाती है। पीपल और बबूल के पेड़ों की पूजा भी मुहरों पर दिखाई गई है, जिससे स्पष्ट है कि जैन धर्म में भी पेड़ पूजनीय हैं।

मिस्र, चीन और मेसोपोटेमिया की समकालीन सभ्यताओं में युद्ध और युद्ध की चित्रकारी का गुणगान किया गया। उनकी तुलना में हड़प्पा की सभ्यता अधिक शांतिपूर्ण थी। सात सदियों तक अस्तित्व में रहे हड़प्पाई शहरों में हमें किसी सेना या हथियारों के या किसी युद्ध के होने के ना के बराबर साक्ष्य मिले हैं। शहरों के 'किलों' में धन का संचय नहीं किया गया। इसके बजाय वे पानी, अग्नि और कक्षों से जुड़े थे। यह इस बात का संकेत है कि एक शक्तिशाली मठवासी व्यवस्था शहर को चलाती थी। हड़प्पाई

2500 से 1900 ईसापूर्व तक की हड़प्पाई सभ्यता की तथाकथित 'पशुपति' मुहर पर कई प्रतीक हैं जो जैन धर्म से जोड़े जा सकते हैं।

सभ्यता ने अहिंसा को महत्त्व दिया। पड़ोसी शहरों द्वारा छापे कम करने के लिए हड़प्पावासियों ने व्यापार को बढ़ावा दिया। वहां तिल, मनके और सूती वस्त्रों का निर्माण और व्यापार होता था। क्या ये व्यापारी जैन धर्म के प्रारंभिक रूप का अनुसरण कर रहे थे, जिसमें सत्ता को अहिंसा और अपरिग्रह अर्थात असंचय से जोड़ा जाता था? इसके लिए साक्ष्य विरल हैं, जिस कारण हम निश्चित रूप से कुछ नहीं कह सकते हैं। लेकिन यह बात विचार योग्य है।

जैन अपनी स्वच्छता और शुद्धता के लिए जाने जाते हैं। हड़प्पाई शहरों में भी यह पाया गया है। उनमें पानी के टैंक और अति परिष्कृत जलनिकासी व्यवस्था होती थी।

जैन आख्यान शास्त्र 1500 वर्ष पुरानी पांडुलिपियों पर आधारित है। फिर भी, इन पांडुलिपियों में उससे भी प्राचीन काल का उल्लेख है, जिसमें 84,000 वर्ष या उससे भी पहले घटी घटनाओं का उल्लेख है। इन पांडुलिपियों के अनुसार लगातार भयंकर सूखों के कारण लोगों ने अपना ज्ञान खो दिया। हड़प्पा का अंत भी जलवायु परिवर्तन के कारण हुआ था। तो क्या जैन पांडुलिपियों में हड़प्पा के पतन की स्मृतियों का उल्लेख है? इसके अलग अर्थ निकाले जा सकते हैं। हम जानते हैं कि हड़प्पा के लोग मांसाहारी थे, जिस कारण सभी हड़प्पाई जैन नहीं हुए होंगे। शहरों में लोग विविध धर्मों (अनेकांत-वाद) के अनुयायी हुए होंगे, लेकिन स्पष्ट रूप से कुछ लोगों ने जैन धर्म के किसी आदिम रूप का पालन किया होगा।

14

आर्य पर विचार

आर्य शब्द का अर्थ है 'कुलीन लोग'। 3000 वर्ष पहले, गंगा के मैदानों में रहने वाले वैदिक स्तोत्रों के रचयिताओं ने अपने आप को आर्य कहा। यह शब्द ज़रथूस्ट्राई अवेस्ता में भी पाया जाता है, जो संभवत: वेदों जितना प्राचीन है। इसलिए, 1930 के दशक में, फ़ारस के राजा ने अपने देश का नाम बदलकर ईरान रखा।

दुर्भाग्यवश, 20वीं सदी में जर्मन लोगों ने अपनी जातीय श्रेष्ठता सिद्ध करने के लिए इस शब्द को चुराया और वह कुख्यात बन गया। बारीकी से देखा जाए तो आर्य शब्द केवल घुड़सवार स्टेपी ख़ानाबदोशों की पूर्वी शाखा को, अर्थात भारतीय-फ़ारसियों को लागू होता है, न कि यूरोप की ओर फैलने वाली पश्चिमी शाखा को। जातिवादी यूरोपियों ने यह झूठ फैलाया कि आर्यों ने हड़प्पाई शहरों पर आक्रमण कर उन्हें नष्ट किया था। लेकिन अब, पुरातत्वविद इस निष्कर्ष पर पहुंचे हैं कि हड़प्पाई शहरों का पतन लगभग 1900 ईसापूर्व में जलवायु परिवर्तन और व्यापार में पतन के कारण हुआ। अश्वों से खींचे गए रथ इसके कई सदियों बाद विश्वभर में उभरे और उनका सिंधु घाटी के शहरों के पतन के साथ कोई लेना-देना नहीं है। आर्यों का हिंदूकुश पर्वतों में स्थित दर्रों से होते हुए भारत में प्रवास लगभग 1500 ईसापूर्व में ही हुआ। अधिकतर प्रवासी पुरुष थे और उन्होंने स्थानीय महिलाओं से विवाह किया, जिस कारण वेदों में मध्य एशिया और यूरेशिया से शब्दों और विचारों के अलावा कई स्थानीय शब्द और विचार भी हैं।

अंततः, भारत में 'आर्य' शब्द सभ्य होने से जुड़ गया। सभ्य भूमि को आर्य-देश कहा गया; सभ्य लोगों की भाषा को आर्य-भाषा कहा गया। लेकिन ब्राह्मणों, बौद्धों और जैनों के लिए इन शब्दों के अलग-अलग अर्थ थे।

हिंदू ग्रंथों में आर्य-वर्त या आर्य-देश कोई निर्धारित क्षेत्र नहीं था। लगभग 2500 वर्ष पहले, गौतम और बौधायन के प्रारंभिक धर्म-सूत्रों में आर्या-वर्त विंध्य पर्वत श्रृंखला के उत्तर में स्थित गंगा के मैदानों का क्षेत्र था। लगभग 1800 वर्ष पहले, मनुस्मृति जैसे बाद के धर्मशास्त्रों में इस शब्द ने एक विस्तारित क्षेत्र को सूचित किया - हिमालय के दक्षिण क्षेत्र से शुरू होते हुए पश्चिमी और पूर्वी समुद्रों तक, जिन समुद्रों में नर्मदा और गंगा नदियां बहती हैं। राजाओं द्वारा ब्राह्मणों को अनुदान में दी भूमि को आर्य-वर्त में शामिल किया गया। आर्य-वर्त में उन क्षेत्रों का भी समावेश हुआ, जहां बौद्ध और जैन साधुओं का आदर किया जाता था।

मनुस्मृति में 'अन-आर्य' शब्द का उपयोग भारत में रहने वाले शूद्रों और भारत के बाहर रहने वाले म्लेच्छों दोनों के लिए किया गया। मनु ने स्पष्ट रूप से तीन प्रकार के आर्यों की बात की, वे जो जन्म, दिखावे और व्यवहार से आर्य थे। आदर्शतः किसी एक व्यक्ति को जन्म, दिखावे और व्यवहार तीनों से आर्य होना चाहिए था। लेकिन मनु इस बात से झुंझला जाते कि कई बार तीनों गुण एक ही आर्य व्यक्ति में नहीं होते थे। मनु ने आर्य पिता और अन-आर्य माओं की संतानों को अन-आर्य पिता और आर्य माओं की संतानों से प्राथमिकता दी।

जैन ग्रंथों में जन्म, निवास स्थान, व्यवसाय और व्यवहार के आधार पर अलग प्रकार के आर्यों का उल्लेख है। आर्य और अन-आर्य लोगों ने महावीर जीन का प्रवचन सुना। महावीर इतने प्रभावशाली थे कि जीन-वाणी सभी श्रोताओं के कानों तक उनकी अपनी भाषाओँ में पहुंची और उन्होंने जैन मार्ग को स्वीकार किया। सभी लोग आर्य बन गए, उनका जन्म कैसा भी हो

और उनका व्यवसाय और रहने की जगह कोई भी हो। जैन धर्म में आर्य-वर्त हिंदू धर्म के आर्य-वर्त से भी विस्तारित था। उसमें अक्सर गंगा के मैदानों के पार मगध, ओडिशा और द्रविड क्षेत्रों का समावेश किया गया। इन क्षेत्रों का शुरू में वेदों में समावेश नहीं किया गया। इसके अलावा, उन क्षेत्रों का भी आर्य-वर्त में समावेश किया गया जिनके निवासी भ्रमणकारी साधुओं की बातों को महत्त्व देते थे और उनके मठों का समर्थन करते थे।

ब्राह्मण देवताओं और कुलीन लोगों की भाषा, संस्कृत को आर्य-भाषा मानते थे।। लेकिन बौद्ध, मागधी अर्थात पाली को आर्य-भाषा मानते थे। जैन अर्ध-मागधी को आर्य-भाषा मानते थे। उन्होंने तर्क किया कि अलंकारिक व्याकरण के उपयोग से अर्ध-मागधी से संस्कृत की उत्पत्ति हुई थी। इसकी तुलना में प्रकृति से उत्पन्न हुई अर्ध-मागधी अधिक प्राकृतिक अर्थात प्राकृत थी।

तीसरे तीर्थंकर, सम्भव-नाथ, जिनका प्रतीक घोड़ा है। आधुनिक DNA अध्ययनों के अनुसार घोड़ा आर्य लोगों अर्थात स्टेपी क्षेत्र में रहने वाले भारतीय-यूरोपीय पशुपालकों के साथ लगभग 1500 ईसापूर्व में भारत आया।

हिंदू पुराणों के अनुसार विष्णु ने असुर राजा, बलि को धरती के नीचे दबाया और राम ने राक्षस राजा, रावण का वध किया। बौद्ध कहानियों के अनुसार बोधिसत्त्व अवलोकितेश्वर, ने बलि को आर्य धर्म (बौद्ध धर्म) सिखाया ताकि वे किसी अगले जन्म में तथागत, अर्थात बुद्ध बन सकें। इसी तरह, जैन कहानियों में रावण को आर्य धर्म (जैन धर्म) सिखाया गया ताकि वे किसी अगले जन्म में तीर्थंकर बन सकें।

जबकि यूरोपीय और हिंदू आर्य शब्द का जातीय अर्थ लेते थे, बौद्ध और जैन धर्मियों ने आर्य शब्द का सांस्कृतिक अर्थ लिया। वे मानते थे कि मठवासी विचारों का पालन करने वाले लोगों का परिष्करण होता था और वे आर्य कहलाते थे। हिंदू मानते हैं कि कोई केवल जन्म से आर्य हो सकता है। जैन और बौद्ध मानते हैं कि बुद्ध या तीर्थंकर के मार्ग पर चलने से हम आर्य बन जाते हैं। इस प्रकार, जैनों ने आर्य, आर्य-भाषा और आर्य-देश के विचारों का विस्तार किया ताकि अधिक लोगों का समावेश हो सके, जबकि ब्राह्मणों ने उन्हीं शब्दों से कुछ लोगों को बाहर रखा।

15

चाणक्य पर विचार

लोकप्रिय जैन आख्यानों के अनुसार, चाणक्य गांधार क्षेत्र (जो अब पकिस्तान का भाग है) में तक्षशिला से आया ब्राह्मण था जिसने 2300 वर्ष पहले, यूनानियों द्वारा भारत पर आक्रमण के समय, पाटलिपुत्र (आधुनिक काल के पटना) में मौर्य राजवंश के संस्थापक, चंद्रगुप्त के उदय में मदद की। चाणक्य को *अर्थशास्त्र* और *चाणक्य-नीति* रचने का श्रेय दिया जाता है। *अर्थशास्त्र* राजनीति पर है, जबकि *चाणक्य-नीति* सूक्तियों का एक संग्रह है, जिसमें सफल राजा बनने पर व्यावहारिक विचार हैं। चाणक्य के ग्रंथों में नैतिकता, अध्यात्मिकता, यहां तक कि जाति को भी इतना महत्त्व नहीं दिया गया है जितना राजनीतिक महत्त्वाकांक्षा और आर्थिक सफलता को दिया गया है।

लेकिन चाणक्य के बारे में सभी जानकारी मौर्य साम्राज्य के कम से कम 500 वर्ष बाद बौद्ध और जैन आख्यानों और संस्कृत नाटकों से आती है। इनमें श्री लंका के बौद्ध महाकाव्य, महावंश और जैन विद्वान हेमचंद्र द्वारा लिखा गया परिशिष्टपर्वण, कथा-सरित-सागर जैसी स्वैर-कल्पनाएं और *मुद्रराक्षस* जैसे धर्मनिरपेक्ष संस्कृत नाटक हैं। ये सभी 5वीं और 12वीं सदियों के बीच लिखे गए। स्पष्ट रूप से ये सभी प्रतिद्वंद्वी धर्मों के आविष्कार थे जो अपने लाभ के लिए इतिहास का पुनर्लेखन कर रहे थे। बौद्धों ने दावा किया कि सम्राट अशोक बौद्ध थे। जैनों का दावा था कि अशोक के दादा, चंद्रगुप्त और उनका पोता, संप्रति जैन थे। हिंदुओं का दावा था कि मौर्य राजवंश

के पीछे 'सच्ची' शक्ति ब्राह्मणों से आई। जबकि बौद्ध वर्णनों ने चाणक्य की क्रूरता और उनके षड्यंत्रकारी स्वभाव पर ध्यान दिया, जैन वर्णनों ने इस बात को दोहराया कि जैन मार्ग को अपनाने से ही राजा और सलाहकार को सांत्वना मिल सकती थी।

कहते हैं कि चाणक्य के श्वदंत देखकर ज्योतिषियों ने भविष्यवाणी की थी कि वे बड़े होकर महान राजा बनेंगे। उनके माता-पिता को राजत्व में निहित हिंसा का डर था, और इसलिए चाणक्य के दांत तुड़वा दिए गए। इस प्रकार, वे राजा नहीं बल्कि ऐसे व्यक्ति बन गए जो राजा को प्रभावित करता है और केवल अप्रत्यक्ष रूप से हिंसा से जुड़ गए। चाणक्य के कार्यकाल से हमें पता चलता है कि उन्हें बहुत आसानी से उकसाया जा सकता था, वे निर्णय लेने में निर्दयी हो सकते थे और जब चाहे षड्यंत्रकारी भी हो सकते थे। वे संपत्ति निर्माण करने के लिए काला जादू करने से कतराते नहीं थे और न ही वे शत्रुओं को हराने के लिए छल करना अनुचित समझते थे। लेकिन, दो घटनाएं दर्शाती हैं कि वे जैन साधुओं का आदर करते थे।

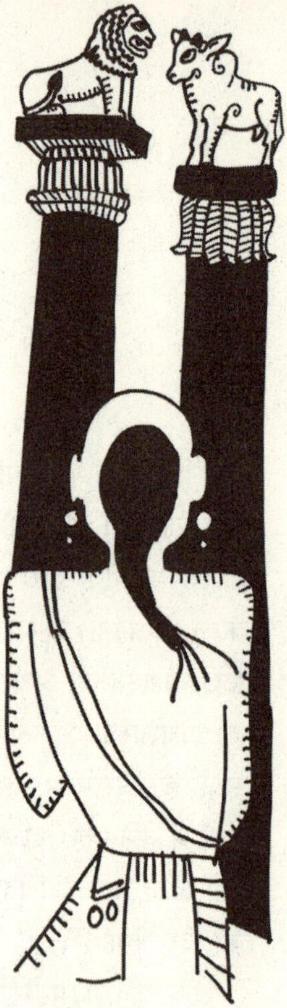

राजसी मौर्य स्तंभों पर वृषभ की प्रतिमा (इस कालचक्र के पहले तीर्थंकर, ऋषभ-देव, का प्रतीक) और सिंह की प्रतिमा (इस कालचक्र के अंतिम तीर्थंकर, महावीर का प्रतीक)।

चाणक्य ने देखा कि चंद्रगुप्त मौर्य पवित्र पुरुषों से प्रभावित थे। वे उन्हें समझाना चाहते थे कि हर पवित्र पुरुष पर विश्वास नहीं किया जा सकता

था। इस हेतु से उन्होंने इन पुरुषों को राजा को प्रवचन देने के लिए महल में आमंत्रित किया। उनके ठहरने की व्यवस्था महल की सुंदर महिलाओं के अंत:पुर के बहुत पास की गई। पवित्र पुरुषों के आवास और महिलाओं के अंत:पुर के बीच के गलियारे में सूक्ष्म दाने छिड़के गए। ज़मीन पर बिखरे हुए दाने देखकर चंद्रगुप्त समझ गए कि उनकी अनुपस्थिति में, ये पवित्र पुरुष इन गलियारों से अंत:पुर तक इन सुंदर महिलाओं को खिड़कियों से छिपकर देखने के लिए चलकर जा रहे थे। यह इस बात का प्रमाण था कि जैन मठवासियों को छोड़ अन्य धार्मिक नेता इन सुंदर महिलाओं से आकर्षित हुए थे।

चंद्रगुप्त समझ गए कि केवल जैन गुरु अपने उपदेशों के अनुसार व्यवहार करते थे। उन्होंने अपनी इंद्रियों को वश में कर लिया था। चंद्रगुप्त उनके प्रवचनों से इतने प्रभावित हुए कि जब अकाल हुआ, तब उन्होंने अपना राज्य अपने पुत्र को सौंप दिया और वे जैन साधु बन गए। वे जान गए कि राज्य का सबसे शक्तिशाली व्यक्ति भी प्रकृति को नियंत्रित कर वर्षा नहीं ला सकता था। इसलिए, हमें अगली पीढ़ी को उत्तरदायित्व सौंपकर आगे बढ़ना सीखना चाहिए। जैसे साधुओं ने महल में सुंदर महिलाओं के प्रति अपने आकर्षण को वश में रखा, वैसे राजा को भी पता होना चाहिए कब सिंहासन का मोह छोड़कर आगे बढ़ने का समय है।

दूसरी कहानी चाणक्य की मृत्यु से जुड़ी है। एक वर्णन के अनुसार, जब चाणक्य पर राजा की माँ की हत्या करने का ग़लत आरोप लगाया गया, तब उन्होंने आमरण उपवास किया (जैन तपस्वियों की एक प्रथा)। दूसरे वर्णन में चाणक्य को मारने के बाद उनके राजनीतिक प्रतिद्वंद्वियों ने उनके घर पहुंचकर एक बंद संदूक पाया। उनका अनुमान था कि इस संदूक में चाणक्य की प्रख्यात निधि होगी। संदूक में सुगंध की बोतल और एक पाण्डुलिपि थी। बोतल खोलने पर उससे सुंदर सुगंध निकली। लेकिन पाण्डुलिपि में उन्हें चेतावनी मिली कि सुगंध सूंघने वाला व्यक्ति जीवन के

सुखों का भोग कभी नहीं कर पाएगा और यदि वो वैसा करता भी है, तो उसकी मृत्यु होने का डर है। इसलिए, ऐसे लोग ब्रह्मचारी, मठवासी जीवन जीकर ही जीवित रह पाएंगे। इस जानकारी को जांचने के लिए चाणक्य के प्रतिद्वंद्वियों ने दूसरे लोगों को सुगंध दी। जिन्होंने उसे सूंघा वे स्वादिष्ट खाना खाने पर या मधुर संगीत सुनने पर मरने लगे। किसी सुंदर वस्तु को देखने पर उनकी आंखों से खून बहने लगता था। उनके लिए जीवित रहने का एकमात्र उपाय कड़ा मठवासी जीवन जीना बन गया, एक ऐसा जीवन जिसमें कोई विलासिताएं नहीं थीं।

इस प्रकार, चाणक्य के प्रतिद्वंद्वी राजनीतिक सफलता के साथ आने वाले सुखों का भोग नहीं कर पाए। और, अपनी मृत्यु से चाणक्य ने निर्दयता से लोगों को सीख दी कि राजनीतिक षड्यंत्रकारी और लालच से दूर रहने का एकमात्र प्रकार मठवास अपनाना था।

16

शकों पर विचार

ईसाइयों का कैलेंडर ईसा मसीह के तथाकथित जन्म दिन से शुरू होता है। इससे आधुनिक कैलेंडर की ईसापूर्व (BC) और एन्नो डोमिनी, या गॉड के वर्ष में अर्थात ईसवी (AD) की पद्धति शुरू हुई, जिन्हें अब बिफ़ोर कॉमन ईरा (BCE) और कॉमन ईरा (CE) वर्तमान युग में बदला गया है। मुसलमानों के लिए कैलेंडर उस दिन से शुरू होता है, जब मुहम्मद पैग़ंबर सन 622 में मक्का छोड़कर मदीना चले गए। हिंदुओं के लिए कैलेंडर साधारणत: विक्रम सम्वत (57 ईसापूर्व) या शक सम्वत (सन 78) से शुरू होते हैं। लेकिन जैनों के लिए कैलेंडर वीर निर्वाण सम्वत से शुरू होता है, जो महावीर के निर्वाण प्राप्त करने का दिन है। यह दिन 7 अक्टूबर 527 ईसापूर्व है। जैन विक्रम सम्वत का बहिष्कार करते हैं और ये संभवत: कलक आचार्य नामक जैन साधु की किंवदंती से जुड़ा हुआ है।

लगभग 2000 वर्ष पहले, जैन समुदाय के साथ घटी घटनाओं ने एक महान गाथा को प्रेरित किया। कलक आचार्य कथा नामक इस गाथा को 1000 वर्ष पहले प्राकृत और स्थानीय भाषाओं में लिखित रूप दिया गया। लगभग 500 वर्ष पहले, इस गाथा को जैन पांडुलिपियों में चित्रित किया गया। जैन व्यापारियों और दरबारियों ने अहमदाबाद, जौनपुर और मालवा के सुल्तानों, जो सभी मुस्लिम थे और उनके संरक्षक भी थे, के सम्मान में ये पाण्डुलिपियां बनवाईं!

12वीं सदी में मध्य एशिया से आए मुसलमान आक्रमणकारियों ने दिल्ली सल्तनत की स्थापना की। उत्तर भारत का अधिकांश भाग उनके नियंत्रण में था। स्थानीय लोगों से दूर रहते हुए उन्होंने फ़ारस और मध्य एशिया के दरबारियों को पसंद किया। लेकिन 14वीं सदी में तैमूर के आक्रमण के बाद, आसपास के सुल्तानों के विद्रोह से दिल्ली सल्तनत दुर्बल हुई और अन्य सुल्तान शक्तिशाली बन गए। इन सुल्तानों की मध्य एशिया और फ़ारस के लोगों तक पहुंच कम थी, जिस कारण उन्हें अपने उभरते राज्य चलाने के लिए स्थानीय लोगों की मदद लेनी पड़ी। तब उन्होंने कई जैनों को काम पर रखा, जो लेखाशास्त्र और वित्तीयन में निपुण थे।

आमतौर पर, जैन सफल होने पर मंदिर निर्माण करते थे। लेकिन भारत के नए शासक मूर्तिभंजक थे जो मंदिरों को तोड़कर उनके स्तंभों से मस्जिद बनाते थे। इसलिए, जैनों ने समझदारी से नए मंदिर नहीं बनाए। मंदिरों की जगह उन्होंने सचित्र ताड़ के पत्तों की पांडुलिपियों के निर्माण को प्रोत्साहन दिया। इन पांडुलिपियों से दिखाई देता है कि उनमें चित्रकारी की नई पद्धतियों का उपयोग किया गया, जो उस समय फ़ारस से भारत आ रही थी।

कलक आचार्य कथा को सबसे अधिक चित्रित किया गया। यह कथा जैन धर्म के श्वेताम्बर पंथ के महान साधु, कलक पर आधारित थी। उन्होंने और उनकी बहन ने बहुत कम उम्र में जैन मार्ग अपनाया। कलक बहुत जानकार थे और उनकी बहन बहुत सुंदर थी। हालाँकि वह साध्वी थी, उज्जैन के राजा, गर्दभिल्ल ने उसका अपहरण किया। कलक ने राजा को उसकी बहन को छुड़ाने का निवेदन किया, लेकिन राजा नहीं माना। कोई स्थानीय राजा कलक की मदद करने के लिए तैयार नहीं था। हतोत्साहित होकर कलक ने सिंधु नदी के पश्चिमी तट तक जाकर शक (स्किथी) योद्धाओं से मदद मांगी। जब कलक ने उनकी ईंटों को सोने में बदलकर अपनी जादुई शक्तियों का प्रदर्शन दिया, तब शक योद्धा प्रभावित हुए और उन्होंने उसकी मदद की।

उन्होंने उज्जैन पर आक्रमण किया, लेकिन गर्दभिल्ल राजा के पास एक ऐसी शक्ति थी जिसके बारे में कोई नहीं जानता था। उसके पास एक जादुई गधा था जिसके रेंकने की भयानक ध्वनि से एक साथ सौ सैनिक मारे जाते थे। कलक ने भांप लिया कि गर्दभिल्ल के पास यह जादुई और प्राणघातक गधा है। इसलिए, उसने शक योद्धाओं को रेंक रहे गधे के मुँह में तीर मारने का सुझाव दिया। इस प्रकार, गधे को मारे बिना उन्होंने उसका रेंकना रोका और कलक ने शक योद्धाओं की मदद से गर्दभिल्ल राजा को हराकर अपनी बहन को बचाया।

यह कहानी महत्त्वपूर्ण इसलिए है कि हिंदू ग्रंथों में साधारणतः यवन, पह्लव और कुषाण लोगों के साथ-साथ शकों को 'विदेशी' माना जाता है। इनमें से कई ने बौद्ध धर्म को संरक्षण दिया। ये कहानी रामायण की कहानी से बहुत मिलती जुलती है जिसमें राम ने वानरों की मदद से सीता को रावण से मुक्त किया। लेकिन रोचक बात यह है कि जबकि रावण भारत का नहीं है, इस कहानी में शत्रु राजा भारतीय था, जो संभवतः तंत्र में सुप्रवीण था। यहाँ नायक एक जैन मुनि है और विदेशियों ने उसका समर्थन किया, जो पश्चिम में स्थित श्वेत-द्वीप के निवासी थे। कई ग्रंथों में मध्य एशिया के लिए इस शब्द का उपयोग होता था क्योंकि वहां गोरी त्वचा के तुर्की रहते थे।

कलक आचार्य के बारे में अन्य कहानियां भी हैं। मुनि के भांजों, बालमित्र और भानुमित्र, जो भरुच से थे, ने अंत में उज्जैन के राजा को बदल दिया और उन्होंने कलक का आदर किया। लेकिन भरुच के ब्राह्मण इस जैन साधु की लोकप्रियता से अप्रसन्न थे और उन्होंने उससे शहर छोड़ने की नम्र विनती की। कलक मुनि को प्रतिष्ठान के राजा, शालिवाहन ने आश्रय दिया और उन्होंने हिंदू त्यौहारों के साथ-साथ जैन त्यौहारों के लिए भी जगह बनाई।

किंवदंतियों के अनुसार, गर्दभिल्ल के पुत्र, विक्रमादित्य ने अंत में शकों को उज्जैन से भगा दिया। बाद में शालिवाहन ने उसे मार डाला। पाठ्य और

शिलालेखीय अभिलेखों के अनुसार, विंध्य पर्वतों के उत्तर में स्थित उज्जैन और उसके दक्षिण में स्थित प्रतिष्ठान से जुड़ी कहानियां 9वीं सदी के बाद ही प्रसिद्ध हुईं। इसलिए, 2000 वर्ष पुरानी किंवदंतियों को 1200 वर्ष पुराने इतिहास से जोड़ने से पहले हमें सोच विचार करना होगा।

कलक आचार्य कथा बहुधा कल्पसूत्र के परिशिष्ट का रूप लेती है। *कल्पसूत्र* में जैन आख्यान शास्त्र का विवरण है। इसलिए हम समझ सकते हैं कि किसी ने इस ग्रंथ के चित्रण के लिए आर्थिक सहायता दी। लेकिन कलक मुनि की कथा को कल्पसूत्र का परिशिष्ट क्यों बनाया गया? सभी जैन कहानियों में से यही कहानी क्यों? क्या जैनों ने यह इसलिए किया कि उनके संरक्षक मुस्लिम सुल्तानों को लग सके कि अपनी प्रजा का केवल शोषण करने के बजाय यदि वे उनसे सहयोग भी करेंगे तो उन्हें आक्रमणकारी नहीं बल्कि रक्षक समझा जाएगा? जब शिव और विष्णु भक्तों ने जैन मंदिरों

कलक आचार्य शक राजा से अपनी बहन को उज्जैन के राजा की पकड़ से छुड़ाने के लिए मदद मांगते हुए।

पर बलपूर्वक अपना अधिकार जमाया, विशेषत: कर्नाटक और तमिलनाडु में, तब जैन समुदाय में बहुत आक्रोश था। अवश्य ही, यह एक विवादास्पद विषय है, लेकिन इस पर चर्चा करना आवश्यक है।

हालाँकि विद्वान कलक को एक ऐतिहासिक हस्ती साबित करने के तथ्य तलाशते हैं, लेकिन इस कहानी में निहित पौराणिक तथ्यों को पहचानना अधिक उचित होगा। यहां खलनायक एक स्थानीय राजा है, जबकि रक्षक राजा विदेशी है। कलक (या कल्क) के नाम से विष्णु के दसवें अवतार, कल्कि की याद आती है, जो अधर्म के पथ पर चलने वालों को नष्ट करते हैं। कल्कि को घोड़े पर सवार, तलवार धारण किए कल्पित किया गया है। यवन, शक, पह्लव, कुषाण, हुन और बाद में तुर्क, अफ़ग़ान और मुग़ल योद्धा कुछ ऐसे ही दिखे होंगे। संभवत: जैन ये कहना चाह रहे थे कि सभी स्थानीय राजा अच्छे और सभी विदेशी राजा बुरे नहीं होते हैं। लंबी अवधि के लिए शांति बनाए रखने के लिए अच्छे विदेशियों के साथ सहयोग कर साथ रहना संभव था। कोई शासक अच्छा है या बुरा इससे हमें तय करना चाहिए कि उसका विरोध करना है या नहीं, न केवल इस वजह से कि वह विदेशी है या स्थानीय। बुरे राजा अपने राज्य को हानि पहुंचाते हैं और अच्छे राजा उसका भला करते हैं।

17

जीवित रहने पर विचार

राजनीतिज्ञ हमें याद दिलाते रहते हैं कि कैसे 1000 वर्ष पहले मुसलमानों ने भारत पर आक्रमण कर मंदिर नष्ट किए थे। लेकिन यही राजनीतिज्ञ इस बात पर शांत हैं कि दिगम्बर जैनों का लाल मंदिर मुग़लों के लाल किले के ठीक सामने स्थित है। किला और मंदिर दोनों 17वीं सदी में, अकबर के पोते, शाहजहां के शासनकाल में बनाए गए। इसका क्या अर्थ निकाला जाए?

बौद्ध धर्म का उदय भारत में हुआ, लेकिन सदियों से देश में उसके न के बराबर अनुयायी रहे हैं। उसका पुनरुद्धार केवल 20वीं सदी में हुआ जब डॉक्टर बाबासाहेब आंबेडकर ने दलितों के उत्थान के लिए नवयान आंदोलन शुरू किया। इसके विपरीत, जैन धर्म हमेशा से भारत में अपनी अटल पकड़ बनाए रखा है और जीवित रहकर पनपा भी है। इसके बावजूद कि विविध प्रतिद्वंद्वी धर्मों ने उसका विरोध किया और उसका विनियोग भी किया। इसका कारण जानना आवश्यक है।

जैन धर्म का ब्राह्मणों और बौद्धों के साथ प्रतिद्वंद्व राजसी संरक्षण पाने से शुरू हुआ - क्या राजा बौद्ध मठ की देखरेख के लिए कर से मुक्त गांव दान में देंगे या क्या वे उन्हें हिंदू मंदिर की देखरेख के लिए वह गांव देंगे। सन 500 अर्थात गुप्त काल के बाद, जब भारतीय अर्थव्यवस्था व्यापार पर कम और कृषि पर अधिक निर्भर बन गई, तब धर्मों में द्वंद्व बढ़ गया। तब तक, जैन धर्म गंगा के मैदानों के बाहर तमिलनाडु तक फैला था।

कुछ विद्वानों ने तर्क किया है कि इस काल में 'कलाभ्र' आक्रमणकारी, जो संभवतः कर्नाटक के थे और जैन धर्म के संरक्षक थे, ने राज किया और उन्होंने तमिल संस्कृति को ग्रस्त किया। और यह कि 10वीं सदी तक पल्लव, चोल और पाण्ड्य राजाओं ने तमिल संस्कृति का पुनरुत्थान किया। ये राजा नयमनार और अलवर संतों से प्रेरित थे, जो संत शिव और विष्णु के भक्त थे और बौद्ध और जैन धर्मियों का खुलकर विरोध करते थे। तमिल कहानियों में बताया जाता है कैसे जो बीमारियां जैन भिक्षु ठीक नहीं कर सकते थे उन्हें शिव ने ठीक किया, ताकि शिव की पूजा पर आधारित हिंदू धर्म को जैन मठवासी परंपराओं से श्रेष्ठ दिखाया जा सके। मंदिरों में हिंदुओं द्वारा जैन साधुओं पर वार करने की कहानियां मिली हैं और उन्हें सूली पर चढ़ाए जाने की प्रतिमाएं मिली हैं। इतिहासकार नहीं जानते कि क्या ये सच है या अधिप्रचार। लेकिन इसमें कोई संदेह नहीं है कि शिव और विष्णु की आराधना पर आधारित उभर रहे हिंदू धर्म ने जैनों और बौद्धों को प्रतिद्वंद्वी माना। इस कारण जैन धर्म तमिलनाडु से मिट गया।

10वीं सदी से पाई गईं कन्नड़ गाथाओं में जैन मंदिरों को नष्ट कर उनकी जगह शिव मंदिरों को स्थापित करने के विवरण हैं। एक कहानी के अनुसार, एक शिव उपासक ने अपना ही सिर काटकर उसे फिर से अपनी जगह पर लगाया और फिर जैनों को वैसा करने की चुनौती दी। जैन धर्मीय भाग गए और वहां जैन धर्म की जगह शिव की पूजा पनपी। जैन संरक्षक देवी-देवताओं को हिंदू देवी-देवताओं के रूप में पूजे जाने की कहानियां हैं। इस मोड़ से कर्नाटक में सरनाओं का उद्गम हुआ, जिनके कारण कर्नाटक में जैन प्रभाव का पतन शुरू हुआ। संघर्ष टालने के लिए जैन साधुओं ने राजाओं से संरक्षण पाना रोक दिया और उन्होंने जैन व्यापारी समाज के समर्थन को प्राथमिकता दी। इसलिए, ब्राह्मणों ने उन्हें प्रतिद्वंद्वी नहीं माना।

बौद्ध धर्म समुद्र के पार देशों में आश्रय लेकर जीवित रहा - बर्मा, श्री लंका, थाईलैंड, इंडोनेशिया, कंबोडिया, और उनके पार चीन और जापान

में भी। गंगा, महानदी, नर्मदा, गोदावरी, कृष्णा और कावेरी जैसी नदियों की ऊर्वर भूमि पर हिंदू मंदिर पनपे। उधर जैन धर्मीय पश्चिम भारत के पहाड़ी और निर्जल क्षेत्रों में स्थित कठोर व्यापारी मार्गों पर स्थित शहरों में जीवित रहे, जो अरावली श्रृंखला के किनारे और विंध्य पर्वत श्रृंखला के पार थे।

हिंदू जाति व्यवस्था में ब्राह्मण सबसे ऊपर थे। चूँकि जैन धर्मियों ने इस व्यवस्था को चुनौती नहीं दी, उन्होंने हिंदू सामाजिक व्यवस्था को तोड़ा नहीं। वास्तव में, उन्होंने अपना अंतर्विवाही समुदाय (जाति) निर्मित किया। उन्होंने समुदाय के बाहर के लोगों से विवाह नहीं किया, अतिनैतिक खाद्य पद्धतियों का सख़्ती से पालन किया, जैसे शाकाहार का और जड़ सब्ज़ियां न खाने का, दूसरे समुदाय की धार्मिक पद्धतियों में हस्तक्षेप नहीं किया और केवल वो व्यवसाय किए जिनमें वे निपुण थे और जिनसे राजाओं का लाभ होता था, जैसे व्यापार, साहूकारी और अन्य वित्तीय सेवाएं। जैन धर्मियों और ब्राह्मणों की शुद्धता की धारणाएं एक जैसी थी - दोनों ने अपने आपको मांसाहारियों, मुसलमानों और 'अशुद्ध' जातियों से अलग रखा। जैन समुदाय रसोईघर, परिवार और मंदिर को अलग रखकर पनपा।

जैनियों का मदुरै में कथित नरसंहार दर्शाया हुआ है|

कुछ जैन साधुओं और गृहस्थों ने भारतीय राजाओं के दरबारी बनकर तरह-तरह की बौद्धिक और वित्तीय सेवाएं दी। कर्नाटक में 9वीं सदी में राष्ट्रकूट

राजा अमोघवर्ष का दिगम्बर संत-विद्वान, जिनसेन के साथ गहरा संबंध था। गुजरात में 12वीं सदी में सोलंकी राजा, कुमारपाल का श्वेताम्बर संत-विद्वान, हेमचंद्र के साथ गहरा संबंध था। इतिहासकार मानते हैं कि इन राजाओं ने अन्य धर्मों के पंथों को भी संरक्षण दिया, जिनमें कट्टर हिंदू पंथों का भी समावेश था। यह इसलिए कि सभी पंथों में अच्छी प्रतिद्वंद्विता बनी रह सके और एक पंथ अत्यधिक शक्तिशाली न बन जाए।

एक आख्यान के अनुसार, हेमचंद्र ने शिव की प्रतिमा के सामने झुककर कहा कि हमें उन सभी के सामने झुकना चाहिए जिनमें विश्व को त्यागकर पुनर्जन्म के चक्र से मुक्त होने का साहस है, चाहे वो जीन, ब्रह्मा, विष्णु या शिव हों। उन्होंने राजा को एक कहानी बताई: एक जादूगर ने एक बदमाश को महिष में बदलकर उसकी पत्नी को उस जड़ी-बूटी का स्थल बताया जिसे खाकर उसका पति फिर से मनुष्य बन सकता था। पत्नी महिष को उस स्थल पर ले गई, लेकिन वह उस बूटी को ढूंढ नहीं पाई। इसलिए उसने महिष को वहां की सभी बूटियां खिलाईं और अंत में वह महिष मनुष्य बन गया। राजा को इस कहानी से सीख मिली कि इस महिष की तरह, बुद्धिमान व्यक्तियों को सभी आध्यात्मिक और धार्मिक मार्गों पर चलना चाहिए, इस विश्वास के साथ कि उनमें से एक मार्ग उन्हें सांसारिक विश्व से मुक्त कर देगा।

जब मध्य एशिया के मुसलमान राजा भारत आए, तब उन्होंने उत्तर-पश्चिमी भारत और पूर्वी भारत के बौद्ध विश्वविद्यालयों को नष्ट कर दिया। इनमें से नालंदा विश्वविद्यालय सबसे जाना-माना था। जैन मंदिरों को तोड़कर उनके खंभों से मस्जिद बनाए गए। इसलिए 13वीं, 14वीं और 15वीं सदियों में कई जैन व्यापारियों ने मंदिर बनाने के बजाय जैन पांडुलिपियां बनवाईं और उन्हें गुप्त पुस्तकालयों में सुरक्षित रखा। इस समझदारी से उन्होंने कई सुलतानों का सम्मान भी अर्जित किया।

इतिहासकारों के अनुसार इस्लामी दरबारों के जैन दरबारियों ने कई मंदिर बनाए। कई सुल्तानों और मुग़ल सम्राटों ने जैन व्यापारियों को उनके शहरों के पास बाज़ार स्थापित करने के लिए प्रोत्साहित किया। जैनों ने साहूकारी और व्यापार की कई सेवाएं प्रदान की। उन्होंने दिल्ली सुल्तानों, दक्खनी सुल्तानों और मुग़ल सम्राटों के दीवान बनकर कर संग्रहण में और उनके राजकोष भरने में मदद की। उनकी सेवाओं से प्रसन्न होकर इन राजाओं ने जैनों को जीन के सम्मान में स्मारक बनाने की अनुमति दी। इसलिए, जैन दरबारियों ने संस्कृत और स्थानीय भाषाओँ में रचीं अपनी साहित्यिक कृतियों में राजाओं की जैन धर्म के संरक्षक के रूप में प्रशंसा की। मुग़ल सम्राट अकबर ने जैन त्यौहारों के के समय में पशु वध और शिकार पर रोक लगाई, जिस कारण इन दरबारियों ने उन्हें प्रतिबोधित अर्थात प्रबुद्ध कहकर वर्णित किया।

इतिहास से पता चलता है कि जैनों ने कई धर्मों के राजाओं की सफलतापूर्वक सेवा की, चाहे वो शैववाद या वैष्णववाद के राजा हों, मुसलमान सुल्तान हों यहां तक कि ईस्ट इंडिया कंपनी भी हो। लेकिन इस राजसी संरक्षण को लेकर जैनों में घमंड कभी नहीं पैदा हुआ। उन्होंने अपना धर्म अपने घरों और अड़ोस-पड़ोस तक ही सीमित रखा, दूसरों की धार्मिक धारणाओं में हस्तक्षेप नहीं किया और समाज को दान देते रहे। वे राजनीतिक और आर्थिक बदलावों के बारे में हमेशा अवगत रहे और इस प्रकार उन्होंने सुनिश्चित किया कि कोई उनसे भयभीत न हो जाए।

18
विभाजनों पर विचार

बौद्ध धर्म की तुलना में जैन धर्म में कम विभाजन हुए हैं, इसके बावजूद कि दोनों धर्म उतने ही पुराने हैं। पहला विभाजन 2500 वर्ष पहले, महावीर के जीवनकाल में ही हुआ, जब उनका दामाद जमाली उनसे असहमत हुआ। अधिकतर जैन ज्ञान मौखिक रूप से प्रसारित होता था और समय के साथ वह विस्मृत हो गया, जिस कारण सैद्धांतिक मामलों पर भी विभाजन हुए हैं।

सबसे महत्त्वपूर्ण विभाजन महावीर के जीवनकाल के 300 वर्ष बाद, मौर्य साम्राज्य के समय हुआ। तब, मगध क्षेत्र में एक भयंकर सूखे के कारण कई जैन धर्मीय दक्षिण की ओर रहने चले गए। कुछ पीढ़ियों बाद जब वे लौटे तब उन्होंने पाया कि जो जैन मगध में रहे थे उनकी प्रथाएं अब बहुत अलग थीं: वे श्वेत रंग के कपड़े पहनते थे, उनमें महिलाएं साध्वियां बन सकती थीं, वे तीर्थंकर की प्रतिमाओं को गहनों से आभूषित करते थे, वे तीर्थंकर के बारे में मूल कहानियों से बहुत अलग कहानियां बताते थे और दावा करते थे कि उन्होंने महावीर की मूल शिक्षाओं को बचाए रखा था। दोनों समूह कई प्रथाओं, विश्वासों और सिद्धांतों पर असहमत थे और इसलिए उनमें विभाजन हुआ। मगध के दक्षिण से लौटे जैनों ने अपने आपको दिगम्बर जैन कहा, वे जो आकाश से ढके हैं; इस समूह के नेताओं ने वस्त्र पहनना पूरी तरह से त्याग दिया था। जो मगध में रुके थे और जिन्होंने अंत में पश्चिम की ओर प्रवासन किया, ने अपने आप को श्वेताम्बर कहा, वे जो श्वेत रंग के कपड़े पहनते हैं। उनके नेता अपने आप को श्वेत वस्त्रों से लपेटते थे।

- दिगम्बर जैन मानते हैं कि महावीर की कोई भी सीख, जो पीढ़ी दर पीढ़ी मौखिक रूप से संचारित की गई, आज जीवित नहीं है। उनकी सीख को पूर्णतः स्मरण करने वाले अंतिम विद्वान भद्रबाहु थे। लेकिन श्वेताम्बर जैन मानते हैं कि भद्रबाहु ने महावीर की कुछ सीख स्थूलभद्र को संचारित कीं और वह जीवित रह पाई हैं। ग्यारह अगम पुस्तकें इसी सीख का भाग हैं।
- दिगम्बर जैन पुरुष शरीर को अधिक महत्त्व देते हैं। वे मानते हैं कि सभी तीर्थंकर पुरुष थे। इस कारण, उनके अधिकतर नेता पुरुष तपस्वी हैं। इसके विपरीत श्वेताम्बर जैन मानते हैं कि तीर्थंकर मल्ली-नाथ महिला थीं। इसलिए, श्वेताम्बर जैनों में साधुओं की तुलना में साध्वियां तीन गुना हैं, हालाँकि नेता पुरुष ही हैं।
- दिगम्बर जैनों द्वारा नायक और संतों पर लिखीं पुस्तकें पुराण कहलाती हैं जबकि श्वेताम्बर जैनों द्वारा लिखीं ऐसी पुस्तकों को बहुधा चरित्र कहा जाता है। श्वेताम्बर जैन मानते हैं कि महावीर का भ्रूण स्थानांतरित किया गया था और यह भी कि महावीर तथा पार्श्व-नाथ विवाहित थे। लेकिन दिगम्बर जैन इस पर उनसे असहमत हैं।
- श्वेताम्बर जैन तीर्थंकर को पूर्णतः खुली आंखों के साथ, और कपड़ों तथा गहनों से आभूषित शरीर के साथ दर्शाते हैं। इसके अलावा उनकी प्रतिमाओं में सिर पर मुकुट होता है। दिगम्बर जैनों द्वारा बनाई गईं तीर्थंकर की प्रतिमाओं में आंखें उदास और आधी बंद होती हैं और शरीर पर गहनें कभी नहीं होते हैं। श्वेताम्बर जैन मंदिर के अनुष्ठानों में तीर्थंकर का गर्भधारण, जन्म, त्याग और बोध अभिनीत करते हैं लेकिन उनकी मोक्ष प्राप्ति का अभिनय नहीं करते हैं, जब तीर्थंकर ने अपना शारीरिक रूप त्याग दिया था। दिगम्बर जैन मंदिर अनुष्ठानों

में इस अंतिम क्रिया को चंदन जलाकर प्रतीकातमक रूप से दिखाया जाता है।

- दिगम्बर पंथ दक्षिण भारत (बहुधा कर्नाटक और तमिलनाडु में) और उत्तर भारत दोनों में पाए जाते हैं। श्वेताम्बर पंथ अधिकतर पश्चिम भारत (गुजरात, राजस्थान और महाराष्ट्र) में पाए जाते हैं।

लगभग 400 वर्ष पहले, जैन समुदाय के दोनों पंथों में प्रतिमाओं की अनुष्ठानिक पूजा को लेकर दूसरा विभाजन हुआ। यह मुसलमान शासकों का काल था, जो मूर्तिपूजा से अप्रसन्न थे।

- 18वीं सदी में, जयपुर के पंडित टोडरमल से प्रभावित होकर दिगम्बर पंथ बीस-पंथी (जिनके बीस नियम होते हैं) और तेरा-पंथी (जिनके तेरह नियम होते हैं) में विभाजित हुआ। यह विभाजन इसलिए हुआ कि दोनों पंथ कई मुद्दों पर असहमत थे, जैसे क्या मंदिरों में अत्यधिक कर्मकांड करने चाहिएं या नहीं (पानी, दीयों, फूलों, पके हुए भोजन, ढोल के उपयोग पर, समारोहों के समय बैठने और रात में समारोह करने पर विरोधी विचार थे) और क्या ऐसे 'भट्टारक' (संस्था प्रबंधक) होने चाहिएं या नहीं जो इतने शिक्षित नहीं थे। तेरा-पंथियों ने कम अनुष्ठानों का पालन करके अधिक कर्मकांडी बीस-पंथियों से अलग पहचान बना ली। ये दोनों समूह उत्तर भारत में पाए जाते हैं। कर्नाटक के दिगम्बरों ने अपनी प्रथाएं जारी रखीं, इसलिए उन्हें बीस-पंथी माना जा सकता है।

- तारण-पंथी समुदाय, जो मध्य भारत में पाया जाता है, अपने संस्थापक, तारण-स्वामी और कुंदकुंद जैसे अन्य जैन दार्शनिकों द्वारा लिखे गए ग्रंथों (समय) को महत्त्व देता है। यह समुदाय मूर्तिपूजा नहीं करता है।

▶ श्वेताम्बर जैनों में मूर्तिपूजा को लेकर अलग मतों के कारण विभाजन हुआ। मूर्ति-पूजक या डेरा-वासी श्वेताम्बर जैन मानते हैं कि मूर्तिपूजा जैन धर्म का भाग रही है। वे ऐसे ग्रंथों की बात करते हैं जिनमें इंद्र के साथ-साथ अन्य देवताओं ने तीर्थंकर की प्रतिमाओं को प्रतिष्ठापित करने के लिए नंदीश्वर-द्वीप जैसे आकाशीय क्षेत्रों में मंदिर बनाए थे। स्थानक-वासी श्वेताम्बर जैन मूर्तिपूजा के विरुद्ध हैं और मानते हैं कि यह हमें सच्चे मार्ग से विचलित करती है। 15वीं सदी में लोंका शाह ने इस विचार को पहली बार स्पष्ट रूप से व्यक्त किया, जब भारत में इस्लामी मूर्तिभंजन का गहरा प्रभाव था। स्थानक-वासी मुख-पट्टी से पहचाने जा सकते हैं। वे ये पट्टी इसलिए पहनते हैं कि बोलते समय कीटक ग़लती से उनके मुँह में जाकर मर सकते हैं और वे इसे रोकना चाहते हैं।

- स्थानक-वासी श्वेताम्बर जैनों में तेरा-पंथी नामक एक और समूह है, जिसका केवल एक नेता है। 18वीं सदी से इस समूह के 9 नेता रहे हैं। जब यह पंथ शुरू हुआ तब उसमें तेरह मठवासी और तेरह सामान्य अनुयायी थे, जिस कारण उसका नाम तेरा-पंथी रखा गया। तेरा-पंथी श्वेताम्बर, जो मूर्तिपूजा नहीं करते हैं, मूर्तिपूजा करने वाले तेरा-पंथी दिगम्बर जैनों से अलग हैं।

इसके अतिरिक्त, मूर्तिपूजक जैनों को 84 गच्छों में विभाजित किया जाता है, और प्रत्येक गच्छ में एक निर्धारित गुरु की वंशावली है। इन गच्छों में से अपनी तपस्या के लिए जाना जाने वाला तप गच्छ और अपनी वाग्विदग्धता के लिए जाना जाने वाला खरतर गच्छ सबसे प्रसिद्ध हैं। अपने गुरुओं के अलावा इन गच्छों को अपने संरक्षक देवताओं से भी पहचाना जाता है, जैसे तप गच्छ के घंटाकर्ण मणिभद्र वीर और खरतर गच्छ के नाकोड़ा भैरव। इस्लामी शासन के समय में दोनों गच्छों ने राजाओं और दरबारियों के साथ कूटनीतिक संबंध बनाए रखकर जैन समुदाय की रक्षा करने में महत्त्वपूर्ण भूमिका निभाई।

खरतर गच्छ दादाबाड़ी मंदिरों के साथ जुड़ा है, जो उनके चार दादा गुरुओं के लिए बनाए गए। ये दादा गुरु उत्तर भारत में 11वीं और 15वीं सदियों के बीच जीवित थे और उनकी जादुई शक्तियां थीं। यह मान्यता है कि उनकी आत्माएं आज तक विश्व में उपस्थित हैं और सामान्य भक्तों की मदद कर रही हैं। राजस्थान के मालपुरा में एक दादागुरु अपनी मृत्यु के बाद प्रकट हुए, जिसे एक मंदिर से चिन्हित किया गया है। दादागुरु की पूजा में प्रसाद बांटा जाता है, जो तीर्थंकर की पूजा में नहीं किया जाता है।

<table>
<tr><th colspan="8">जैन धर्म</th></tr>
<tr><td colspan="2">दिगम्बर</td><td colspan="6">श्वेताम्बर</td></tr>
<tr><td>बीस-पंथी</td><td>तेरा-पंथी
(कम अनुष्ठान होते हैं)</td><td colspan="4">मूर्ति-पूजक</td><td>स्थानक-वासी
(मूर्तिपूजा से दूर रहते हैं)</td></tr>
<tr><td rowspan="2"></td><td></td><td colspan="4" rowspan="2">गच्छ</td><td></td></tr>
<tr><td>तारण-पंथी
(ग्रंथों को वरीयता देते हैं)</td><td>तेरा-पंथी
(उनका नेतृत्व गुरु द्वारा होता है)</td></tr>
</table>

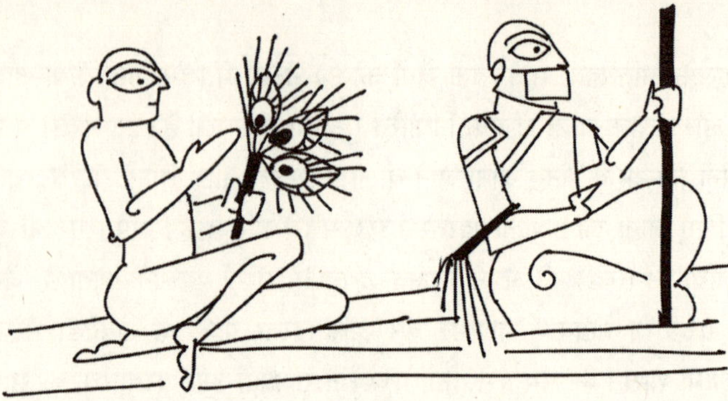

दिगम्बर (आकाश से ढके या नग्न) और श्वेतामबर (श्वेत लबादे पहने) पंथों के जैन तपस्वी। स्थानक-वासी साधु मुंह को पट्टी से ढकते हैं।

उमास्वाति नामक साधु-ऋषि-विद्वान द्वारा 1700 वर्ष से भी पहले लिखा गया संस्कृत लेख, तत्त्व-अर्थ-सूत्र (मूल धारणाओं के अर्थों पर सूक्तियां) सभी जैनों को एकजुट करता है।

20वीं सदी में सभी पंथों के जैनों को एक मंच पर साथ लाने के प्रयास किए गए हैं। 1974 में, महावीर के निर्वाण प्राप्त करने की 2500वीं जयंती के शुभावसर पर विस्तृत जैन समुदाय ने साथ आकर एक प्रतिमा को अपना मुख्य प्रतीक चुना। उसी तरह, फ़ेडरेशन ऑफ़ जैन एसोसिएशंज़ इन नॉर्थ अमेरिका (JAINA) अमेरिका और कनाडा में रहने वाले जैनों के सभी पंथों के लिए छत्र संगठन जैसा है।

जैन धर्म और हिंदू धर्म

19

ब्रह्मा पर विचार

हिंदू धर्म के अनुसार प्रकृति हमेशा से ही विद्यमान रही है। लेकिन संस्कृति का निर्माण ब्रह्मा ने किया, विष्णु उसे संरक्षित करते हैं और शिव उसका विनाश करते हैं। ब्रह्मा से सप्त ऋषि, अनेक प्रजापति और मनु जन्में, जिन्होंने यज्ञ पर आधारित वैदिक संस्कृति स्थापित की। लेकिन, आमतौर पर ब्रह्मा की नहीं बल्कि केवल विष्णु और शिव की पूजा की जाती है। इसके कारण जटिल हैं। ऐतिहासिक रूप से देखा जाए, तो ब्रह्मा यज्ञ पर आधारित प्राचीन हिंदू धर्म के मूर्त रूप हैं, जिसे मंदिर पर आधारित हिंदू धर्म ने लगभग 5वीं सदी में पीछे छोड़ दिया।

- मानव-शास्त्र के दृष्टिकोण से देखा जाए तो ब्रह्मा पुरोहित समुदाय के प्रतीक हैं, जिस समुदाय को अंत में राजसी और भिक्षुक समुदायों ने पीछे छोड़ दिया। इन समुदायों को क्रमशः विष्णु और शिव ने मूर्त रूप दिया।
- आख्यान शास्त्रों के अनुसार, विश्व का निर्माण करने के बाद ब्रह्मा को अकेलेपन, भूख और भय का अनुभव हुआ। इसलिए उन्होंने स्त्री का निर्माण किया, और उसके साथ-साथ भोजन बनाने और लोगों को

सुरक्षित रखने के उपकरण बनाए। लेकिन उन्होंने इस स्त्री को या इन उपकरणों को दूसरों के साथ साझा नहीं किया। यह इसलिए कि उनमें अहंकार था। इसलिए उनकी पूजा नहीं की जाती है। शिव अहंकार को नष्ट कर देते हैं जबकि विष्णु दूसरों की आवश्यकताएं पूरी करने में अहंकार की मदद करते हैं। इसलिए शिव और विष्णु की पूजा को प्राथमिकता दी गई।

- लेकिन जैन धर्म में, परमात्मा या त्रिदेव की कोई धारणा नहीं है। अहंकार को नष्ट करने वाले कोई परमात्मा नहीं होते हैं। हमें अपने बल पर अहंकार से लड़कर उस पर जीत प्राप्त करनी होती है। विश्व का न कोई निर्माता, न संरक्षक और न ही कोई विनाशक है। देश, काल तत्त्व और कर्म के आधार पर विश्व अपने आप पुनरुज्जीवित और नष्ट होता है। विश्व अनंत नियमितता से सौभाग्य से पूर्णता तक, वहां से अपूर्णता तक और फिर से पूर्णता तक बढ़ता और घटता है। यह हज़ारों और लाखों वर्षों की अवधि में होता है।

पूर्णता के समय, विश्व भोग-भूमि है, जिसमें इच्छा-पूर्ति वृक्ष सभी इच्छाओं को पूरा करते हैं। ऐसे विश्व में हिंसा, भूख और भय नहीं होते हैं। रात और दिन भी नहीं होते हैं। किसी को कोई काम नहीं करना पड़ता है। स्त्री और पुरुष जुड़वां (युगलिक) के रूप में जन्म लेते हैं और मित्र बनकर तब तक सुखी जीवन जीते हैं जब तक स्त्री जुड़वां बच्चों को जन्म नहीं दे दें। जब नई जोड़ी जन्म लेती है तब पुरानी जोड़ी अदृश्य हो जाती है। यहां स्त्री को गर्भावस्था या प्रसव पीड़ा का अनुभव नहीं करना पड़ता है। यहाँ बच्चों का पालन-पोषण नहीं करना पड़ता है, वे रोते नहीं हैं, उन्हें दूध नहीं पिलाना पड़ता है, और कोई त्रासदी या अकेलापन भी नहीं होता है। जैसे विश्व अपूर्णता की ओर बढ़ता है वैसे इच्छा, मृत्यु, अकेलापन, भूख और भय रूप लेने लगते हैं।

मनुष्यों को बदलाव से निपटने में मदद करने के लिए चौदह कुलकर (मनु) प्रकट होकर मानवता को निम्नलिखित बातों पर सीख देते हैं:

1. आकाश में पहली बार दिखाई देने वाले सूर्य और चंद्रमा पर।
2. अंधेरेपन, रात और सितारों पर, जिनका अनुभव मनुष्य पहली बार करते हैं।
3. जंगली और पालतू जानवरों तथा मांसभक्षी और शाकभक्षी जानवरों में अंतर पर।
4. जानवरों से सुरक्षित रहने के लिए हथियार बनाने पर।
5. वाद-विवाद को रोकने के लिए सीमाएं स्थापित करने पर।
6. वाद-विवाद न होने के लिए स्वामित्व स्थापित करने पर।
7. जानवरों को पालतू बनाने पर।
8. माता-पिता की भूमिका पर (चूँकि पुरानी पीढ़ी को नई पीढ़ी को बड़ा करना होता है)।
9. शिशु का नामकरण कर उसका उत्तरदायित्व लेने पर।
10. रोते हुए बच्चों को सांत्वना देकर खेलों से उसका मनोरंजन करने पर।
11. बच्चों को सिखाने पर।
12. परिवहन और नौसंचालन की जानकारी पर।
13. गर्भाशय के खोलने पर, जिसमें भ्रूण का निर्माण होने लगता है।
14. भ्रूण को माँ से जोड़ने वाली नाभि-नाड़ी को काटने पर।

अंतिम मनु को नाभि कहा गया, क्योंकि इस समय शिशुओं में नाभियां विकसित होने लगी थीं। नाभि के पुत्र, ऋषभ, जो पहले तीर्थंकर थे, ने सभ्यता की स्थापना की। जैन आख्यानों के अनुसार, संस्कृति के निर्माण

और स्थापना के लिए ब्रह्मा या किसी ऋषि या प्रजापति की आवश्यकता नहीं है।

जैन आख्यानों में चार सिर और आठ भुजाओं वाले ब्रह्मा नामक यक्ष का उल्लेख है, जो दसवें तीर्थंकर, शीतल-नाथ की सेवा करता है। 16वीं सदी से, कर्नाटक के जैन मंदिरों में रक्षक देवता (शासन-देव) के रूप में स्तंभों पर ब्रह्मा-यक्ष या ब्रह्मा-देव की प्रतिमाएं मिली हैं। क्या ये केवल एक लोक देवता हैं या हिंदू धर्म के ब्रह्मा से जुड़े हैं? इसका कोई निर्धारित उत्तर नहीं मिला है।

स्तंभ पर आसीन ब्रह्मा यक्ष बहुधा दक्षिण भारतीय जैन मंदिरों में पाए जाते हैं।

20

विष्णु पर विचार

10वीं सदी में हरिसेन द्वारा लिखित बृहतकथाकोश के अनुसार मनोवेग नामक विद्याधर (एक जादुई जीव) ने एक शहर को मंत्रमुग्ध कर लिया था। इस कारण, शहर के चार प्रवेशद्वारों पर ब्रह्मा, विष्णु, शिव और बुद्ध प्रकट हुए। शहर के सभी निवासी उन्हें प्रणाम करने के लिए दौड़ें। लेकिन, रेवथी नामक स्त्री, जिसने जैन धर्म में आश्रय लिया था, ने ऐसे नहीं किया। फिर, मनोवेग के जादू के कारण 25 तीर्थंकर शहर के चारों ओर प्रकट हुए। रेवथी ने फिर उनसे मिलने से इंकार किया। वो जानती थी कि हर कालचक्र में केवल चौबीस तीर्थंकर होते हैं। इसलिए, उसने गांववालों को बताया कि कोई उन्हें धोखा देने की कोशिश कर रहा है। ये कहानियां 1000 वर्ष पहले जैन, हिंदू और बौद्ध धर्मों के बीच प्रतिद्वंद्व की संकेतक हैं। हिंदू और जैन धर्म दोनों ने एक दूसरे से धारणाएं चुराईं।

भागवत पुराण के अनुसार, जो 10वीं सदी में रचा हिंदू ग्रंथ है, नाभि के पुत्र, ऋषभ, विष्णु के अवतार हैं। विष्णु तब अवतरित होते हैं जब धर्म संकट में होता है, ठीक उसी तरह जैसे जैन आख्यानों के अनुसार पहले तीर्थंकर, ऋषभ, अवसर्पिणी के समय प्रकट हुए जब दुर्भाग्य की समय अवधि (दुषमा) पहली बार प्रकट हुई।

लगभग 10वीं सदी के समय कर्नाटक और गुजरात में इन धर्मों में कड़ा प्रतिद्वंद्व हुआ। उस समय, कर्नाटक के होयसल राजा ने हासन जिले के हरना हल्ली में मंदिर बनाया और गुजरात में सोलंकी राजवंश की रानी ने

पाटन में वाव बनाई। दोनों जगहों में हम विष्णु के चौबीस रूप पाते हैं जिन्हें विष्णु के व्यूह (निस्सरण) कहा जाता है। हर व्यूह एक जैसा दिखता है, जैसे जैन तीर्थंकर की प्रतिमाएं एक जैसी दिखती हैं। लेकिन, जबकि हर तीर्थंकर अपने-अपने लांछन (प्रतीक) से पहचाने जाते हैं, विष्णु के प्रत्येक व्यूह की चार भुजाओं में उनके चार प्रतीकों के अलग क्रमचय होते हैं। चूँकि चार प्रतीकों के चौबीस क्रमचय होते हैं, इसलिए चौबीस विष्णु व्यूह हैं। चौबीस यह संख्या महत्त्वपूर्ण है। उत्तर भारत में सन 200 तक कालांकित प्रारंभिक कला में विष्णु के केवल चार व्यूह दिखाई देते हैं। लेकिन बाद में, रामानुज, जिन्होंने होयसल राजा को जैन धर्म से वैष्णववाद में परिवर्तन किया, ने इनका विस्तार किया और चौबीस व्यूह बन गए। संभवतः चौबीस व्यूह की धारणा जैन धर्म के चौबीस तीर्थंकर की प्रतिक्रिया में उभरी होगी।

विष्णु के अवतारों की धारणा व्यूह की धारणा से अधिक लोकप्रिय थी। व्यूह के विपरीत प्रत्येक अवतार अलग दिखता है। जैन आख्यानों में विष्णु के अवतारों की कई हिंदू कहानियों की अलग व्याख्याएं हैं। वामन, परशुराम, राम और कृष्ण जैसे अवतारों से जुड़ीं कुछ जैन कहानियां नीचे दी गई हैं।

- हिंदुओं का मानना है कि जब असुर राजा, बलि, ने तीनों लोकों पर विजय प्राप्त कर ली तब देवों ने विष्णु से मदद मांगी। फिर विष्णु ने वामन अवतार लेकर बलि से तीन कदम भूमि मांगी। जब बलि मान गया तब वामन विशालकाय बन गए और दो कदमों में उन्होंने पूरी धरती पर अधिकार जमा लिया। और तीसरे कदम से उन्होंने बलि को असुरों के निवासस्थान, पाताल-लोक में दबा दिया, और देवता प्रसन्न हुए। लेकिन जैन वृत्तांतों के अनुसार, यह विष्णु के वामन अवतार ने नहीं बल्कि विष्णु-चंद्र नामक जैन साधु ने किया था। जैन साधुओं ने एक स्थानीय राजा के मंत्रियों से वर्षा-ऋतु के चार महीनों में आश्रय के

लिए कुछ भूमि मांगी थी। मंत्रियों ने भूमि देने से इंकार करने पर विष्णु-चंद्र ने केवल तीन कदम भूमि मांगी। जब मंत्री मान गए, तब उसने विशालकाय बनकर दो क़दमों में पूरे राज्य पर अधिकार जमा लिया। इससे वो क्रूर मंत्री आतंकित हुए और उन्होंने वचन दिया कि वे आगे से जैन साधुओं को कभी परेशान नहीं करेंगे। मंत्रियों के नाम नमुचि, बलि और प्रह्लाद हैं, जो हिंदू असुरों के नाम भी हैं। इस घटना को जैन रक्षा बंधन के रूप में मनाया जाता है, जिस दिन जैन साधु बच गए थे।

विष्णु-चंद्र, जो जैन साधुओं को बचाने के लिए विशालकाय बन गया।

▶ हिंदू आख्यानों के अनुसार, जमदग्नि के पुत्र, परशुराम, ब्राह्मण थे। उन्होंने अपनी माँ, रेणुका का कुल्हाड़ी से सिर काटा था। इसके अलावा, परशुराम ने धरती का शोषण करने वाले क्रूर राजाओं के विनाश और अपने पिता की गाय चुराने की कोशिश करने वाले कार्तवीर्य अर्जुन को मारने के लिए कुल्हाड़ी उठाई थी। हिंदू आख्यान शास्त्र के अनुसार रेणुका का अपराध यह था कि उसमें क्षणभर के लिए कार्तवीर्य अर्जुन के प्रति इच्छा जाग गई। लेकिन जैन आख्यान शास्त्र के अनुसार रेणुका ने अपनी इच्छा को पूरा किया। फिर परशुराम

ने रेणुका की हत्या की और बदले में कार्तवीर्य अर्जुन ने जमदग्नि की हत्या की। फिर परशुराम ने कार्तवीर्य अर्जुन को मार डाला। कार्तवीर्य अर्जुन की विधवा ने उनके नवजात शिशु को गुप्त रूप से बड़ा किया। शुभोम नामक इस बालक ने बड़े होकर अपने पिता की हत्या का बदला लिया। उसने न केवल परशुराम का वध किया बल्कि इक्कीस ब्राह्मण कुलों का भी वध करके परशुराम के हाथों सात क्षत्रिय कुलों के विनाश का बदला लिया।

- जैन रामायण के अनुसार, राम की पत्नी, सीता और राम के शत्रु, रावण दोनों भविष्य के जीवन में जैन साधु बन गए।
- जैन महाभारत के अनुसार, कृष्ण के भाई, बेटे और पांडव जैन साधु बन गए।

इन कहानियों में समानताओं के बावजूद, हिंदू मानते हैं कि विष्णु सर्वशक्तिमान, सर्वव्यापी भगवान हैं जो अपने भक्तों को पुनर्जन्म के चक्र से बचा सकते हैं जबकि जैन धर्म में किसी सर्वशक्तिमान जीव की धारणा नहीं है। जैन मानते हैं कि कोई बाहरी शक्ति हमें अपने कर्मों से नहीं बचा सकती है। कर्म से बचने का एकमात्र तरीक़ा अपने मन से श्रम करना है। इसलिए, जैन धर्म को श्रमणों का मार्ग अर्थात श्रमण-मार्ग कहा जाता है।

21

शिव पर विचार

12वीं सदी में लिखी गई पेरिया पुराणम नामक तमिल पुस्तक में शिव को पूजने वाले 63 महान संतों की कहानियां हैं। यह पुस्तक संभवत: जैन धर्म की लोकप्रियता के विरोध में लिखी गई, जो हर कालचक्र में 63 शलाका-पुरुषों को महत्त्व देता है।

जैन आख्यान शास्त्र में ग्यारह रूद्र या भैरव का उल्लेख है।

पेरिया पुराणम के माध्यम से हिंदू धर्म ने जैन आख्यानों को भले ही चुराया हो, कई जैन कहानियां भी हिंदू आख्यानों से चुराई गई हैं। हिंदू धर्म में, शिव वे तपस्वी हैं जिनके केशों में जटाएं हैं और जो वृषभ पर घूमते हैं। जैन धर्म में ऋषभ को बहुधा लम्बी जटाओं वाले केश के साथ दिखाया; उनका चिन्ह एक वृषभ है और उनके यक्ष का सिर वृषभ का है।

हिंदू धर्म में मान्यता है कि शिव और उनके अनुयायी अपने शरीर पर राख इसलिए लगाते हैं कि वे लोगों को शरीर की नश्वरता और आत्मा के अमरत्व की याद दिला सकें। जैन विद्या के अनुसार, जब ऋषभ की मृत्यु के बाद उनका

दाह संस्कार किया गया, तब जिन लोगों ने श्मशानघाट से ऋषभ की राख अपने शरीर पर लगाई, वे पाशुपत अर्थात शिव पूजक बन गए।

हिंदू आख्यान शास्त्र के अनुसार, शिव कैलाश पर्वत पर आसीन हैं। जैन आख्यान शास्त्र के अनुसार, कैलाश पर्वत रहस्यमयी अष्टापद पर्वत है, जहां ऋषभ ने निर्वाण प्राप्त किया। ऋषभ के पुत्र, भरत, जो पहले चक्रवर्ती थे, ने इस पर्वत पर पहले रत्नों से सजे जैन मंदिर का निर्माण करवाया। अगले चक्रवर्ती, सागर, ने कैलाश को चोरों से सुरक्षित रखने के लिए उसके चारो ओर एक खाई बनवाई। लेकिन खाई का पानी नीचे स्थित नाग-लोक में रिस गया और नागों ने सागर के बेटों की हत्या की। उनके साथ सुलह करने के लिए, सागर के एकमात्र जीवित बेटे, भगीरथ ने एक नहर खोदी, जो पानी को खाई से समुद्र तक ले गई। इस नहर को गंगा के नाम से जाना जाने लगा। हिंदू मानते हैं कि गंगा नदी शिव की जटाओं से बहती है।

राक्षस राजा, रावण ने शिव और उनके परिवार को दक्षिण में स्थित अपनी राजधानी, लंका ले जाने के लिए कैलाश पर्वत को उखाड़ने की कोशिश की थी। कई हिंदू मंदिरों में रावण की प्रतिमाओं में यह दर्शाया गया है। लेकिन जब शिव ने अपना अंगूठा पर्वत की ढलान पर दबाया तब रावण पर्वत के नीचे दब गया। इस कहानी के जैन वर्णन में, रावण इसलिए परेशान हुआ कि उसका पुष्पक विमान अष्टापद पर्वत के ऊपर नहीं उड़ सका। इसलिए उसने पर्वत को उखाड़कर समुद्र में फेंक देने का निर्णय लिया। वाली नामक जैन साधु, जो विद्याधर था और सुग्रीव का शक्तिशाली भाई था, ने अपने अंगूठे को दबाकर पर्वत के उखाड़े जाने को रोक दिया। जैन धर्मीय मानते हैं कि रावण ने शिव की स्तुति में नहीं बल्कि अष्टापद पर दिखें विस्मयकारी जैन मंदिरों के आदर में गीत रचे और वीणा वादन किया।

जैन यंत्रों में बहुधा शिव का उग्र रूप, भैरव, तुंबुरु के रूप में और उसकी चार बहनें, जया, विजया, जयंती और अपराजिता तीर्थंकर की महान गोलाकार सभा के चार द्वारपालों के रूप में पाई जाती हैं। जैन आख्यान

शास्त्र में ग्यारह रूद्र या भैरव का उल्लेख है। उन्होंने शुरू में जैन मार्ग अपनाया परंतु अंतिम चरण में उसे त्यागकर तांत्रिक मार्ग अपनाया ताकि एक महिला साथी, भैरवी के साथ किए गए यौन अनुष्ठानों से वे मनोगत शक्तियां प्राप्त कर सकें।

कुछ लोग शिव को जैन तीर्थ स्थलों के रक्षक अर्थात क्षेत्र-पालों के समान मानते हैं। ये संरक्षक रक्षा कर सकते हैं लेकिन मुक्ति नहीं दिला सकते हैं। इनमें राजस्थान के त्रिशूलधारी, नाकोड़ा भैरव हैं, जो श्वेताम्बर खरतर गच्छ समुदाय में लोकप्रिय हैं, और धनुषधारी घंटाकर्ण वीर हैं, जो श्वेताम्बर तप गच्छ समुदाय में लोकप्रिय हैं। जैन लोकसाहित्य में छह भुजाओं वाले, गज पर सवार मणिभद्र यक्ष का उल्लेख भी है, जो जैन तीर्थ स्थलों को भैरो नामक कष्टकर भयानक और जैन मार्ग को अस्वीकार करने वाले प्राणियों से सुरक्षित रखते हैं। इसलिए, यहां शिव के साथ संबंध बहुधा अस्पष्ट होता है।

नाकोड़ा-भैरव, जैन धर्म के संरक्षक-देवता।

22

देवी पर विचार

भारत में सैंकड़ों देवियां हुआ करती थीं, जो जंगलों, नदियों, पहाड़ों से जुड़ी थीं; गांवों, शहरों और व्यापार मार्गों से जुड़ी थीं; जो समूह में पाई जाती थीं, इत्यादि। सभी मनोगत शक्तियों की मूर्त रूप थीं। ये देवियां जंगली और लजीली, तथा द्वेषपूर्ण और परोपकारी दोनों होती थीं। शुरू में वे लोक धर्मों का भाग थीं और धीरे-धीरे उन्होंने हिंदू, बौद्ध और जैन धर्मों जैसे संगठित कुलीन धर्मों में अपनी जगह बना ली। हिंदू धर्म में पुरुष त्रिदेव, ब्रह्मा, विष्णु और शिव के साथ एक-एक देवी जुड़ गई: क्रमशः सरस्वती, लक्ष्मी और दुर्गा, जो ज्ञान, धन और शक्ति की मूर्त रूप थीं। जैन और बौद्ध धर्म मठवासी थे और शुरू में वे स्त्री रूप से दूर रहे। लेकिन ये देवियां इतनी लोकप्रिय थीं कि उन्होंने इन धर्मों के देवगणों में भी अपनी जगहें बना लीं।

श्री अर्थात लक्ष्मी को वैदिक स्तोत्रों में पूजा जाता है। लक्ष्मी की सबसे पहली प्रतिमा, जिसमें उनकी दो भुजाएं हैं और वे कमल और हाथियों से घिरी हैं, बौद्ध स्थलों में पाई गई है, जैसे मध्य प्रदेश में सांची और भरहुत में और गोदावरी-कृष्णा नदियों के नदीमुख क्षेत्र में स्थित अमरावती में स्तूपों के कठघरों पर। श्री उन रानियों के सपनों में भी आईं जिन्होंने आगे जाकर महान जैन नायकों, राजाओं और बुद्धिमान व्यक्तियों को जन्म दिया। कभी-कभार श्री को देवियों के समूह के रूप में कल्पित किया जाता है - नौ निधि और चौदह रत्नों के रूप में।

वाणी की देवी, वाक, का वैदिक स्तोत्रों में उल्लेख है। बाद में, उन्हें ज्ञान की देवी, सरस्वती, के साथ जोड़ा गया। उनकी सबसे पहली प्रतिमा मथुरा में कंकाली टीला नामक जैन स्थल से है। इस प्रतिमा में उनकी दो भुजाएं हैं और प्रत्येक भुजा में वे एक ग्रंथ और एक जप-माला पकड़ी हुई हैं। बाद में, उन्हें हाथ में वीणा पकड़ी हुई दिखाया जाने लगा। यह इस बात का संकेत है कि वे संगीत और कला की देवी हैं और इसलिए उनका अप्सरा, गंधर्व, पंडित और शास्त्रियों के साथ निकट का संबंध है। जैन धर्म में वे ज्ञान-देवी या श्रुत-देवी, तीर्थंकर के प्रवचन की देवी के रूप में प्रसिद्ध हैं। श्वेताम्बर जैन उन्हें राजहंस और दिगम्बर जैन उन्हें मोर के रूप में कल्पित करते हैं। जैन यंत्रों में सोलह विद्या देवियों के समूह की छवियां होती हैं। वे अपने हाथों में प्रौद्योगिकी, विज्ञान, कला, दर्शन शास्त्र, तत्त्वमीमांसा, रहस्यवाद और मनोगत को मूर्त रूप देने वाले उपकरण और हथियार धारण करती हैं। उन्हें व्यक्तिगत रूप से नहीं बल्कि हमेशा समूह में पूजा जाता है।

अंबिका, मातृत्व और उर्वरता से जुड़ीं जैन देवी या यक्षी, जिनके सिर पर तीर्थंकर नेमि-नाथ की छवि है।

सिंह पर सवार या महिष से लड़ती हुई देवी का सबसे पहला उल्लेख कुषाण कला से आता है और वह फ़ारसी देवियों से उत्पन्न हुआ है। लगभग 1900 वर्ष पहले कुषाणों का अधिकतर भारत पर राज था, उत्तर पश्चिम में गांधार से लेकर गंगा के मैदानों में मथुरा तक। लगभग इसी समय, हिंदू धर्म में शिव और शक्ति के विवाह की कहानियां बताई जाने लगीं। शक्ति ने शिव को पालतू अर्थात तपस्वी से गृहस्थ बनाया। शिव वृषभ पर सवार होते हैं और शक्ति सिंह या बाघ पर सवार होती हैं। सिंह या बाघ पर सवार देवियां, जैसे मानवी (श्वेताम्बर जैनों के 11वें तीर्थंकर की यक्षी) और मानसी (दिगम्बर जैनों के 15वें तीर्थंकर की यक्षी), 10वीं सदी से जैन धर्म में भी दिखने लगीं। वे तांत्रिक परंपरा की योगिनियों जैसी प्रतीत होती हैं।

बहुधा, जैन देवियां वो धर्मपरायण जैन महिलाएं होती हैं जिन्होंने पुनर्जन्म लिया है। एक उदाहरण में, एक जैन महिला ने जैन साधुओं को अपने घर के देवों से पहले भोजन खिलाया। इसलिए उसकी सास ने उसे घर से बाहर निकाला। वो महिला इतनी नेक थी कि जब वह किसी पेड़ की छाव में बैठती थी, तब पेड़ में फल उगते थे। लेकिन, अपने पति के डर से उसने आत्महत्या कर ली और अंबिका देवी के रूप में पुनर्जन्म लिया। उसके पति ने भी आत्महत्या कर उसके सिंह के रूप में पुनर्जन्म लिया।

एक अन्य कहानी में, एक महिला की सास ने उसे भूखा रखा और एक गर्भवती नागिन ने बचा हुआ खाना खा लिया। जैन होने के कारण, महिला इससे परेशान नहीं हुई। वह जानती थी कि पिछले कर्मों से व्यथा उत्पन्न होती है और क्रोध भविष्य के कर्म उत्पन्न करता है। वह अटल बनी रही और उसने सांपों का सम्मान प्राप्त किया। इस प्रकार, उसने सांपों की देवी, वैराट्या, के रूप में पुनर्जन्म लिया।

जैन यक्षियां तीर्थंकर की छवि अपने सिर पर रखती हैं। इनमें ऋषभ-देव की सेवा करने वाली चक्रेश्वरी हैं, जिनके हाथों में चक्र हैं; चंद्रप्रभा की सेवा करने वाली ज्वालामालिनी, जो ज्वाला से बनी मालाएं पहनती हैं और

हाथों में विविध हथियार धारण करती हैं; और पार्श्व-नाथ की सेवा करने वाली पद्मावती हैं, जो मुर्गे के सिर वाले सांप पर सवार होती हैं। इनमें से कई देवियां कर्नाटक के चालुक्य, राष्ट्रकूट और होयसल राजाओं के बीच लोकप्रिय थी। तेरापंथ दिगम्बर जैसे कई जैन इन देवियों की पूजा नहीं करते हैं। वे मानते हैं कि ये देवियां शक्ति प्रदान करती हैं, जो लोगों को जैन धर्म के मुख्य उद्देश्य, मुक्ति से विचलित करता है।

देवी पूजा में रक्त का बलिदान देना पड़ता है। जैन आख्यानों से हमें पता चलता है कि कैसे यह प्रथा एक ग़लतफ़हमी के कारण शुरू हुई। एक जैन साध्वी (कृष्ण की बहन एकानमशा योगमाया) जंगल में ध्यान करती बैठी हुई थी। जनजातीय लोगों ने यह मानकर उसे फल दिए कि वह एक देवी है। जब वे वहां नहीं थे तब एक बाघ ने मठवासिनी पर हमला किया। वह चिल्लाई नहीं और इसलिए कोई उसकी रक्षा के लिए नहीं आया। लौटने पर जंगलवासियों ने देखा कि वह जगह खून और आंतड़ियों से लथपथ थी। उन्होंने मान लिया कि देवी को उसे अर्पण फल पसंद नहीं आए

पार्श्व-नाथ की संरक्षक-देवी, पद्मावती, जो संपन्नता लाती हैं, मुर्गे के सिर वाले सांप पर सवार होती हैं और हाथों में फल, फूल, अंकुश और पाश धारण करती हैं।

थे और इसलिए अपनी पसंद का भोजन वहां प्रकट कर वे भाग गई थीं। इस प्रकार, जनजातीय लोग विंध्य पर्वत की देवी, विंध्यवासिनी को खून की बलि चढ़ाने लगे। यह मान्यता है कि ये देवी एकानमशा योगमाया हैं।

राजस्थान के ओसियां की सचिया माता, जिन्हें ओस्वाल जैन पूजते हैं। जैन साधुओं के प्रभाव से इस देवी ने खून का बलिदान स्वीकारना रोक दिया।

जैन आख्यानों में, राजस्थान में ओसियां की सचिया माता जैसी देवियों की कहानियां हैं, जिन्होंने जैन साधुओं के प्रभाव से पशु बलि रोक दी और स्वयं शाकाहारी बन गईं। फिर, एक तमिल कहानी के अनुसार नीलकेशी नामक देवी परेशान हुईं क्योंकि जैनों ने काली देवी के मंदिर में खून की बलि चढ़ाना रोक दिया। बाद में नीलकेशी ने अपना मन बदल दिया और जैन मार्ग अपना लिया।

23

रामायण पर विचार

एक बार राजा श्रेणिक के मन में राम की कहानी के बारे में कुछ प्रश्न थे, जिस कारण वह महावीर से स्पष्टीकरण मांगने गया। इसके बारे में हमें 1700 वर्ष पहले, विमलसूरि द्वारा रचित पहली जैन रामायण से पता चलता है। इस रामायण के अनुसार, राम जैन धर्म के अहिंसा के सिद्धांत को महत्त्व देते थे और इसलिए उन्होंने नहीं बल्कि लक्ष्मण ने रावण का वध किया।

एक स्थानीय हिंदू राजा रामायण का यह जैन पुनर्कथन सुनकर हाथ में तलवार लिए साधु से स्पष्टीकरण मांगने गया। क्या वाल्मीकि रामायण के रचयिता नहीं थे, जिसमें राम ने रावण का वध किया था, उसने पूछा। जैन साधु ने राजा को समझाया, 'प्रत्येक जीव की तरह, विश्व भी जीवन और मृत्यु के चक्रों से जाता है। प्रत्येक चक्र में राम, लक्ष्मण और रावण आते हैं। एक चक्र में राम ने रावण का वध किया। यह कहानी वाल्मीकि ने बताई। दूसरे चक्र में लक्ष्मण ने रावण का वध किया। यह कहानी जैन धर्मियों ने बताई।' राजा को यह स्पष्टीकरण समझदार लगा। वह प्रसन्न था कि अब वह एक नहीं बल्कि दो रामायण पढ़ सकता था। यह कहानी प्रभाचंद्र द्वारा लिखित प्रभावाकचरित से आती है, जिसमें जैन साधुओं के जीवन वर्णित हैं।

हिंदू रामायण की तरह, जैन रामायण के भी प्राकृत और संस्कृत में सैंकड़ों पुनर्कथन हैं। सबसे प्राचीन पुनर्कथन तीसरी सदी में विमलसूरि द्वारा प्राकृत में रचा पउम-चरिउ है। सबसे लोकप्रिय संस्कृत पुनर्कथन सातवीं सदी में रविसेन द्वारा रचित पद्म पुराण है।

जैन रामायणों के अनुसार, वानर वास्तव में विद्याधर जनजातियों के सदस्य थे, जिनके ध्वजों पर वानर के प्रतीक होते थे! राक्षस भी दानव नहीं बल्कि विद्याधर ही थे और जंगलों के रक्षक, राजा राक्षस, के वंशज थे। सभी जैन धर्म के अनुयायी थे और शाकाहारी भी थे। इन रामायणों में रावण द्वारा वानरों के राज्य पर हमले के बाद वाली रावण के सामने झुकना नहीं चाहता था। इसलिए वह सुग्रीव को राज्य सौंपकर स्वयं जैन साधु बन गया। रावण अपने गले में नौ रत्नों वाला हार पहनता था। उसके सिर का प्रतिबिम्ब प्रत्येक रत्न में दिखाई देता था और इसलिए यह विशवास उभरा कि उसके 'दस सिर' हैं।

जैन आख्यानों के अनुसार रामायण में राम को पद्म कहा गया। वे विष्णु के अवतार नहीं बल्कि शांतिवादी बल-देव थे। वे हल धारण करते थे और उनके अनुज, लक्ष्मण, जो पहिया धारण करते थे, हिंसक वसु-देव थे, जिन्होंने प्रति-वसुदेव रावण का वध किया।

15वीं सदी में गुणभद्र द्वारा लिखित उत्तरपुराण के अनुसार, दशरथ बनारस के राजा थे। लेकिन, अधिकतर वर्णनों के अनुसार वे अयोध्या के राजा थे,

महावीर राजा श्रेणिक (बिम्बिसार) को रामायण और महाभारत पर स्पष्टीकरण देते हुए।

जिसे साकेत कहते थे और जहां से वर्तमान कालचक्र के पांच तीर्थंकर आए। कहते हैं कि चौबीस में से बाईस तीर्थंकर इक्ष्वाकु अर्थात सूर्य कुल के थे। राम ने भी इसी कुल में जन्म लिया था। राम/ पद्म के समय के तीर्थंकर, मुनि सुव्रत, हरिवंश अर्थात चंद्र कुल के थे। कृष्ण के समय के तीर्थंकर, नेमि-नाथ भी हरिवंश के थे। सीता के पिता, राजा जनक भी हरिवंश के थे।

पउम-चरिउ के अनुसार लक्ष्मण सुमित्रा के बेटे थे। पद्म-पुराण के अनुसार दशरथ की तीन नहीं बल्कि चार पत्नियां थीं, जिनसे दशरथ को चार बेटे प्राप्त हुए। संघदास के वसुदेवहिंदी के अनुसार सीता रावण और मंदोदरी की बेटी थी और सीता के भाग्य में अपने पिता का वध करना निर्धारित था। इसलिए उन्हें एक बक्से में रखकर त्याग दिया गया। खेत जोतते हुए जनक को वह बक्सा मिला। स्वयंभू द्वारा अपभ्रंश में लिखित पउमचरिउ के अनुसार सीता का भामण्डल नामक एक जुड़वा भाई था। वह दूसरे राज्य में पला बढ़ा। पहली बार सीता को देखकर उसे सीता से प्रेम हुआ और वह उनसे विवाह करना चाहता था। सीता उसकी बहन है यह पता चलने पर उसे अपने आप से इतनी घृणा हुई कि वह जैन साधु बन गया।

जैन रामायण के विस्तृत कथानक अन्य रामायणों में नहीं पाए जाते हैं। उदाहरणार्थ, नारद ने दशरथ और जनक को बताया कि रावण के ज्योतिषियों ने भविष्यवाणी की थी कि हरिवंश में जन्मी बेटी के कारण सूर्यवंश में जन्मा बेटा उसका वध करेगा। नारद ने यह भी बताया कि रावण का भाई, विभीषण, दशरथ और जनक का वध करने के लिए आ रहा था। यह जानकर दोनों राजा जंगल में छिपे रहे। अंत में विभीषण ने उनके सिंहासनों पर रखे हुए मिट्टी के पुतलों के सिर काटे।

दशरथ के बेटों ने जनक के राज्य में आए बर्बरों को भगाने में उनकी मदद की। बदले में, जनक ने अपनी बेटियों का विवाह उनसे किया। जनक नहीं चाहते थे कि कोई ईर्ष्यालु राजा उनके राज्य पर हमला करे। इसलिए, पद्म और लक्ष्मण की योग्यता का प्रमाण पाने के लिए जनक ने उन्हें वज्रवर्त और

रामायण के जैन पुनर्कथनों में वानर विद्याधर नामक बुद्धिमान जीवों का एक प्रकार थे, जिनके ध्वजों पर वानर का प्रतीक था।

सागरवर्त जैसे महान धनुषों को तोड़े बिना, उन्हें मोड़ने की चुनौती दी। दोनों राजकुमार इसमें सफल रहे।

भरत को जैन साधु बनने से रोकने के लिए पद्म स्वेच्छा से जंगल में रहने गए। लक्ष्मण और सीता भी उनके साथ गए और तीनों के साथ कई रोमांचक घटनाएं हुईं। उन्हें पता चला कि अतिवीर्य नामक राजा साकेत पर आक्रमण करना चाहता था। इसलिए पद्म और लक्ष्मण ने स्त्रियों के वेश में उसके राज्य में जाकर उसे अपने नृत्य से लुभाया और साकेत पर आक्रमण न करने का अनुरोध किया। जब अतिवीर्य नहीं माना, तब पद्म ने उसे उसके बालों से पकड़ा और कहा कि वह उसे तब तक नहीं छोड़ेगा जब तक वह साकेत पर आक्रमण न करने का वचन नहीं देता है। एक 'स्त्री' के हाथों पराजित होने की शर्म से अतिवीर्य ने अपना राज्य अपने बेटे को सौंप दिया और वह जैन साधु बन गया।

एक बार लक्ष्मण को हवा में तैर रही जादुई तलवार मिली। उसने तलवार घुमाई और ग़लती से चंद्रनखा का बेटा, शंबूक मारा गया। चंद्रनखा अपने बेटे के हत्यारों को ढूंढने निकली। लेकिन पद्म और लक्ष्मण को देखकर वह उनसे प्रेम कर बैठी और उनसे विवाह करने की इच्छा व्यक्त की। जैन रामायणों में पद्म और लक्ष्मण ने वनवास में कई स्त्रियों से विवाह किया। लेकिन उन्होंने चंद्रनखा को ठुकरा दिया। चंद्रनखा इससे इतनी क्रोधित हुई कि उसने अपने पति, खरदूषण और अपने भाई, रावण से शिकायत की। जब लक्ष्मण खरदूषण से लड़ रहे थे, तब पद्म ने सीता की रक्षा की।

फिर रावण अपने पुष्पक विमान पर वहां आया। सीता को देखकर उसे सीता से प्रेम हुआ। उसने जादुई आवाज़ से पद्म को धोखा दिया कि लक्ष्मण

संकट में हैं। पद्म अपने भाई को बचाने गए। उन्होंने सीता को जटायु नामक गिद्ध की निगरानी में रखा, जो अनाथ था और जिसका सीता ने बचपन से पोषण किया था। अपने पूर्व जन्म में, जटायु एक राजा था जिसने जैन साधुओं से दुर्व्यवहार किया था, जिस कारण उसने गिद्ध बनकर पुनर्जन्म लिया था। उसने पद्म और सीता की सेवा करके अपने नकारात्मक कर्म मिटाने की ठान ली थी। पद्म की अनुपस्थिति का लाभ उठाकर, रावण ने जटायु के पंख कुचलकर सीता का अपहरण किया। लेकिन उसने सीता पर कोई जबरदस्ती नहीं की। वह तीर्थंकर मुनिसुव्रत का शिष्य था और इसलिए उसने शपथ ली थी कि वह किसी स्त्री पर बल का प्रयोग नहीं करेगा।

सीता को ढूंढने के लिए पद्म और लक्ष्मण ने वानरों की मदद ली। जैन रामायणों में सुग्रीव ने अपना सिंहासन एक जादूगर के छल में गवां दिया। फिर उस जादूगर ने सुग्रीव का रूप धारण कर लिया, इससे सभी वानर भ्रमित हो गए। जब दोनों सुग्रीवों में लड़ाई हुई, तब पद्म ने दोनों का सामना अपने धनुष से किया और ढोंगी पकड़ा गया।

वानर पद्म की मदद करने के लिए तैयार थे लेकिन उनके अनुसार रावण अपराजेय था। इसलिए, लक्ष्मण ने एक ऐसा पत्थर उठाकर अपनी शक्ति का प्रदर्शन किया जिसे रावण भी उठा नहीं पाया था। रामायण के हिंदू वर्णन में राम ने सात पेड़ों को एक बाण से गिराकर अपनी शक्ति प्रदर्शित की थी।

जैन आख्यानों में, जब हनुमान की माँ, अंजनी, गर्भवती हुई, तब उसे उसके सास-ससुर ने घर से बाहर निकाल दिया। उन्होंने ये बात मानने से इंकार किया कि उनके बेटे ने एक रात उड़ने वाले जादुई रथ पर आकर अंजनी को गर्भवती बनाया था। देवता अंजनी पर दया करके उसे और उसके बेटे को स्वर्ग लोक ले गए। लेकिन जादुई रथ पर बैठे यात्रा करते हुए हनुमान ग़लती से उसके हाथों से नीचे पत्थर पर गिर गए और पत्थर टूट गया। इससे हनुमान की शक्ति का सभी को प्रमाण मिला।

पद्म और रावण के बीच युद्ध में लक्ष्मण मरते-मरते बच गए। हिंदू रामायणों में हनुमान ने पहाड़ से जड़ी बूटी लाकर लक्ष्मण को बचाया। लेकिन जैन रामायणों में हनुमान साकेत से विशल्या नामक महिला को वहां ले आए और उसके स्पर्श से लक्ष्मण बच गए। अंत में रावण का जादू दोनों भाइयों पर नहीं चला और लक्ष्मण उसका वध कर पाए। कई कल्पों बाद, जब सीता देवी के रूप में पुनर्जीवित होकर नरक गईं, तब उन्होंने लक्ष्मण और रावण को लड़ते पाया। सीता ने उन्हें शांति प्राप्त करने के लिए जैन मार्ग सिखाया।

साकेत में, सीता की पतिव्रता पर शंका की गई और उन्हें अग्नि में चलकर उसका प्रमाण देना पड़ा। तब अग्नि पानी में बदल गई और उससे साकेत के डूबने का डर था। फिर सीता ने अपने बाल नोच दिए और वे जैन साध्वी बन गईं। सीता के बेटों - लव और कुश (या लवण और अंकुश) की कहानी, जिनमें उन्होंने राम के राजसी अश्व को पकड़ने के बाद उनकी सेना से लड़ाई की, पहली बार सबसे प्राचीन जैन रामायण में बताई गई। इस प्रकार, जबकि कुछ लोग कह सकते हैं कि हिंदू रामायण ने जैन रामायण को आकार दिया, कुछ कथानक मूलतः जैन रामायण से आए हैं।

24

महाभारत पर विचार

महाभारत के कई जैन पुनर्कथन हैं, जैसे 8वीं सदी में जिनसेन द्वारा रचित हरिवंश पुराण और 12वीं सदी में हेमचंद्र द्वारा रचित त्रिषष्टि-शलाकपुरुष-चरित्र। वेद व्यास के महाकाव्य में सबसे बड़ा युद्ध कौरवों और पांडवों के बीच कुरुक्षेत्र में हुआ था। लेकिन इन वर्णनों में द्वारका के कृष्ण और मगध के जरासंध के बीच सबसे बड़ा युद्ध हुआ था। कृष्ण वसु-देव थे और जरासंध प्रति-वसुदेव, जो जैन रामायण के लक्ष्मण और रावण के समान है।

जैन महाभारतों में भारत के पश्चिम भाग में निर्वाण प्राप्त करने वाले एकमात्र तीर्थंकर के उल्लेख भी हैं। यह तीर्थंकर कृष्ण के चचेरे भाई, नेमि-नाथ थे, जिनका प्रतीक एक शंख है और जिन्होंने गुजरात के गिरनार पर्वत पर निर्वाण प्राप्त किया था। कई कहानियों के अनुसार वे कृष्ण से भी शक्तिशाली थे, लेकिन उन्होंने जैन मार्ग की अहिंसा चुनी। नेमि-नाथ के विवाह भोज के लिए कृष्ण जानवरों को मारने के लिए रसोईघर में ला रहे थे। इन जानवरों की चीखें सुनकर नेमि-नाथ ने विवाह करने से इंकार किया। उनसे प्रभावित होकर, कृष्ण के भाई और उनके बेटे भी जैन साधु बन गए। जैन महाभारत के माध्यम से जैन संसार भारत के पूर्व से भारत के पश्चिमी समुद्रतट तक फैला।

जैन महाभारत के अनुसार, कंस वसुदेव का सारथी था। उसकी शूरता से जरासंध इतना प्रभावित हुआ कि उसने अपनी बेटी का विवाह कंस से करवाया। जब कंस को पता चला कि वह उग्रसेन का जारज बेटा है, जिसे

चूँकि पांडवों ने कृष्ण के लिए नाव नहीं भेजी थी, उन्हें अपने रथ को एक हाथ में पकड़कर गंगा नदी पार करनी पड़ी।

त्याग दिया गया था, तो मथुरा के सिंहासन को हड़पकर वह तानाशाह बन गया। कंस की पत्नी ने एक जैन साधु को तड़पाया था। साधु ने उसे बताया कि कंस की मृत्यु देवकी और वसुदेव के सातवें बेटे के हाथों होगी। अपनी संतानों को बचाने के लिए, वसुदेव ने पहले छह बेटों के जन्म होते ही उनकी जगह पर छह नवजात लड़कियां रखीं, जिनकी मृत्यु हुई थी। सातवें बेटे की जगह पर भी एक लड़की को रखा गया, लेकिन इस बार वह जीवित थी। कंस को उस लड़की से डर नहीं था, लेकिन उसके होने वाले पति के डर से कंस ने उसकी नाक काट दी, ताकि वह कुंवारी रहें। सातवें बेटे (हिंदू आख्यानों में वह आठवां बेटा था) को ग्वालों ने बड़ा किया। यह बेटा कृष्ण था और उसने कुश्ती के मुकाबले में कंस का वध किया।

क्रूर कंस की मृत्यु पर मथुरा ने गुणगान किया। लेकिन कृष्ण के हाथों अपने दामाद की मृत्यु के बारे जानकर जरासंध ने मथुरा पर आक्रमण किया और कृष्ण पश्चिम में स्थित द्वारका स्थानांतरित होने के लिए मजबूर हुए। जब कौरवों ने पांडवों और द्रौपदी को हस्तिनापुर से बाहर निकाला तब वे भी द्वारका आए। सौ कौरवों ने पांच पांडवों पर युद्ध घोषित किया। इसलिए, पांडवों ने कृष्ण से मदद मांगी। कृष्ण ने पांडवों की मदद की और बदले में

जरासंध के साथ कृष्ण की लड़ाई में उनसे मदद की अपक्षा की। यह जैन महाभारत की मुख्य कहानी है।

अपने पूर्व जन्मों में भी पांडव पांच भाई थे। इन जन्मों में उन्होंने तीसरे भाई की पत्नी को एक जैन साधु को विष खिलाने से नहीं रोका था। इसलिए उन्होंने जुआरी भाई बनकर पुनर्जन्म लिया। तीसरे भाई की पत्नी का द्रौपदी बनकर पुनर्जन्म हुआ। जैन महाभारत के अनुसार केवल अर्जुन द्रौपदी का पति था। द्रौपदी अर्जुन के बड़े भाइयों, युधिष्ठिर और भीम को अपने पिता मानती थी और अर्जुन के छोटे भाइयों, नकुल और सहदेव को अपने बेटे मानती थी। द्रौपदी द्वारा अर्जुन को पहनाई वरमाला टूटकर उससे कुछ फूल अन्य चार भाइयों पर गिर गए। इसलिए, लोगों में अफ़वाह फैली कि द्रौपदी सारे भाइयों की पत्नी थी। पांडवों ने कौरवों के साथ खेले जुए में अपना राज्य गंवाया। उनमें हुए समझौते के अनुसार उन्होंने 12 वर्ष वनवास में बिताए और तेरहवां वर्ष अज्ञातवास में राजा विराट के महल में नौकर बनकर बिताया। रोचक बात यह है कि जब कीचक ने द्रौपदी के साथ दुर्व्यवहार करने की कोशिश की, तब भीम ने उसे सज़ा दी लेकिन उसे जीवित रखा। इसके बाद कीचक जैन साधु बन गया और अंत में उसने मुक्ति प्राप्त की। जब पांडव अज्ञातवास से लौटें, तब भी कौरवों ने उन्हें शहर लौटाने से इंकार किया, जिस कारण पांडव दक्षिण में स्थित द्वारका गए और वहां कृष्ण के साथ आश्रय लिया।

यह पता लगने पर कि मथुरा के यादव बचकर द्वारका में खुशहाल थे, जरासंध ने उन्हें कुरुक्षेत्र में लड़ने की चुनौती दी। युद्ध में जरासंध ने कृष्ण की ओर चक्र फेंका, लेकिन नेमि-नाथ बीच में खड़े थे। चक्र दोनों चचेरे भाइयों के चारों ओर घूमा और अंत में कृष्ण की ऊँगली पर बैठ गया। फिर कृष्ण ने चक्र को जरासंध की ओर फेंककर उसे मार डाला और कौरवों को हराने में पांडवों की मदद की।

कहानी यहीं ख़त्म नहीं हुई।

युद्ध के बाद पांडवों ने गंगा नदी पार की। लेकिन नदी पार करने के बाद उन्होंने कृष्ण के लिए नाव नहीं भेजी। फिर कृष्ण ने एक हाथ में अपना रथ पकड़कर दूसरे हाथ से तैरकर नदी पार की। गुस्से में उन्होंने पांडवों को हस्तिनापुर छोड़ने के लिए कहा। फिर पांडव दक्षिण की ओर गए और उन्होंने एक नया मथुरा शहर स्थापित किया, जो मदुरै नाम से जाना गया। प्राचीन काल में मदुरै में जैन प्रभाव होता था।

जैन आख्यानों के पांच पांडवों ने पालीताना, गुजरात में स्थित शत्रुंजय पर्वत पर मुक्ति प्राप्त की।

कई वर्षों बाद, जब पांडव ध्यान करते साथ बैठे थे, तब दुर्योधन के बेटे, यवरोधन ने उनके गलों में जलती हुईं बेड़ियां डालकर उनके शरीरों को जला डाला। लेकिन तब तक पांडव अपने शरीरों से इतने तटस्थ बन गए थे कि उन्हें कोई पीड़ा नहीं हुई; इसके बदले उनकी आत्माओं का स्वर्ग तक उत्थान हुआ। इस कहानी के दिगम्बर वर्णन में, नकुल और सह-देव थोड़े विचलित थे, जिस कारण उन्हें एक अधिक जीवनकाल के बाद मुक्ति मिली। यह घटना शत्रुंजय के प्रसिद्ध जैन तीर्थस्थल में हुई।

25

प्रद्युम्न पर विचार

प्रद्युम्न कृष्ण का सुरूप बेटा था, जिसे सभी चाहते थे और जो हिंदू और जैन धर्म दोनों में सम्मानित था। जबकि हिंदू कथाओं में प्रद्युम्न और असुर की पत्नी के बीच प्रेम की बात की गई है, जैन धर्म में यह वर्णित है कि कैसे प्रद्युम्न उस असुरी के प्रेम में नहीं पड़ा।

हिंदू धर्म के भागवत पुराण में यह वर्णित है कि कैसे प्रद्युम्न के जन्म के तुरंत बाद शम्बर नामक असुर ने उसका अपहरण कर उसे समुद्र में फेंक दिया था। वहां एक मछली ने उसे निगल लिया। कुछ मछुआरों ने मछली को पकड़ लिया और अंत में वह मछली शम्बर के राजसी रसोईघर तक पहुंच गई। जब शम्बर की पत्नी, मायावती ने मछली को काटा तब उसके पेट से शिशु निकला। मायावती ने उसका यौवन तक पालन-पोषण किया। प्रद्युम्न एक सुरूप युवक था, जिस कारण मायावती का उससे प्रेम हुआ। शुरू में प्रद्युम्न ने अपनी पालक माता के इशारों का निवारण किया क्योंकि उसे ऐसा संबंध अनुचित लगा। लेकिन अंत में वह अपनी पालक माता की ओर आकर्षित हुआ। फिर उसे बताया गया कि उसकी भावनाएं और उनका संबंध उचित थे क्योंकि पूर्व जन्म में प्रद्युम्न काम-देव था और मायावती काम-देव की साथी रति। जब शिव ने अपनी तीसरी आँख से काम-देव को जला डाला, तब उन्होंने काम-देव की साथी, रति को वचन दिया कि उसके पति विष्णु के परिवार में जन्म लेंगे। इस प्रकार, काम-प्रद्युम्न ने रति-मायावती से विवाह किया, उनकी उम्र में अंतर और उनके संबंध में बेढंगेपन

के बावजूद। प्रद्युम्न ने अपने पालक पिता, शम्बर, का वध भी किया और विजयी होकर कृष्ण और रुक्मिणी से मिलने द्वारका लौटा। इस असाधारण कहानी में एक स्त्री ने अपने से छोटी उम्र के बालक से विवाह किया, जो उसका पालक बेटा भी था।

हरिवंश पुराण और वसुदेव-हिंदी जैसे जैन वर्णनों के अनुसार प्रद्युम्न ने अपने पूर्व जन्म में एक स्त्री का अपहरण कर उसके पति को बहुत पीड़ा पहुंचाई थी। इसलिए, एक अगले जन्म में, उस स्त्री के पति ने प्रद्युम्न की बालावस्था में उसका अपहरण कर समुद्र में फेंक दिया, जहां एक मछली ने उसे निगल लिया। उसे कंचनमाला नामक स्त्री ने ढूँढा, जो वही स्त्री थी जिसका प्रद्युम्न ने अपने पूर्व जन्म में अपहरण किया था। कंचनमाला ने अपने जादू से प्रद्युम्न को युवक में परिवर्तित किया। हिंदू वर्णन की तरह जैन वर्णन में भी उसने प्रद्युम्न के प्रति अपनी इच्छा व्यक्त की। लेकिन जैन वर्णन में प्रद्युम्न ने अपनी पालक माता के प्रस्ताव को अनुचित मानकर उसका विरोध किया। कंचनमाला ने प्रद्युम्न को जादुई शक्तियां देकर प्रलोभित करने की कोशिश की। प्रद्युम्न ने शक्तियां स्वीकार की, लेकिन कंचनमाला के साथ संबध रखने से इंकार किया। क्रोधित होकर कंचनमाला ने प्रद्युम्न पर बलात्कार का आरोप लगाया। उसके बेटों ने प्रद्युम्न को नष्ट करने की कोशिश की। उन्होंने उसे गुफ़ा, अग्नि के गड्ढे और झील में फेंका। हर बार प्रद्युम्न नागों और अन्य जादुई जीवों से मिला, जो उसकी सुंदरता और

जैन आख्यानों के अनुसार कृष्ण के बेटे, प्रद्युम्न को उसके कई साहसी कार्यों के के समय में काम-देव के प्रतीक भेंट में मिले।

वीरता से प्रभावित थे। उन्होंने उसे भेंट में आभूषण, कपड़ें और हथियार दिए। इस प्रकार, इन मुलाक़ातों से वह वीर बन गया। उसने अपनी कामुक इच्छाओं को संयमित रखा, इसलिए वह महा-वीर कहलाया। इसके बाद वह अपने माता-पिता से मिलने घर लौटा। इन साहसी कार्यों के समय में उसे शुक, ईख से बना धनुष, फूलों से बने बाण, मकर-कुण्डल और मकर-ध्वज जैसे भेंटें मिलीं। इन भेंटों से हमें पता चलता है कि प्रद्युम्न काम-देव से जुड़ा है।

जैन हरिवंश के अनुसार, कृष्ण की तीन पत्नियां - रुक्मिणी, सत्यभामा और जाम्बवती - प्रतिद्वंद्वी थीं। रुक्मिणी के बेटे, प्रद्युम्न का जन्म होते ही अपहरण हुआ और सत्यभामा का बेटा, भानु, कुल का प्रमुख राजकुमार बन गया। इस प्रकार, उसका किसी राजकुमारी से विवाह होना निश्चित था। लेकिन, कई साहसी कार्य करने के बाद, प्रद्युम्न फिर लौटा और उसने अपनी वीरता, कौशल और स्वभाव से राजकुमारी सहित सभी को प्रभावित किया। राजकुमारी प्रद्युम्न को देखने के बाद भानु से निराश हुई और उसने भानु से नहीं बल्कि प्रद्युम्न से विवाह किया। इसलिए, सत्यभामा ने एक और बेटा चाहा, जो प्रद्युम्न जितना महान होता। लेकिन प्रद्युम्न ने हस्तक्षेप किया और इसलिए कृष्ण का यह बेटा घमंडी, मांगें करने वाली सत्यभामा को नहीं बल्कि निःसंतान, उपेक्षित जाम्बवती को मिला। स्पष्टतया, ये कहानियां जैन धर्म की बस कल्पनाएं हैं। उनसे पता चलता है कि कृष्ण पश्चिम भारत में बहुत लोकप्रिय थे और इसलिए जैन धर्मियों ने कृष्ण को विस्तृत जैन देवगण का भाग बनाने की आवश्यकता महसूस की।

26

इंद्र पर विचार

इंद्र के बारे में हमें यह बात याद रखनी होगी कि अलग-अलग धर्मों के ग्रंथों के अनुसार इतिहास की अलग-अलग अवधियों में अलग-अलग इंद्र रह चुके हैं।

प्रारंभिक वैदिक इंद्र ऋग्वेद के प्रमुख देवता थे, जो रथ पर सवार होते थे, और वज्र से घेरों में बंधे हुए पानी को छुड़ाते थे या वल और वृत्र जैसी बाधाओं का पराजय करते थे। ऋग्वेद के इंद्र योद्धा देवता थे, जिन्हें सोमरस बहुत प्रिय था। इस कारण यज्ञ करने वाले उन्हें सोमरस अर्पित करते थे।

इंद्र का उपनिषदों में भी उल्लेख है। चूँकि असुर अहंकारी थे, प्रजापति ने उनके बजाय इंद्र को आत्मा का सच्चा ज्ञान प्राप्त करने के योग्य समझा। प्रजापति ने इस इंद्र को संयमित रहने और अपने आवेगों को वश में रखने की सलाह दी।

अगले इंद्र बौद्ध साहित्य में पाए जाते हैं, जिसमें वे और ब्रह्मा बुद्ध के निर्वाण प्राप्त करने के साक्षी थे। इंद्र ने बुद्ध को अपना ज्ञान विश्व के साथ बांटने के लिए प्रोत्साहित किया। यहां, इंद्र स्वर्ग लोक के राजा हैं, जिसमें तैंतीस देवता हैं और जो मेरू पर्वत के ऊपर स्थित है। इंद्र की पत्नी, पौलोमी, असुरी है। ये असुर मेरू पर्वत के तल पर रहते हैं और लगातार देवों से युद्ध करते हैं।

हिंदू आख्यानों में जो इंद्र लोकप्रिय हैं वो एक श्वेत गज, ऐरावत पर सवार दिखाई देते हैं। ये इंद्र रामायण, महाभारत और पौराणिक साहित्य में पाए जाते

इंद्र शिशु तीर्थंकर को दैवी स्नान कराते हुए।

हैं। वे स्वर्ग में निवास करते हैं और मदिरा, अप्सराओं के नृत्य और गंधर्वों के संगीत का सुख भोगते हैं। उनके पास सभी विलासिताओं के साथ-साथ इच्छापूर्ती चिंतामणि, कामधेनु और कल्पवृक्ष हैं। वे बहुत असुरक्षित हैं कि तपस्या करने वाले ऋषि, यज्ञ करने वाले राजा और असुर, जिन्हें उन्होंने पाताल लोक में दबा दिया था, उनकी प्रतिष्ठा को छीन लेंगे। और इसलिए, इन ख़तरों से निपटने के लिए वे हमेशा अपने पिता, ब्रह्मा की मदद लेते हैं।

जैन धर्म में इंद्र को शक्र कहा जाता है और वे तीर्थंकर के रखवाले हैं। इंद्र और उनकी पत्नी, इंद्राणी, जिसका उल्लेख ऋग्वेद में भी किया गया है, तीर्थंकर के दोनों ओर, उनका सम्मान करते हुए खड़े रहते हैं। जैन धर्म के अनुसार, प्रत्येक तीर्थंकर के जन्म के समय, उनके विश्व को त्यागने के समय, कैवल्य ज्ञान प्राप्त करते समय, प्रवचन देते समय और अंततः सिद्ध-लोक तक उत्थान के समय इंद्र उपस्थित होते हैं।

श्वेतामबर जैनों के अनुसार महावीर के जन्म में इंद्र का हाथ था। महावीर का गर्भधारण एक ब्राह्मण स्त्री के शरीर में हुआ था। लेकिन जैन मानते थे कि तीर्थंकर केवल क्षत्रिय घर में जन्म ले सकते थे। इसलिए, भ्रूण को बकरी के सिर या हिरण के सिर वाले देवता, अर्थात नैगमेष नामक देवता द्वारा स्थानांतरित किया जाना आवश्यक था। इंद्र जैन आख्यान शास्त्र में

इतने महत्त्वपूर्ण और मददगार हैं कि उन्होंने ही भ्रूण को स्थानांतरित करने का आदेश दिया। तीर्थंकर के जन्म के बाद, इंद्र नवजात को मेरू पर्वत पर ले गए और उन्हें दूध के सागर में नहलाया। जैन मंदिरों के अनुष्ठानों में स्त्री पुरुष अपने आप को इंद्राणी और इंद्र के रूप में कल्पित करके मुकुट पहनते हैं और मंदिर की प्रतिमाओं के प्रतिष्ठापन के समय तीर्थंकर की प्रतिमा को नहलाते हैं।

इस प्रकार, भारत के मठवासी संप्रदायों के अनुसार इंद्र ने संन्यासियों को सम्मान दिया। कला में, उन्हें बुद्ध और तीर्थंकर को नमन करते हुए दिखाया जाता है। कहानियों में, जब भी किसी बौद्ध या जैन को मदद की आवश्यकता होती है, तब इंद्र के सिंहासन में उष्णता निर्माण होती है और इंद्र को समझ आता है कि किसी को उनकी मदद की आवश्यकता है। स्वाभावतः, ब्राह्मण ऐसे इंद्र से दूर रहे।

इस प्रकार, भारतीय ग्रंथों में तरह-तरह के इंद्र हैं। प्रत्येक इंद्र से एक अलग ऐतिहासिक काल और एक अलग भारतीय समुदाय प्रकट होता है, जिनके जीवन के प्रति दृष्टिकोण अलग हैं।

27

ब्राह्मणों पर विचार

एक बार, एक वैदिक यज्ञ के समय में, पास के गांवों में रहने वाले लोगों ने देवताओं को अपने उड़ते हुए रथों अर्थात विमानों में वहां आते देखा। उन्हें लगा कि ये देवता ब्राह्मणों का अर्पण लेने यज्ञ-शाला जा रहे होंगे। लेकिन देवता यज्ञ-शाला के पार जंगल में गए। गांववालों ने उनका पीछा किया और देखा कि देवता महावीर नामक ऋषि को प्रणाम करने जा रहे थे, जिन्होंने जैन मार्ग ढूंढा था और 24वें तीर्थंकर बन गए थे। जैन आख्यान शास्त्र में पाई जाने वाली इस कहानी में जैन शिक्षा को वैदिक अनुष्ठानों और वैदिक ब्राह्मणों से उच्च दर्जा दिया गया है।

फिर यज्ञ करने वाले ब्राह्मण भी वहां गए और गोल सभा में महावीर का प्रवचन सुना। इससे पहले कि ब्राह्मण महावीर से कोई प्रश्न पूछें महावीर ने उनकी सारी शंकाओं का स्पष्टीकरण दिया। इससे प्रभावित होकर, ब्राह्मण उनके मुख्य शिष्य बन गए। वे गणाधार कहलाए और उन्होंने महावीर का ज्ञान सुरक्षित रखा और उनके शिष्यों के नेता बने। गौतम इंद्रभूति प्रमुख गणाधार थे। कहते हैं कि अन्य हिंदू ब्राह्मणों की तरह, गौतम को भी मिठाइयां और भोजन पसंद था। गौतम को महावीर के प्रति बहुत लगाव था। इसलिए, वे सच्ची मुक्ति केवल उस दिन प्राप्त कर सके जब महावीर ने अपना नश्वर शरीर छोड़ा और गौतम तटस्थता का महत्त्व समझ गए।

जैन साहित्य के अनुसार, पहले तीर्थंकर, ऋषभ-देव, जिन्हें आदि-नाथ भी कहा जाता है, ने समाज को तीन समूहों - शासक (क्षत्रिय), व्यापारी (वैश्य)

गौतम-स्वामी, वह ब्राह्मण जो महावीर के मुख्य शिष्य बने।

और श्रमिक (शूद्र) में विभाजित किया। शुरू में ब्राह्मण नहीं थे। ऋषभ के बेटे, भरत ने इस समूह का निर्माण किया। भरत ने अपनी प्रजा को भोजन पर आमंत्रित किया था। प्रजा के जैन सदस्य घास पर नहीं चलें क्योंकि वे किसी जीव को मारना नहीं चाहते थे। लेकिन कुछ अन्य लोग फिर भी घास पर चले। भय के मारे भरत उन्हें धिक्कारने लगा। ऋषभ ने अपने बेटे से कहा कि वह उन लोगों के प्रति हिंसक न बनें। उन्होंने 'मा हान' (कष्ट न पहुंचाएं) वाक्यांश का प्रयोग किया। समय के साथ यह वाक्यांश ब्राह्मण में बदल गया और इन हिंसक लोगों के वंशज इस नाम से बुलाए जाने लगे। उनके बारे में भविष्यवाणी की गई कि वे वेदों का ग़लत अर्थ निकालेंगे।

एक वैदिक आचार्य ने भविष्यवाणी की उनके तीन शिष्यों, वसु, पर्वत और नारद में से, एक राजा बनेगा, एक स्वर्ग जाएगा और एक नरक जाएगा। वसु राजघराने से था, इसलिए यह स्पष्ट था कि वह राजा बनेगा। लेकिन आचार्य नहीं जानते थे कि स्वर्ग कौन जाएगा और नरक कौन जाएगा। पर्वत उनका बेटा था, इसलिए उन्होंने वसु से कहा कि दक्षिणा के रूप में उसे हमेशा किसी तर्क-वितर्क में पर्वत का समर्थन करना होगा। कई

वर्ष बाद, पर्वत और नारद वैदिक शब्द 'अजा' के अर्थ पर विवाद कर रहे थे। नारद ने कहा कि उसका अर्थ धान्य है जबकि पर्वत कह रहा था कि उसका अर्थ बकरी है। दोनों ने वसु का मत मांगा। वसु जानता था कि सही अर्थ धान्य है। लेकिन पर्वत के पिता को दिए वचन के कारण उसने कहा कि पर्वत का उत्तर सही है। यह करते ही वसु का सिंहासन, जो हवा में उठा हुआ होता था, धरती पर आ गिरा। और उस समय से वैदिक लोग पशु बलि करने लगे।

कहा जाता है कि जब ऋषभ की मृत्यु हुई, तब उनके साथ उनके कई शिष्यों की भी मृत्यु हुई। सभी का तीन समूहों में दाहसंस्कार किया गया - एक गोल, एक त्रिकोण और एक वर्ग के आकार में। चिता बुझ जाने के बाद, देवता ऋषभ की हड्डियां ले गए। जब ब्राह्मण ऋषभ को प्रणाम करने आए तब उन्होंने चिताओं को देखकर मान लिया कि वे यज्ञ वेदियां थीं, जिनमें देवताओं को भोज अर्पण करना अपेक्षित था। और इसलिए वैदिक लोग तीन यज्ञ वेदियां रखते थे - गृहस्थ के लिए पश्चिम दिशा में, देवताओं के लिए पूर्व दिशा में और पूर्वजों के लिए दक्षिण दिशा में।

जैन धर्मीय इस ब्राह्मण धारणा को नकारते हैं कि वेद मानवों से नहीं आए। उनका ठोस विश्वास है कि तीर्थंकर जैसे मनुष्य, जिनका आध्यात्मिक विकास हुआ है, ब्रह्मांडीय ज्ञान मानवता तक पहुंचाते हैं।

जैन धर्म और बौद्ध धर्म

28

आत्मा पर विचार

वैदिक काल में पुरोहित यज्ञों के माध्यम से, देवताओं और पूर्वजों को अर्पण करते थे और उनसे कृपा की अपेक्षा करते थे। वैदिक काल में मनुष्य पशुपालक और जीविका किसान हुआ करते थे। फिर, 2500 वर्ष पहले, भारत के साथ-साथ मध्य पूर्व, चीन और यूनान में बहुत प्रचुरता और समृद्धि आई और व्यापार भी बढ़ा। उसके साथ विश्वभर में धातु के सिक्कों का मुद्रा का रूप में उपयोग शुरू हुआ। लोग सोचने लगे कि उनके मरने के बाद जीवन में अर्जित ऋण का क्या होता है। इससे कार्मिक लेखा जोखा, पुनर्जन्म और मुक्ति की धारणाएं उभरीं। कर्म की धारणा भी इसी समय उभरी। यह उपनिषदों में और बौद्ध और जैन धर्मों के संन्यासियों में देखा गया। क्या मरता है? किसका पुनर्जन्म होता है? क्या नश्वर है? क्या अनश्वर है? ऐसे तरह-तरह के प्रश्नों पर विचार हुआ और उससे जीव या आत्मा के स्वभाव पर धारणाएं निर्मित हुईं।

हिंदू धर्म में परमात्मा की धारणा पूर्णमिदं नामक पूर्णता पर वैदिक स्तोत्र के माध्यम से व्यक्त की गई, जो कुछ यूं है: अनंतता से अनंतता आती है; अनंतता से अनंतता निकालने पर अनंतता बच जाती है। यह मान्यता थी कि व्यक्तिगत जीव-आत्मा टूटी और सीमित होती है और असीम, दैवी

परम-आत्मा या ब्रह्मन् में विलीन होकर पूर्ण बनना चाहती है। लोगों ने इस धारणा को भक्ति के माध्यम से व्यक्त किया। कला में, ब्रह्मांडीय आत्मा को तपस्वी शिव और राजसी विष्णु का रूप दिया गया। शिव और विष्णु ने अपने भक्तों की मदद की। लोगों का लिंग और उनकी जाति उनका कर्म निर्धारित करता था। जाति व्यवस्था के नियमों का लगातार पालन करके तथा शक्ति और समर्थन पाने के लिए परम-आत्मा की प्रार्थना करके हम परम-आत्मा के साथ और विष्णु के वैकुण्ठ या शिव के कैलाश पहुँच सकते हैं। जाति व्यवस्था के नियमों का विरोध करने से और अहंकार में बह जाने से और कर्म निर्मित होते हैं और हम पुनर्जन्म के अंतहीन चक्र में फंस जाते हैं।

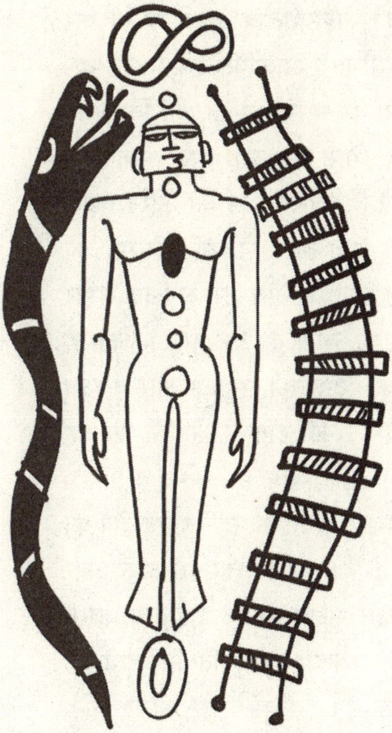

बौद्ध धर्म में आत्मा शून्यता के रूप में व्यक्त की गई; हिंदू धर्म में आत्मा अनंतता के लिए तरस के रूप में व्यक्त की गई; जैन धर्म में माना गया कि आत्मा या जीव भोग तथा मोह के कारण निर्मित नकारात्मक कर्म और संतुष्टता तथा तटस्थता के कारण निर्मित सकारात्मक कर्म के बीच फंसी है।

बौद्ध धर्म में यह मान्यता है कि कुछ भी स्थायी नहीं होता है। उसने जीव-आत्मा और परम-आत्मा की धारणाओं को नकारा। यह विचार व्यापारियों को भाया - आत्मा के ना होने का तातपर्य था कि हमारा जीवन कर्म से पूर्वनिर्धारित नहीं था। कोई भी व्यक्ति जाति व्यवस्था के

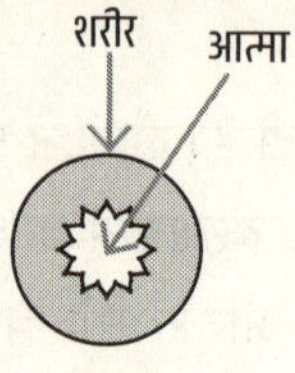

जीव

जैन धर्म का कैवल्य (आत्मा का भौतिक सच्चाई से अलगाव)

बौद्ध धर्म का निर्वाण (कोई आत्मा नहीं होती है)

हिंदू धर्म का मोक्ष (आत्मा का परमात्मा के साथ मिलन)

नियमों का पालन करने के लिए बाध्य नहीं था। मनुष्य अपनी इच्छानुसार जीवन जी सकते थे। बुद्ध का उपासक बनने और भिक्खुओं की देख-रेख करने से कोई सकारात्मक कर्म अर्जित कर सकता था और सौभाग्य आकर्षित कर सकता था। बौद्ध धर्म ने शून्य की धारणा प्रस्तुत की: कि ध्यान में बैठने से हम हमारा पूरा कर्म मिटा सकते हैं। इसे निर्वाण कहते हैं, जिसमें कर्म की अग्नि बुझाई जाती है। निर्वाण प्राप्त करने से व्यक्ति संसार की निरर्थकता समझ जाता है और उसके लिए संसार शून्य के बराबर हो जाता है। वह समझ जाता है कि संसार बस कुछ और का समूह है और वास्तव में कुछ भी विद्यमान नहीं होता है। समूहों का यह विश्व भाषा से निर्मित है; भाषा हमें भ्रमित करती है। ऐसी सोच में हम इस जीवन के पूर्वनिर्धारित होने की धारणा को नकारते हैं। इसलिए वह हमें आविष्कार करने के लिए और सक्षम बना देता है। वह हममें तटस्थता और फलस्वरूप सहानुभूति और दयालुता को सक्षम बनाता है। इस सोच के कारण बौद्ध व्यापरियों और उत्पादकों के संघों ने व्यापार मार्गों पर अपनी जगहें बना लीं। जिन लोगों ने विश्व की नश्वरता और उसके तरल स्वभाव को स्वीकारा वे भाग्यशाली बने।

जैन धर्म ने दोनों, हिंदू और बौद्ध धर्म से कुछ विचार लिए। उसमें मान्यता है कि व्यक्तिगत आत्मा होती है लेकिन सामूहिक या दैवी आत्मा नहीं होती

है। जैन धर्म नहीं मानता है कि कोई परमात्मा हमें पुनर्जन्म के चक्र से बचाएंगे, चाहे वो शिव हों या विष्णु या बुद्ध। वह मानता है कि अपने श्रम से ही हम इस चक्र से मुक्त हो सकते हैं। हिंदू धर्म में देवताओं और पूर्वजों को 'खिलाकर' हम यह कर सकते हैं। बौद्ध धर्म में भिक्खुओं को दान देकर यह हो सकता है। लेकिन जैन धर्म में यह संभव नहीं है - तीर्थंकर की कोई इच्छाएं नहीं होती हैं और इसलिए वे न कुछ चाहते हैं और न कुछ संचय करते हैं। उपभोग हिंसा का निर्माण करता है, जिससे कर्म निर्मित होता है। कर्म आत्मा या जीव से मैल की तरह लिपट जाता है और उसे नीचे खींचता है। पाप और पुण्य दोनों कर्म के भाग हैं; ऋण जो हमें चुकाने हैं या ऋण जिनकी वसूली हमें करनी है। पाप हमें नरक के दुःख की ओर ले जाता है और पुण्य हमें स्वर्ग के सौभाग्य की ओर ले जाता है। दोनों के पार जाकर ही हम सच्ची मुक्ति प्राप्त कर सकते हैं। तीर्थंकर ने अपना सारा कर्म मिटा दिया है। इसलिए पाप और पुण्य उनके जीव से नहीं लिपटता है और वे गुब्बारे की तरह नरक और स्वर्ग के पार, सिद्ध-लोक तक ऊपर उठते हैं। जो लोग इस जीवन में साधु नहीं बन सकते हैं वे मंदिर बनाकर, पाण्डुलिपियां बनवाकर और भटकते आचार्यों, साधुओं और साध्वियों को खाना खिलाकर जैन विचारों को जीवित रख सकते हैं। इससे उन्हें सौभाग्य मिल सकता है। लेकिन उन्हें सच्ची सफलता तब प्राप्त होगी जब वे सौभाग्य को त्यागने और भोजन, शक्ति और सम्मान के बिना संतुष्ट रहने की शक्ति जुटा लेते हैं।

29

संपत्ति पर विचार

बौद्ध और जैन धर्म, दोनों तपस्वी परम्पराएं हैं। दोनों में मठवास पर आधारित संप्रदाय हैं, और दोनों का ब्रह्मचर्य, अस्तेय (चोरी न करने), अहिंसा और सत्य के पालन में विश्वास है। लेकिन दोनों धर्मों में एक मूल भेद है और वह अपरिग्रह अर्थात असंचय की धारणा को लेकर है। केवल जैन धर्म में अपरिग्रह की बात की गई है।

प्रारंभिक जैन साधुओं को संभवत: निग्रन्थ कहा गया - वे जिनके शरीरों और जिनके संबंधों में कोई ग्रन्थ अर्थात कोई गांठें नहीं होती हैं। दीक्षा ले रहे जैन साधुओं को अपने साथ कपड़े के तीन टुकड़े रखने की अनुमति थी। लेकिन, जैसे उनका दर्जा बढ़ते जाता, वैसे अपेक्षित था कि वे एक-एक कर उन कपड़ों को त्याग देंगे और अंत में पूर्ण रूप से नग्नता का पालन कर लेंगे। आज, केवल दिगम्बर संप्रदाय के कुछ साधु इसका पालन करते हैं। बौद्ध धर्म में नग्नता हमेशा से पूर्णत: निषिद्ध रही है। बुद्ध का मानना था कि ध्यान करने से बौद्ध साधु भीतर से चमकते हैं, जिस कारण स्त्रियां उनके प्रति बहुत आकर्षित होती हैं। इसलिए, शरीर को ढ़ककर हर हाल में नग्न न रहना ही बेहतर था।

जैन धर्म में उपवास, यहां तक कि आमरण उपवास को महत्त्व दिया जाता है। इसके विपरीत, बौद्ध धर्म में बात की गई है कैसे उपवास करने के बाद बुद्ध अत्यधिक दुर्बल होकर धरती पर गिर गए और कैसे उन्हें निर्वाण केवल तब प्राप्त हुआ, जब सुजाता नामक ग्वालिन ने उन्हें कुछ खिलाया।

इसलिए, बुद्ध के उपवास करने की प्रतिमा अशुभ मानी जाती है और वह केवल गांधार कला में लोकप्रिय है। इसके विपरीत, जैन धर्म में हालाँकि तीर्थंकर भोजन का त्याग करते हैं, उन्हें हमेशा ही सुदृढ़ दिखाया जाता है। यह मान्यता है कि उपवास करने से जो आध्यात्मिक ऊर्जा निर्मित होती है उससे उनके शरीर सुंदर बनते हैं और उनकी त्वचा पर तेज आता है।

बौद्ध साधु और साध्वियों को भिक्खु और भिक्खुनि कहा गया, अर्थात वे जो लोगों से भिक्षा लेते हैं। वे शहर में घूमकर लोगों से केवल एक दिन के लिए पर्याप्त भोजन ही प्राप्त करते थे। और वे भिक्षा में प्राप्त वस्त्र ही पहनते थे। बाद में, दीक्षा के दिन से विशिष्ट लबादे पहनने की प्रथा शुरू हुई। भिक्खुओं को किसी का स्वामी होने की अनुमति नहीं थी; धन भिक्खुओं के समूह अर्थात संघ का था।

उसी तरह, जैन साधु और साध्वियों के स्वामित्व में कम से कम वस्तुएं होती हैं: एक कटोरा, एक झाड़न, बैठने के लिए एक चटाई, कुछ कपड़े

जब उनका एकमात्र वस्त्र एक कांटेदार झाड़ी में अटक गया, तब महावीर ने उसे छुड़ाने की कोशिश नहीं की क्योंकि वे सभी संपत्ति से तटस्थ थे। वस्त्र उनके शरीर से गिर गया लेकिन महावीर अपनी नग्नता के प्रति उदासीन थे।

और पुस्तकें। अंत में वस्त्रों को भी त्याग दिया जाता है। वे लोगों से भिक्षा भी मांगते हैं। इसे गोचरी (चरना) कहते हैं। जैन साधु या साध्वी कभी ऐसा भोजन नहीं स्वीकारते, जो केवल उनके लिए पकाया गया है और न ही वे अपने लिए लगने वाला सारा भोजन किसी एक घर से लेते हैं। वरिष्ठ साधु खड़े रहकर खाते हैं और कटोरों से खाना खाना टालते हैं। बौद्ध और जैन साधुओं को किसी एक जगह में एक रात से अधिक ठहरना मना था। इसका अपवाद चातुर्मास में था। उस समय वे गुफ़ाओं में शरण लेते थे। समय के साथ बौद्ध गुफ़ाएं मठ बन गए और बौद्ध भिक्खुओं के भटकने की प्रथा बंद हो गई। जैन धर्म में वह अब भी जारी है।

जैन और बौद्ध धर्मों का शुरू से व्यापारी समुदाय से घना संबंध रहा है। जबकि जैन व्यापारी जैन साधुओं का समर्थन करते थे, उन साधुओं ने व्यापार में सक्रिय रूप से कभी भाग नहीं लिया। इसके विपरीत, बौद्ध धर्म में मठवासी संप्रदायों ने व्यापार को सक्षम बनाया। वास्तव में, बौद्ध धर्म मध्य एशिया और दक्षिण पूर्वी एशिया में स्थित व्यापार मार्गों से होकर फैला। बौद्ध धर्म में यह मान्यता थी कि मठों को दान देने से व्यापारी भाग्यवान होंगे। लेकिन जैन धर्म में इसके विपरीत था: भाग्यशाली व्यापारी अपनी संपत्ति से जैन मंदिर बनाते थे। व्यापारी मठों को स्थायी दान (अक्षय-निधि) देते थे ताकि उस पर अर्जित ब्याज से साधुओं को खिलाया और कपड़े दिए जा सकें। चूँकि बौद्ध धर्म ने व्यापार और संपन्नता को सक्षम बनाया, चीन और दक्षिण पूर्वी एशिया में मठ विलासिता की वस्तुओं से संपन्न थे जैसे धातु, आभूषण और लोम।

बौद्ध भिक्खुओं को नौकरों का काम करना मना था। इसका मतलब यह था कि बौद्ध मठ के परिसर की देखरेख करने के लिए नौकर रखे जा सकते थे। लेकिन, नौकरों का स्वामित्व जैन धर्म के अपरिग्रह के सिद्धांत के विरुद्ध है। नौकर और नौकर गण के प्रबंधन के लिए एक संपूर्ण प्रशासनिक प्रणाली लगती है, जो विश्व से पीछे हटने के सिद्धांत के विरुद्ध है।

बौद्ध भिक्खु संपत्ति के स्वामी होते थे और उसे उत्तराधिकार में भी पाते थे और उन्हें लोगों से भेंट भी मिलती थी। बुद्ध भिक्खुओं के समूह को एक संघ के समान मानते थे। बुद्ध को अक्सर महान कारवां का नेता कहा जाता था। भिक्खुओं के लिए नियमों में हमें कई कहानियां मिलती हैं, जहां बुद्ध ने भिक्खुओं की निजी संपत्ति को लेकर हुए झगड़ों में हस्तक्षेप किया। किसी भिक्खु के मरने पर राजा उसकी संपत्ति का स्वामी बनना चाहता था। लेकिन बुद्ध तर्क करते थे कि चूँकि राजा ने भिक्खु के जीवनकाल में उसकी देखरेख नहीं की थी, उसके मरने पर संपत्ति पर अधिकार ज़माना अनुचित था।

बौद्ध मठवासी संप्रदायों में मठ का धन भिक्खु संभालते हैं। लेकिन यह धारणा जैन धर्म में नहीं पाई जाती है। प्राचीन काल में, जैनों द्वारा मंदिरों को दिया दान यति और भट्टारक नामक मंदिर प्रबंधकों द्वारा संभाला जाता था। लेकिन समय के साथ यह प्रथा बदनाम हुई। जैन संप्रदायों का आर्थिक प्रबंधन हमेशा गृहस्थ (श्रावक) करते थे, जबकि साधु (श्रमण) उससे दूर रहते थे, ताकि वे भोजन और वस्त्रों की इच्छा के भी पार जा सकें।

30

योद्धाओं पर विचार

3000 वर्ष के पहले के वेदों में हम पाते हैं कि पुरोहितों ने विभिन्न राजाओं की मदद के लिए देवताओं की प्रशंसा कर उनका आह्वान किया। स्पष्टतया पुरोहितों और योद्धाओं ने एक दूसरे का सहयोग किया। लेकिन 2500 वर्ष पहले के उपनिषदों में दोनों में द्वंद्व उभरता दिखाई देता है। वहां, राजा, जो क्षत्रिय है, को ज्ञान का स्रोत और ब्राह्मण को ज्ञान का प्राप्तकर्ता दिखाया गया। 2000 वर्ष पहले, रामायण और महाभारत के महाकव्यों में यह धारणा फिर से उलट गई। उनमें ब्राह्मणों ने अपने आप को क्षत्रियों से श्रेष्ठ स्थापित करने की कोशिश की। इन महाकाव्यों में परशुराम, जो ब्राह्मण थे, की कहानी जानी-मानी है। उन्होंने कई क्षत्रियों की हत्या की और राम, भीष्म और अन्य राजाओं के साथ उनके विवाद भी हुए। इससे स्पष्ट है कि भारत के इतिहास में किसी समय ब्राह्मणों को लगा कि उनकी श्रेष्ठता ख़तरे में थी। यह प्रतीत होता है कि ब्राह्मणों को यह चुनौती सरदारों और शासक वर्ग ने प्रस्तुत की। यह इसलिए कि वे एक अलग सिद्धांत के पक्ष में थे, जो कर्म और मोक्ष अर्थात पुनर्जन्म और मुक्ति के विचारों पर आधारित था। वे भौतिक लाभ के लिए देवताओं का आह्वान करने के विरुद्ध थे।

कुछ 2300 वर्ष पुराने अशोक के काल के शिलालेखों के अनुसार, ब्राह्मण और श्रमण भारत भर में पाए जाते थे। ब्राह्मण वे थे जो राजाओं के लाभ के लिए वैदिक अनुष्ठान कर देवताओं का आह्वान करते थे, जबकि श्रमण संन्यासी थे जो भूमि पर नहीं बल्कि अपने भीतर देखकर मन पर वश

करना चाहते थे। जबकि ब्राह्मण क्षत्रियों के साथ काम करते थे, कई श्रमण आचार्य स्वयं क्षत्रिय थे।

प्रत्येक जैन तीर्थंकर ने राजघराने में जन्म लिया, जैसे इक्ष्वाकु और हरिवंश राजवंशों में। बुद्ध भी इक्ष्वाकु राजवंश से थे। बौद्ध धर्म के प्रारंभिक समर्थक राजा थे, जैसे अशोक, मिलिंद और कनिष्क और बाद में तिब्बत, चीन, थाईलैंड, बर्मा और श्री लंका के शासक। उसी तरह, कई राजाओं ने जैन परंपराओं का समर्थन किया, जैसे राजा बिम्बिसार (श्रेणिक), राजा अजातशत्रु, राजा सम्प्रति, कर्नाटक के राष्ट्रकूट राजा, अमोघवर्ष, गुजरात के सोलंकी राजा, कुमारपाल, इत्यादि।

श्वेताम्बर जैनों के आख्यानों के अनुसार इंद्र ने महावीर का भ्रूण एक ब्राह्मण स्त्री के गर्भ से एक क्षत्रिय स्त्री के गर्भ में स्थानांतरित किया, जो

तीर्थंकर की प्रतिमा हमेशा राजसी प्रतीकों से घिरी हुई होती है, जैसे सिंहासन, छत्र, ध्वज, धान्य, सोने तथा रत्नों से भरे घड़ें, और याक की पूंछ से बने चमर पकड़े सेवक। यहां, आठवें तीर्थंकर, चंद्रप्रभा, चित्रित हैं।

अधिक अनुकूल गर्भ था। इससे क्षत्रियों की श्रेष्ठता का पता चलता है। जैन धर्म में तीर्थंकर की प्रतिमा राजसी प्रतीकों से घिरी हुई होती है, जैसे सिंहासन, तिहरी छत्र, याक की पूंछ से बना चंवर, ध्वज, रत्नों का ढेर, धान्य और सोने से लबालब घड़ा, और श्री-देवी। उसी तरह, जैन धर्म की प्रतीक-कथाओं और उसके रूपकों में राजसी शब्दों का प्रयोग किया गया है, जैसे 'जीन', जिसका अर्थ विजेता है और 'महावीर'।

बौद्ध और जैन आख्यानों में ईर्ष्या, घमंड और क्रोध जैसी भावनाओं को भयानक प्राणियों जैसे दर्शाया गया, जिनसे लड़ना आवश्यक था। और यह दिखाया गया कि बुद्ध भयानक प्राणी रूपी प्रलोभनों से ग्रस्त थे और जैन संन्यासियों ने इन प्रलोभनों पर विजय प्राप्त की। योद्धा शब्दावली से आध्यात्मिक खोज को वर्णित करना इस बात का स्पष्ट संकेतक है कि संन्यासी परंपराओं को न केवल क्षत्रियों से समर्थन मिला, बल्कि उनकी जड़ें क्षत्रियों के जगत में थीं।

31

गणिकाओं पर विचार

प्राचीन भारत की स्त्रियां तीन वर्गों में होती थीं: पतिव्रता गृहिणी, साध्वी और स्वतंत्र गणिका। हिंदू, बौद्ध और जैन आख्यानों में तीनों प्रकार की स्त्रियों का वर्णन है।

भारत में गणिकाओं के बारे में प्रारंभिक शिलालेखीय प्रमाण मथुरा के कंकाली टीला में, दूसरी सदी तक कालांकित है। इस शिलालेख से पता चलता है कि अदा, नदा, वसु और लोनाशोबिका जैसी महिलाओं ने जैन धर्म का समर्थन किया था। उन्होंने जैन अर्हतों के सम्मान में मंदिर (आयाग-सभा) बनाएं, पत्थर की पटियां (शिला-पाट) स्थापित कीं और तालाब बनाएं। उसी काल के एक और शिलालेख में गोविदासी और आर्यदासी जैसी नटि या नटिकाओं का उल्लेख है, जिन्होंने बौद्ध मठवासी संप्रदायों के लिए घेरे (प्रकर) और (मुखुदिका) बनाएं। यह शिलालेख सन्नति में स्थित है। राजा वरमलता (सन 625) के वसंतगदा शिलालेखों के अनुसार 7वीं सदी में बनाए गए दुर्गा मंदिर की एक हस्ताक्षरी बुत नामक गणिका थी। चोल साम्राज्य की एक नर्तकी, अनुककीयरा परवै ननकीयार, ने तिरुवरुर के मंदिर को सोना, तांबा और रत्न दान में दिए। 13वीं सदी में, पंढरपुर में पाए गए शिलालेख के अनुसार, विठोबा मंदिर के दो सौ दाताओं में में दो गणिकाएं भी थीं - विठानायकाची नायकी और पंडिताची नायकी हीरा।

कई शिलालेखों से पता चलता है कि 5वीं सदी से लेकर 13वीं सदी तक चालुक्य, राष्ट्रकूट और चोल राजवंशों के शासनकाल के के समय में जैन

जैन मंदिरों में कई प्रतिमाएं हैं जिनमें सेविकाएं तीर्थंकर द्वारा जैन मार्ग के खोजे जाने की ख़ुशी में नाचती और गाती हुई दिखाई देती हैं।

मंदिर, बौद्ध मठ और हिंदू मंदिरों का जीर्णोद्धार करने के लिए गणिकाओं ने भूमि (देवभोग) और व्याज निर्माण करने वाले स्थायी दान (अक्षय-दान) दिए। कई राजा गणिकाओं से प्रभावित थे, जिन्होंने उन राजाओं को जैन मंदिर (बसदि) बनाने के लिए प्रोत्साहित किया।

बौद्ध आख्यानों के अनुसार आम्रपाली और उपगुप्त जैसी गणिकाओं ने बुद्ध और उनके संघ का भरण पोषण किया। जैन आख्यानों में कोश नामक सुंदर गणिका का उल्लेख है, जो स्थूलभद्र से प्रेम करती थी और जिसने स्थूलभद्र के जैन धर्म अपनाने पर उनके संकल्प की प्रशंसा की। जब राजा अजातशत्रु ने वैशाली पर हमला किया, तब वे केवल इस कारण किले के भीतर जा पाए कि उनके कहने पर मघदिका नामक गणिका ने जैन साधु कुलवलक को लुभाया और उसके हाथों किले के भीतर स्थित चैत्यों को नष्ट करवाया।

13वीं सदी के बाद, स्वतंत्र प्रभावशाली गणिकाओं द्वारा किसी धर्म से संबंधित दान करने के हमें कोई शिलालेखीय उल्लेख नहीं मिले हैं। इस

काल में तुर्क और अफ़ग़ान सरदार भारत आए थे और देशभर में एक नई विश्व दृष्टि रूप ले रही थी। इसलिए, गणिकाओं ने मंदिरों में देवदासियों के रूप में आश्रय लेना शुरू किया। राजा, सुल्तान और कुलीन वर्ग के लोग भी बढ़ती मात्रा में उन पर नियंत्रण करने लगे। इसके बाद यूरोपीय औपनिवेशी शक्तियां भारत पर राज करने लगीं। यूरोपीय ईसाई थे, जो संभोग को पाप समझते थे और इसलिए उन्होंने गणिकाओं को नैतिक रूप से निंदनीय माना। इससे गणिकाओं का समाज में दर्जा और भी घट गया। 19वीं सदी से आज तक, इतिहास की सभी पाठ्य पुस्तकों में से गणिकाओं का नृत्य, संगीत, विलासी शिल्पों (जैसे फ़ैशन, कपड़े, परफ़्यूम, कॉस्मेटिक्स) और अर्थशास्त्र में योगदान की जानकारी निकाल दी गई है।

32

व्यापारियों पर विचार

प्राचीन काल से, भारत तथा दक्षिण पूर्वी एशिया और मध्य पूर्व के क्षेत्रों के बीच का व्यापार विश्वभर में प्रसिद्ध रहा है। लेकिन हिंदू ग्रंथों ने व्यापारिक अर्थशास्त्र को नकारा और कृषि अर्थशास्त्र को बढ़ावा दिया। पथ-कर के बजाय भूमि-कर को महत्त्व दिया गया। इसलिए, रामायण और महाभारत जैसे हिंदू महाकाव्यों में व्यापारियों का कोई उल्लेख नहीं है।

इसके विपरीत, बौद्ध धर्म और जैन धर्म में व्यापारियों को बहुत महत्त्व दिया जाता है। जैन व्यापारी भारत के पश्चिमी समुद्रतट पर पनपे, जबकि भारत के पूर्वी और दक्षिणी समुद्रतटों पर बौद्ध प्रभाव रहा। बौद्ध धर्मीय जहाज़ों से दक्षिणपूर्व एशिया गए। लेकिन उच्च जाति के हिंदुओं की तरह जैन व्यापारियों ने भी मध्य पूर्व तक समुद्री यात्रा को टाला, इस भय से कि वे दूषित हो जाएंगे। कई जैन व्यापारी भारत से मध्य पूर्व जाने वाले जहाज़ के या तो मालिक थे या उन्होंने उन्हें आर्थिक सहायता दी। राजस्थान के रेगिस्तान से दिल्ली तक के व्यापार मार्ग उनके नियंत्रण में थे। समुद्र और भूमि के ये मार्ग हड़प्पाई समय से रहे हैं। हमें इससे यह पता चलता है कि गुजराती भाषा पर इतना फ़ारसी प्रभाव क्यों है।

बौद्ध आख्यानों के अनुसार, सिद्धार्थ गौतम के बुद्ध बनने के बाद दो व्यापारियों ने उन्हें भोजन दिया। उन्होंने बुद्ध से कहा कि वे भिक्खु नहीं बन सके थे। बुद्ध ने उन्हें उपासक बनकर स्तूप बनाने के लिए कहा, जिसमें बुद्ध के अवशेष होंगे। बुद्ध ने उन्हें अपना केश दिया और अपने कटोरे को

उलटाकर भिक्खु के कपड़ों को तीन परतों में मोड़कर स्तूप की रचना भी दिखाई। ऐसी कई जातक कथाएं हैं जिनमें कई बुद्धिमान, चतुर और नैतिक व्यापारियों की कहानियां हैं जिन्होंने पहचान लिया कि वे किसी अगले जन्म में बुद्ध बनेंगे।

जैन आख्यानों में भी उन व्यापारियों का गुणगान किया गया जिन्होंने अपने धन से जैन साधुओं को खिलाकर, उन्हें चातुर्मास में आश्रय देकर और जैन मंदिरों का निर्माण कर जैन धर्म के प्रचार में मदद की। जैन व्यापारी गणित, अर्थव्यवस्था और लेखा शास्त्र के कई सिद्धांतों के विकास से जुड़े हैं। ये सिद्धांत अरबों के माध्यम से विश्वभर में फैले, जिन्होंने जैनों का व्यापार में साथ दिया था और जो जैनों के विपरीत समुद्री यात्रा करने के लिए तैयार थे। पाप और पुण्य की धारणा से विपत्र, वचनपत्र, हुंडी (भारत में) और हवाला (मध्य पूर्व में) जैसे नवाचार उभरें। सांप और सीढ़ी के खेल की जड़ें भी इसी में हैं। 13वीं सदी के महान व्यापारी, जगदु-सेठ के जहाज़ मध्य पूर्व तक यात्रा करते थे। अपनी सफलता से उसने अन्य व्यापारियों के लिए न केवल जैन मंदिर बनाएं बल्कि हिंदू मंदिर और मस्जिद भी बनाएं। एक अकाल में उसने इतना धान्य जमा किया कि उसने पड़ोस के राज्यों को भी बिना किसी रुकावट के धान्य बांटा, इस पर विचार किए बिना कि उनके राजा जैन धर्म का आदर करते थे या नहीं।

उसने दिल्ली सल्तनत की भी मदद की। एक कहानी के अनुसार उसे पता चला कि चूँकि हरसिद्धि माता समुद्र तट के बग़ल के पहाड़ पर स्थित अपने मंदिर से ग़ुस्से से समुद्र की ओर देखती थी, इसलिए वहां जहाज़ डूब रहे थे। इसे रोकने के लिए उसने माता से पहाड़ के तल पर आने का अनुरोध किया। माता मान गईं, लेकिन उन्होंने मांग रखी कि उनके प्रत्येक कदम के लिए एक महिष की बलि चढ़ाई जानी चाहिए। हालाँकि जगदु-सेठ जैन था, अन्य व्यापारियों के भले के लिए उसने भैंसों की बलि चढ़ाई। इससे माता इतनी प्रभावित हुईं कि उन्होंने घोषणा की कि व्यापारी की प्रतिमा

उनके मंदिर में तराशी जानी चाहिए, ताकि लोग व्यापारी की उदारता के बारे में जान सकें। माता शाकाहारी भी बन गईं और उन्होंने अपने मंदिरों में पशु बलि वर्जित की।

अकबर के समय, सोमचंद और सवाचंद नामक व्यापारियों का मध्य पूर्व तक समुद्री व्यापार चलता था। दोनों व्यापारी एक दूसरे को जानते नहीं थे लेकिन उन्होंने एक दूसरे के बारे में सुना अवश्य था। एक बार, बारिश के मौसम में, सोमचंद के जहाज़ लापता हो गए। यह जानकर उसके ऋणदाता व्याकुल हुए। उनका ऋण चुकाने के लिए सोमचंद को अपनी निजी संपत्ति बेचनी पड़ी। फिर, वहां के राजा ने उससे एक लाख रुपए मांगें जो उन्होंने सोमचंद को उधार में दिए थे। सोमचंद की आर्थिक स्थिति इतनी अस्थिर थी कि उसने राजा को सवाचंद के नाम का झूठा वचनपत्र दिया। वचनपत्र देखकर सवाचंद दंग रह गया। स्पष्ट रूप से वह फर्जी वचनपत्र था। सोमचंद ने ऐसा क्यों किया था? फिर उसने वचनपत्र पर आंसू की दो बूंदें

मणिभद्र यक्ष, निधि का रक्षक।

देखीं और समझ गया कि सोमचंद ने ऐसा इसलिए किया था कि उसके पास और कोई चारा नहीं था। इसलिए सवाचंद ने राजा को एक लाख रुपए दे दिए। कुछ महीनों बाद, सोमचंद के जहाज़ लौट आए उसे ढेर सारा लाभ हुआ। वह तुरंत सवाचंद को उसके पैसे लौटाने गया। तब सवाचंद ने कहा कि उसके खाते में सोमचंद के साथ कोई सौदा दर्ज नहीं था और इसलिए उन एक लाख रुपयों पर उसका कोई अधिकार नहीं था। यह सुनकर सोमचंद को पश्चाताप हुआ और उसने हठ किया कि सवाचंद उससे पैसे ले लें। लेकिन सवाचंद ने तर्क किया कि वास्तव में वह सोमचंद का ऋणी है और उसे दूसरे आंसू की बूंद के लिए एक लाख रुपए और देने चाहिएं। इस प्रकार, सोमचंद ऋण चुकाना चाह रहा था और सवाचंद 'आंसू की बूंद' का मूल्य चुकाना चाह रहा था। जब यह मामला जैन सभा के सामने प्रस्तुत हुआ तब वे दोनों व्यापारियों की उदारता, दयालुता और ईमानदारी से इतने प्रभावित हुए कि उन्होंने दोनों से अनुरोध किया कि वे पालीताना में तंक बनाएं, जो पहाड़ पर स्थित जैन मंदिरों का घेरा होता है। सवा-सोमजी तंक आज भी उधर स्थित है।

शाहजहां के समय में एक व्यापारी जैन मंदिर बना रहा था, लेकिन उसने मंदिर को अधूरा छोड़ा, यह कहकर कि उसके पास पर्याप्त पैसा नहीं था। तब अन्य जैन व्यापारियों ने मिलकर मंदिर बनाया। अंत में, इस व्यापारी ने सभी को बताया कि वह मंदिर केवल अपने पैसों से नहीं बनाना चाहता था, चूँकि वैसा करने से केवल उसे मंदिर बनाने का श्रेय दिया जाता। वह चाहता था कि मंदिर का निर्माण सामूहिक कार्य बने, जिससे सभी का लाभ हो और संपूर्ण व्यापारी समुदाय साथ आए।

एक बार एक नि:संतान जैन व्यापारी ने माउंटआबू पर मंदिर बनाया, इस आशा में कि उसे संतान होगी। एक दिन, वह और उसकी पत्नी एक कुएं से पानी निकाल रहें थे। कुआं बनाने वाले

जैन आख्यानों में मध्य पूर्व से व्यापार करने वाले भारतीय नाविकों और व्यापारी जहाज़ों का अब भी उल्लेख है।

व्यापारी के शजों ने उनसे पानी के लिए शुल्क मांगा। वे नहीं चाहते थे कि कुछ इसी तरह उनके बच्चे भी उनके मंदिर से मुनाफ़ा कमाए। इसलिए उन्होंने नि:संतान रहने का निर्णय लिया।

शैलभद्र का जन्म धनवान व्यापारियों के परिवार में हुआ था। उसकी बत्तीस पत्नियां थी। उसे लगता था कि वह सर्वश्रेष्ठ है, जब एक दिन उसकी माँ ने उसे राजा के सामने झुकने के लिए कहा। वह जान गया कि अपनी संपत्ति के बावजूद वह स्वतंत्र नहीं था और इसलिए उसने सच्ची स्वतंत्रता की खोज में अपनी संपत्ति और पत्नियों को त्याग दिया और जैन साधु बन गया। संभवत: जैन व्यापारियों और साधुओं का उद्यमी स्वभाव स्वतंत्र बनने की मानवीय इच्छा से आता है।

33

साध्वियों पर विचार

भारत की सभी मठवासी परंपराओं में पुरुषों को स्त्रियों से अधिक महत्त्व दिया जाता है। बुद्ध, जो बौद्ध विश्व दृष्टि के स्रोत हैं, को हमेशा पुरुष के रूप में दिखाया जाता है। उसी तरह, जैन धर्म में तीर्थंकर को भी पुरुष रूप में ही दिखाया जाता है। नाथ योगियों के गुरु, दत्तात्रेय और दत्तात्रेय के नौ अनुयायी सभी पुरुष थे। इसमें कुछ अपवाद भी हैं। चीन में महायान बौद्ध धर्म की बोधिसत्त्व, गुआनयेन, स्त्री हैं। तांत्रिक परंपराओं में, कुछ स्त्री आचार्या अवश्य पाई जाती हैं। श्वेताम्बर जैनों में, 19वें तीर्थंकर, मल्ली को स्त्री का शरीर है। लेकिन, अधिकतर हम पाते हैं कि पुरुष शरीर को विशेषाधिकार दिया जाता है।

ऐसा क्यों है यह समझने के लिए हमें तंत्र में पुरुष और स्त्री शरीर की समझ जाननी होगी। प्राचीन काल में यह मान्यता थी कि स्त्रियों में पुरुषों से अधिक कामुक इच्छा होती है और इसलिए गृहस्थी और सांसारिक विश्व को त्यागना स्त्रियों के लिए कठिन होता है। लम्पट गणिकाओं और व्यभिचारी गृहिणियों की कहानियों ने इस सिद्धांत को बढ़ावा दिया। इसलिए महिलाओं को साध्वियां बनने से रोका गया। दूसरा कारण कीमिया से संबंधित था। यह मान्यता थी कि पुरुषों में होने वाले वीर्यपात के विपरीत महिलाओं में मासिक धर्म के समय ख़ून का बहाव उनके नियंत्रण के बाहर होता है। इतना ही नहीं, पुरुषों का वीर्य न केवल शरीर में रोककर रखा जा सकता है बल्कि उसे मेरूदंड से होकर ऊपर की ओर ढकेला जा सकता है, जिससे उस पुरुष

को सिद्ध शक्तियां मिलती हैं। इसलिए बौद्ध और जैन धर्मों में साधुओं का साध्वियों से उच्च दर्जा है।

कहते हैं कि बुद्ध नहीं चाहते थे कि भिक्खुनियाँ बौद्ध संघ का भाग बनें। लेकिन अपनी सौतेली माँ को उनके पति की मृत्यु पर रोते हुए देखकर वे समझ गए कि महिलाओं के लिए व्यथा उतनी ही गहरी होती है जितनी कि वह पुरुषों के लिए होती है। फिर उन्होंने महिलाओं को संघ का भाग बनने दिया। लेकिन, रही बात बौद्ध धर्म में मठवास के अनुशासन (विनय) की, भिक्खुओं की तुलना में भिक्खुनियों के लिए कई अधिक नियम हैं। यह इस मान्यता के कारण कि महिलाएं प्रलोभित करती हैं और उन पर अधिक नियंत्रण आवश्यक है।

हालाँकि जैन परंपरा में मठों में रहने वाली महिलाएं (आर्यिका, साध्वी, श्रमणी) हमेशा से रही हैं, वे हमेशा से साधुओं से तुच्छ मानी गई हैं। यह मान्यता है कि साधु तीन वर्षों में आचार्य बन सकता है, लेकिन साध्वियों को आचार्या बनने में तीस वर्ष लगते हैं। अपनी आध्यात्मिक यात्रा पर साधुओं को अपने कपड़े त्यागने की अनुमति थी, लेकिन साध्वियों को वह करना मना था। पुरुष महिलाओं को सिखा सकते थे, लेकिन महिलाएं पुरुषों को नहीं सिखा सकती थीं।

महावीर को खिलाने से मिली ख़ुशी के बाद चंदना, जो एक राजकुमारी थी और जिसे बंदी बनाकर प्रताड़ित किया गया था, ने कटु बनने के बजाय जैन साध्वी बनना चुना।

दिगम्बर जैनों का मानना है कि जैन मार्ग को अपनाकर मुक्ति पाने वाले पहले व्यक्ति एक पुरुष थे जिनका नाम बाहुबली था। श्वेताम्बर जैन मानते हैं कि यह

व्यक्ति एक महिला अर्थात मरू-देवी थीं। दिगम्बर जैन मानते हैं कि केवल उन्नीस तीर्थंकर विवाहित थे, जबकि श्वेताम्बर जैन मानते हैं कि बाईस तीर्थंकर विवाहित थे। तीर्थंकरों ने गृहस्थी के अपने सभी कर्तव्य निभाएं और फिर विश्व को त्याग दिया। दिगम्बर पंथ अधिक रूढ़िवादी है और उसमें साध्वियों से अधिक साधु हैं। श्वेताम्बर पंथ में हालाँकि साध्वियां अधिक हैं, केवल साधु अन्य मठवासियों का नेतृत्व कर सकते हैं।

महिलाओं ने भारतभर के बौद्ध स्तूपों और जैन मंदिरों में दान दिया। बौद्ध और जैन आचर्याओं की भी कई कहानियां हैं। तमिल साहित्य में कुण्डलकेशी नामक धनवान महिला की कहानी है, जिसने एक चोर से विवाह किया, और फिर जान गई कि चोर उसकी हत्या कर उसके पैसे चुराना चाहता था। वो बौद्ध भिक्खुनी बन गई और महान विद्वान भी और उसने जैन विद्वानों सहित अन्य विद्वानों के साथ बौद्ध धर्म की श्रेष्ठता साबित करने के लिए तर्क-वितर्क किया। जैन धर्म में ऐसी ही एक कहानी है, जहां नीलकेशी नामक देवी जैन शिक्षिका बन गईं और उन्होंने कई बौद्ध आचार्यों और बुद्ध के साथ तर्क-वितर्क किया।

हरिभद्र नामक विद्वान ने घोषणा की कि विश्व में ऐसा कोई वाक्य नहीं था जो वह नहीं समझ सकता था। लेकिन फिर, एक जैन साध्वी और आचार्या, यकिनि के वाक्य वह नहीं समझ सका। यकिनि 64 जैन शलाका पुरुषों के कृत्यों की बात कर रही थी। हरिभद्र ने यकिनि से उसकी आचार्या बनने की विनती की। चूँकि जैन साध्वियां पुरुषों को सीखा नहीं सकती थीं, यकिनि ने उसे जैन साधु के पास भेजा। साधु ने हरिभद्र को छात्र के रूप में स्वीकार किया, लेकिन उसे जैन मार्ग स्वीकारना आवश्यक था। हरिभद्र के भांजों ने चोरी-छिपे बौद्ध मठ में सीखने की कोशिश की। लेकिन वे पकड़े गए और उन्हें मारा गया। क्रोध में हरिभद्र ने बौद्धों को तर्क-वितर्क के लिए चुनौती दी। वह जीत गया और उसने बौद्ध भिक्खुओं को जलते तेल में कूदने के लिए मजबूर किया। इसके बारे में जानकर, यकिनि ने हरिभद्र को

ब्राह्मी, जिसने विश्व को अक्षर सिखाए, और सुंदरी, जिसने विश्व को अंकों के बारे में सिखाया, दोनों पहले तीर्थंकर की बेटियां थीं और साध्वियां थीं।

समझाया कि ज्ञान का प्रयोग किए बिना वह ज्ञान व्यर्थ है। जैन साधु जानते हैं कि व्यथा पिछले कर्मों का परिणाम है और क्रोध से भविष्य के कर्म निर्मित होते हैं। इसलिए, यदि वह क्रोधित हो जाएगा, वह कभी मुक्त नहीं होगा। हरिभद्र को अपनी ग़लती का एहसास हुआ और वह अपने आप को यकिनि-पुत्र अर्थात यकिनि का आध्यात्मिक पुत्र कहने लगा।

तमिल महाकाव्य, शिल्लपदिकारम में जैन साध्वियों और शिक्षिकाओं का उल्लेख है, जिन्होंने मदुरै तक यात्रा कर रहे नायक और नायिका का साथ दिया। उसी तरह, बौद्ध महाकाव्य, गंदव्यूह में एक साधक का उल्लेख है, जो कई बौद्ध आचार्यों से मिला, जिनमें से आधी महिलाएं थी। इनमें बुद्ध की पत्नी, माँ और उनके अलावा एक गणिका का समावेश था। इन कहानियों से पता चलता है कि प्राचीन और मध्य युगीन काल में बौद्ध और जैन धर्मों में हालाँकि महिलाओं का निचला दर्जा था, उनकी प्रभावशाली भूमिका रही थी।

जैन प्रथाएं

34

भोजन पर विचार

मठवासी परंपराओं में भोजन और उपवास की महत्त्वपूर्ण भूमिकाएं हैं। बौद्ध आख्यानों से हमें पता चलता है कि कैसे सुजाता ने गौतम को चावल की खीर खिलाकर भूखा मरने से बचाया था। जैन आख्यानों के अनुसार, ऋषभ-देव ने अपना एक वर्ष चल रहा उपवास हस्तिनापुर के राजा श्रेयांस द्वारा दिए गए गन्ने का रस पीकर तोड़ा।

भोजन से हमें पोषण भले ही मिलें, लेकिन उसे प्राप्त करने के लिए हिंसक बनना पड़ता है जिस कारण उससे हमारे मन पर भी प्रभाव होता है। इसलिए, भोजन को लेकर कई जैन कहानियां और प्रथाएं हैं।

एक ब्राह्मण और उसके बेटे ने बारहवें चक्रवर्ती, ब्रह्मदत्त से कहा कि वे राजमहल के रसोईघर में पकाया खाना खाना चाहते थे, जो योद्धाओं के लिए बनता था। ब्रह्मदत्त ने उन्हें बताया कि ब्राह्मणों को उनके समुदाय के लिए बना खाना खाना चाहिए, जो उनके स्वभाव और पेशे के लिए अनुकूल होगा, और केवल राजाओं को राजसी खाना खाना चाहिए। यदि ब्राह्मण राजाओं के लिए बना खाना खाएंगे, उनमें आवेग निर्मित होंगे, जिन पर उनका कोई नियंत्रण नहीं होगा। लेकिन ब्राह्मण ने हठ किया, जिस कारण ब्रह्मदत्त ने उसे राजसी खाना दिया। भोजन करने पर जिसका डर था वही

जैन आख्यानों के अनुसार, ऋषभ-देव ने अपना एक वर्ष चल रहा उपवास हस्तिनापुर के राजा श्रेयांस द्वारा दिए गए गन्ने का रस पीकर तोड़ा।

हुआ - ब्राह्मण में अत्यधिक और विकृत कामुक इच्छाएं जाग्रत हुईं। उसने और उसके बेटे ने अपने घर की सभी स्त्रियों के साथ संभोग किया: माँओं, बेटियों और बहुओं के साथ। अगले दिन, लज्जित होकर सभी स्त्रियां भाग गईं। ब्राह्मण ने राजा को इसका दोषी ठहराया। ग़ुस्से में उसने चरवाहे के हाथों गुलेल से राजा की आँखों में नुकीले पत्थर मरवाए। ब्रह्मदत्त अँधा हो गया। फिर उसने आदेश दिया कि राज्य के सभी ब्राह्मणों की हत्या की जाए और उनकी आँखें नोंचकर उसे खाने के लिए परोसी जाएं। इस घोर अपराध को रोकने के लिए, ब्रह्मदत्त के मंत्रियों ने ब्रह्मदत्त के सामने आलुबुखारों का ढेर रखा (जिनका गाढ़ापन आँखों जैसे होता है), और वह अपना शेष जीवन उन्हें कुचलता रहा। अँधा किए जाने पर उनका ग़ुस्सा इतना भयानक था। जब ग़लत खाना परोसा जाता है, तब यही होता है। यह कहानी 12वीं सदी में हेमचंद्र द्वारा लिखे गए संस्कृत महाकाव्य, तिशष्टि शलाक पुरुष चरित, से है और वह इस भारतीय विश्वास की ओर ध्यान आकर्षित करती है कि लोगों को अपने पेशे के अनुसार खाना खाना चाहिए।

11वीं सदी में प्रद्युम्नसूरी द्वारा प्राकृत में लिखे मूलशुद्धिप्रकरण की एक जैन कथा में 'गज तपस्वियों' का उल्लेख है, जो इस बात में विश्वास करते

थे कि प्रत्येक भोजन के लिए किसी प्राणी को मारने के बजाय एक गज को मारकर उसका मांस कई दिनों तक खाना बेहतर था। उनका मानना था कि ऐसा करने से वे कम प्राणियों को मरेंगे और अधिक अहिंसक बन जाएंगे।

विश्वभर के समुदाय तरह-तरह के खाद्य पदार्थ खाते हैं और उन्हें लेकर उनके नियम भी अलग होते हैं - हिंदू गायों का मांस नहीं खाते हैं, मुसलमान सूअर का मांस नहीं खाते हैं, यहूदी केवल 'कोशर' खाना खाते हैं, वीगन लोग मांस नहीं खाते और दूध व उससे उत्पादित पदार्थ भी नहीं खाते हैं। उसी तरह, जैनों की भी भोजन से सम्बंधित कुछ विशिष्ट आदतें हैं। वे जो शाकाहार का पालन करते हैं उसमें कुछ विशिष्ट फल और सब्ज़ियों का सेवन भी वर्जित है। वे कहते हैं कि इससे स्वास्थ्य और पारिस्थितिकी को लाभ होता है। लेकिन इसके लिए सबसे महत्त्वपूर्ण कारण यह है कि खाने की इन आदतों के माध्यम से उनके विश्वास व्यक्त होते हैं और यह उनके समुदाय की पहचान बन जाती है। इस प्रकार, खाद्य की आदतें उनके समाज और राजनीति को निर्मित करने का एक महत्त्वपूर्ण साधन है।

कई जैन ग़ैर-जैन घरों या मांसाहारी घरों में नहीं खाते हैं इस भय से कि वे दूषित हो जाएंगे। प्राचीन काल में इस प्रथा को बनाए रखना आसान था, क्योंकि विभिन्न समुदाय और जातियां किसी गांव या शहर के विभिन्न भागों में रहती थीं और साथ-साथ समाज में एक अलिखित नियम होता था कि कोई किसी दूसरे के साथ भोजन नहीं बांटेगा। लेकिन आधुनिक काल में, इस प्रकार का पृथक्करण निंदनीय माना जाता है। इसलिए, जैन समुदाय के लोगों को मांसाहारियों के बीच रहने में परेशानी होती है। इसलिए, अब ऐसी बिल्डिंगें होती हैं जहां केवल जैनों को और शाकाहारियों को रहने की अनुमति है। लेकिन यह विविधता और समावेश के सिद्धांतों के विरुद्ध है।

बुद्ध ने नशीले पदार्थों का सेवन वर्जित किया और भिक्खुओं को दिन में केवल एक बार खाने के लिए प्रोत्साहित किया। लेकिन क्या खाना है और क्या नहीं इसके बारे में उन्होंने कोई कठोर नियम स्थापित नहीं किए। वास्तव

में, बुद्ध के भाई, देवदत्त ने उनका विरोध किया और मांग की कि बौद्धों को शाकाहार का कड़ा पालन करना चाहिए। लेकिन बुद्ध मानते थे कि भिक्षा में जो भी मिले वह खाना चाहिए, इस प्रतिबंध का पालन करते हुए कि कोई प्राणी विशिष्ट रूप से भिक्खुओं के लिए मारकर पकाया नहीं गया हो।

इसके विपरीत, जैनों ने हमेशा से अहिंसा पर ज़ोर दिया है और इसलिए उसने उनकी खाद्य आदतों को भी आकार दिया है। इस मामले में वह बौद्धों और हिंदुओं से अलग हैं। जैन आख्यानों के अनुसार, वैदिक अनुष्ठानों के लिए प्राणियों की सामूहिक बलि चढ़ाई जाती थी। इन अनुष्ठानों में भाग न लेकर और उनकी निंदा करने से जैनों ने ब्राह्मणों से अपनी अलग पहचान बनाई, जिससे ब्राह्मण उनसे ग़ुस्सा हुए।

जैन विश्वदृष्टि के अनुसार, सभी जीव उनमें इंद्रियों की मात्रा के आधार पर वर्गीकृत किए जा सकते हैं:

- पेड़ पौधों में एक इंद्रिय होती है।
- कीड़ों में दो इंद्रियां होती हैं।
- चींटियों, जूंओं और दीमकों में तीन इंद्रियां होती हैं।
- मधुमक्खियों और ततैयों में, जो उड़ सकते हैं, चार इंद्रियां होती हैं।
- प्राणियों, पंछियों और मनुष्यों में पांच इंद्रियां होती हैं।

जैनों को वो खाद्य पदार्थ खाने की अनुमति है, जिसमें एक इंद्रिय होती है। इस प्रकार वे केवल पेड़ पौधे खा सकते हैं और वो भी धरती के ऊपर उगने वाले पेड़ पौधे। लहसुन, अदरक, टैपिओका और गाजर जैसी जड़ें और कंद खाना वर्जित है। रूढ़िवादी जैन बैंगन और अंजीर भी नहीं खाते हैं क्योंकि उनके भीतर कई बीज होते हैं और हर एक बीज में एक जीव होता है। किण्वित खाद्य पदार्थ, शराब, शहद और मशरुम भी वर्जित हैं। बासी

खाना भी नहीं खाया जाता है, क्योंकि अक्सर उसमें फ़न्गस जैसे नए जीव जीवित हो जाते हैं।

जैन धर्मीय सूरज ढलने से पहले खाना पसंद करते हैं ताकि वे अँधेरे में ग़लती से किसी प्राणी को मार न डालें। धरती पर चलने से पहले साधु उस पर झाड़ू मारते हैं ताकि वे कीड़ों और पिस्सुओं को कुचल न दें। वे अपने मुँह ढकते हैं ताकि सांस लेते समय वे ग़लती से कीटों को मार न डालें। इसका अर्थ यह है कि जैन धर्मियों के लिए स्वच्छता बहुत महत्त्वपूर्ण है, क्योंकि अस्वच्छ घर में कीट जमा होंगे, जिससे कीटनाशकों का इस्तेमाल करना पड़ सकता है, जिनका प्रयोग जैन धर्म में वर्जित है। फ़न्गस, खमीर और हरी पत्तियों वाली सब्ज़ियों का सेवन भी मना है। पानी को हमेशा छानकर पीया जाता है, ताकि उसमें यदि कोई जीव गिर गए हों तो उन्हें निकाला जा सकें।

चूँकि जैन धर्म में उपवास करना महत्त्वपूर्ण है, खाने को आसक्ति माना जाता है और इसलिए कम से कम खाना खाना अपेक्षित है। श्वेताम्बर जैन साधु भोजन प्राप्त करने के लिए अपने पास कटोरे रखते हैं। दिगम्बर जैन साधुओं को उसकी भी अनुमति नहीं है, और वे केवल वो खा सकते हैं जो उनकी हथेली में बैठता है।

यहां उद्देश्य केवल विशिष्ट खाद्य पदार्थों का सेवन नहीं करना है; उद्देश्य है कम खाना और कम से कम उपभोग करना। इससे समाज कम हिंसक बनेगा। जैन साधुओं के अनुसार उपभोग केवल खाना खाने से जुड़ा हुआ नहीं है। खाना इंद्रियों, मन और अहंकार को तृप्त करने वाले सभी वस्तुओं के लिए रूपक भी है।

35

उपवास पर विचार

एक बार एक राजा ने एक परभक्षी को शिकार करने से रोका। तब उस प्राणी ने राजा से पूछा कि यदि वह शिकार नहीं करेगा तो वह खाएगा क्या और अंततः जीवित कैसे रहेगा। तब राजा समझ गया कि हिंसा और भक्षण में निकट का संबंध है। हम पूर्णतः अहिंसक केवल तब बन सकते हैं जब हम उपभोग करना भी पूर्णतः रोक देते हैं। इसलिए, जैन साधु भूख को वश में करने के कड़े प्रयास करते हैं, ताकि वे इतना संतुष्ट बन सकें कि उनमें भोजन के लिए तड़प ही न जगे। इस जैन प्रथा से अपरिचित लोगों को संभवतः लगता है कि जैन साधु खुद को भूखा रखकर मृत्यु स्वीकार कर रहे हैं।

सभी जीवों के जीवित रहने का उद्देश्य अपने लिए खाद्य पाना है। मनुष्य असुरक्षा का अनुभव करते हैं और इसलिए वे खाद्य का संचय भी करते हैं। इससे हम संसार और पुनर्जन्म के चक्र में बंध जाते हैं। इस चक्र से बचने का एकमात्र मार्ग संचय करने की प्रवृत्ति और खाद्य के साथ ग्रस्त होने को वश में करना है। इसलिए, जैन धर्म में उपवास करना और अतिसंयम का पालन करना मूलभूत प्रथाएं हैं।

जबकि बौद्ध धर्म ध्यान करने और बुद्धि के उपयोग पर ज़ोर देता है, जैन धर्म विश्व त्याग को महत्त्व देता है। उपवास करना इसका एक महत्त्वपूर्ण भाग है। ये कुछ इस प्रकार किया जा सकता है - दिन में एक बार भोजन न करने या कुछ विशिष्ट प्रकार के खाद्य पदार्थ न खाने से, या एक या दो

दिन के लिए पानी न पीने से; या लंबी अवधि के लिए भोजन न करने से, जैसे दिन में केवल एक बार या दो दिन में केवल एक बार भोजन करने से।

इसे हम खड़े होकर खाना खाने, बिना किसी बर्तन के खाना खाने, इत्यादि आदतों से कर सकते हैं।

उपवास करने के सबसे तीव्र रूप में तब तक उपवास किया जाता है जब तक कि शरीर का अस्तित्व रुक न जाए और जीव को मुक्ति नहीं मिल जाए। इस प्रथा को सल्लेखना या संथारा कहते हैं। आधुनिक काल में इसे आत्महत्या करना माना जाता है। आत्महत्या करना घोर पाप और कानूनन अपराध है। इसलिए, सल्लेखना की प्रथा विवादास्पद है। लेकिन सल्लेखना आत्महत्या से अलग है। खाद्य की आवश्यकता को वश में कर लेना अपने जीवन से भागकर आत्महत्या करने से अलग है। प्राचीन भारत की यह आध्यात्मिक प्रथाएं आधुनिक काल में जीवन और मृत्यु के विचारों के विरुद्ध हैं।

कहते हैं कि 2300 वर्ष पहले जब यूनानी भारत आए, तब सिकंदर आमरण उपवास करने वाले नग्न ज्ञानी साधुओं से मिला। उनमें से एक, कलानुस, सिकंदर के साथ लौटा। जब वह बीमार पड़ा तब उसने अग्नि में चलकर अपने शरीर का अंत करने का निर्णय लिया। कुछ लोग मानते हैं कि यह एक जैन साधु था।

अपने आप को जलाकर मारने की प्रथा जैन धर्म में असामान्य है। लेकिन स्वेच्छा से मृत्यु को स्वीकारना प्राचीन भारतीय परंपराओं का भाग अवश्य रहा है। उदाहरणार्थ, राम ने अपने राजसी कर्तव्य निभाने के बाद नदी में चलकर, बाहर नहीं आकर स्वेच्छा से अपने जीवन का अंत किया। पांडवों ने अपने कर्तव्य निभाने के बाद शहर छोड़कर, खाना-पीना रोक दिया, और हिमालय चढ़ते-चढ़ते उनकी मृत्यु हुई। भारतीय आध्यात्मिक परंपराएं मृत्यु को शांतिपूर्ण स्वीकारने पर बहुत ज़ोर देती हैं। 1500 वर्ष पहले तमिल में रचे गए संगम काव्य में राजाओं द्वारा आमरण उपवास करने के उल्लेख हैं। जब ये राजा जीवन में उद्देश्य खो देते थे या जब उनके बेटे आपस में लड़ते

कर्नाटक में पाए गए निषिधि नामक पत्थर की शिल्पकृति में साधु के आमरण उपवास का स्मरण किया जाता है।

थे या उनसे विद्रोह करते थे तब राजा उत्तर की ओर मुड़कर मृत्यु स्वीकारते थे। कवि और दरबारी उनके साथ उपवास रखते थे। संभवतः सल्लेखना की प्रथा यहां से शुरू हुई होगी।

जैन आख्यानों में अर्जुन-माली नामक माली का उल्लेख है। अपनी पत्नी का छह पुरुषों के हाथों बलात्कार होते हुए देखकर वह क्रोधोन्मत्त हो गया। एक यक्ष उसके शरीर में घुस गया और अर्जुन-माली ने सारे पुरुषों और अपनी पत्नी की हत्या कर दी। उसके बाद, उसने हर दिन छह पुरुषों और एक स्त्री की हत्या करने की कोशिश की। इससे उसके गांव में आतंक मच गया। एक दिन उसने एक जैन व्यापारी को मारने की कोशिश की। व्यापारी जान गया कि अब उसका मरना निश्चित था और इसलिए उसने आमरण उपवास करने की प्रतिज्ञा ली, और शांतिपूर्वक अर्जुन-माली के सामने बैठ गया। इस अनपेक्षित प्रतिक्रिया ने अर्जुन-माली को हिलाकर रख दिया और उसका प्रकोप चला गया। वह जानना चाहता था कि इस शांतता का कारण क्या था। व्यापारी ने उसे महावीर से मिलकर जैन धर्म को सीखने के लिए कहा।

भारत भर ऐसे कई स्थल हैं, जैसे पत्थर के पर्वतों और टेकड़ीयों में गुफ़ाएं, जहां जैन धर्म का पालन करने वाले ऋषियों, आचार्यों यहाँ तक कि राजाओं ने सल्लेखना किया। जैन साधुओं को समर्पित प्रारंभिक गुफ़ाएं ओडिशा, आंध्र प्रदेश और तमिलनाडु में पाई जाती हैं। संभवतः, इन गुफ़ाओं में जैन साधुओं ने आमरण उपवास किया होगा। बिहार में 'बराबर गुफ़ाएं' आजीविका साधुओं को समर्पित थी जो कुछ ऐसी ही प्रथाएं करते थे। कर्नाटक में इन स्थलों को 'निषिधि' कहते हैं और वहां का जैन समुदाय उन्हें पूजता है। जैन आख्यानों के अनुसार, वैशाली के राजा चेतक ने तब सल्लेखना किया जब अजातशत्रु ने उसकी सेना को हराकर वैशाली पर आक्रमण किया। मौर्य राजवंश के संस्थापक, चंद्रगुप्त मौर्य और उनके आचार्य, भद्रबाहु ने श्रवणबेलगोला के पास सल्लेखना किया। लगभग 800 वर्ष पहले, इंद्र IV और अन्य राष्ट्रकूट राजाओं ने भी सल्लेखना किया।

हमें सल्लेखना को बढ़ा-चढ़ाकर नहीं दिखाना चाहिए, हालाँकि प्राचीन भारत में सल्लेखना करने वाले ऋषियों की याद में स्मारक बनाए गए। शूरवीर वो थे जो युद्ध में मारे जाते थे या अपने गांवों को जंगली प्राणियों और डाकुओं से बचाते हुए मारे जाते थे। लेकिन जो संत भूखे मरने के भय और भूख के पार जाकर भोजन ग्रहण करना बंद करता था वह अन्य सभी शूरवीरों से श्रेष्ठ माना जाता था। लोग उसे परमात्मा मानकर उसकी पूजा करते थे। हालाँकि भोजन त्याग देना एक बहुत सख़्त कदम है पर संभवतः इन प्रथाओं का उद्‌देश्य यह है कि मनुष्य तटस्थता, संतुष्टता, असंचय और उदारता का मूल्य समझे। इनसे हमें याद दिलाया जाता है कि हम हमारी संपत्ति को मरणोपरांत अपने साथ नहीं ले जा सकते हैं।

36

त्याग पर विचार

लोग कई कारणों के लिए साधु बनते हैं। ईसाई धर्म में संभोग को पाप माना जाता है, जो हमें परमात्मा से दूर और डेविल के पास ले जाता है। इसलिए, उसमें मठवास शुरू हुआ। सूफ़ी और भक्ति परंपराओं में ब्रह्मचर्य के माध्यम से परमात्मा के प्रति प्रेम व्यक्त किया जाने लगा। बौद्ध धर्म में मठवास तब शुरू हुआ जब बुद्ध जान गए कि गृहस्थ जीवन मनुष्यों को संसार की व्यथा में फंसा देता है। जैन धर्म के अनुसार, मठवास से शारीरिक और सामाजिक संबंधों में फंसी आत्मा को मुक्ति मिलती है। उपभोग, आसक्ति और संचय के विश्व में हिंसा भी कभी रुकती नहीं है। इसलिए, संपत्ति, परिवार और भूख के त्याग से ही हिंसा पूर्णतः रुक सकती है।

जैन धर्मीय हमेशा से चार समूहों में बंटे हैं: गृहस्थ (श्रावक), गृहिणी (श्राविका), मठवासी (श्रमण/ साधु) और मठवासिनी (श्रमणी/ साध्वी)। संन्यासी भूख को वश में करने का प्रयास करता है जबकि गृहस्थ उदार बनने का प्रयास करता है। गृहस्थ और गृहिणियां साधुओं को भिक्षा देते हैं और बच्चे पैदा करते हैं ताकि जैन धर्म पीढ़ी दर पीढ़ी पनप सके, जिस कारण जैन विश्वदृष्टि में उनकी अहम भूमिका है।

मठवास की प्रतिज्ञा ले रहे व्यक्ति को अपने माता-पिता से लिखित अनुमति लेनी होती है कि वह अपने निर्णय से किसी को हानि नहीं पहुंचा रहा है। उन्हें मटका और झाड़ू देकर प्रतीकात्मक रूप से मठवास में स्वीकारा जाता है। इसके बाद, वे जितना हो सकें उतना बहते पानी से नहाते नहीं हैं

जैन धर्म में जड़ से बाल नोचने की क्रिया से मठवास जीवन की शुरुआत होती है।

और अपने शरीर को पोंछकर स्वच्छ रखते हैं।

साधु बनने की प्रक्रिया विस्तृत होती है। वह व्यक्ति अपने बाल उनकी जड़ों से नोंचता है। अपने शरीर पर कपड़ों के अतिरिक्त उसे सारी संपत्ति का त्याग करना पड़ता है। उसके कपड़े और उसका कटोरा भी उसे उधार में मिलते हैं। दिगम्बर परंपरा में, शुरू में साधु वस्त्र के दो टुकड़े रख सकता है, और जैसे उसकी उन्नति होती है वैसे उसे एक-एक कर दोनों वस्त्र त्यागने पड़ते हैं। साध्वियों के लिए भी कुछ ऐसी ही प्रथाएं हैं, लेकिन वे अपने वस्त्रों को कभी नहीं त्यागती हैं।

भारत की गुफ़ाओं में प्रारंभिक वास्तुकला जैन मठवासी संप्रदायों के कारण अस्तित्व में आई। ये मठवासी चातुर्मास के के समय में गुफ़ाओं में आश्रय लेते थे। इन चार महीनों के अलावा, जैन साधुओं से हमेशा जगह-जगह जाना अपेक्षित है, यह दिखाने के लिए कि उनका किसी एक जगह से लगाव नहीं हुआ है। उनका मानना है कि वर्षा-ऋतु में कीड़े और छोटे जीव जंतु एक साथ जन्म लेते हैं। इसलिए, साधु इन चार महीनों में वे यात्रा नहीं करते हैं ताकि उन पर चलने या श्वास अंदर लेने से उन्हें ग़लती से मारने की संभावना कम से कम हो जाए।

साधुओं को सूर्यास्त से पहले, हो सके तो दिन में केवल एक बार, खड़े होकर और बर्तन के प्रयोग के बिना खाना खाने के लिए प्रोत्साहित किया जाता है। साधु या साध्वी को कभी ऐसा खाना नहीं खाना चाहिए जो विशिष्ट रूप से उनके लिए पकाया गया हो। साधुओं और साध्वियों के लिए

अपराध-स्वीकरण की भी विस्तृत विधियां होती हैं, जिन्हें वे अपने नेताओं और आचार्यों के साथ बांटते हैं। इससे मन का बोझ हल्का होता है और मन उन्नति पर ध्यान दे सकता है।

तपश्चर्या एक लंबी और कठिन प्रक्रिया है। साधुओं और साध्वियों को अहिंसा का कड़ा पालन करना पड़ता है, जिस कारण वे मुख-पट्टी पहनते हैं, ताकि श्वास लेते समय ग़लती से कोई कीड़ा मुँह में न चले जाए। इसी कारण, पैर रखने से पहले वे धरती पर झाड़ू मारते हैं। यह अहिंसा है। इसके अलावा वे किसी से कुछ हड़पते नहीं है और केवल वो वस्तु लेते हैं जो उन्हें दी जाती हैं। यह अस्तेय है। अपरिग्रह के पालन में वे न संचय करते हैं न किसी व्यक्ति या वस्तु से उनका लगाव होता है। ब्रह्मचर्य में अपनी इंद्रियों की आसक्ति पर रोक लगा दी जाती है - चाहे वो कामुक क्रियाएं न करने के माध्यम से हो या संगीत, कला, भोजन और श्रृंगार का अनुभव न करने के माध्यम से हो। इसके अलावा, साधुओं और साध्वियों को किसी के प्रति बैर रखना या उनकी निंदा करना मना है। उनसे अपने किए पर पश्चाताप करना और किसी दूसरे के प्रति द्वेष न करना भी अपेक्षित है। जैन साधु वाद-विवाद करने के बजाय अनेकांत-वाद (विश्व के अनेक

अड़तालीस मिनटों तक ध्यान करने की जैन प्रथा, जिसे सामायिक कहते हैं, में व्यक्ति का अपने शरीर से संबंध टूट जाता है और कुछ अवधि के लिए हिंसा के लिए उसकी तीव्र इच्छा चली जाती है।

दृष्टिकोण) और स्याद-वाद (सभी जीवों की प्रतिबंधित समझ) को स्वीकारते हैं। वे धर्म प्रचार से दूर रहते हैं क्योंकि अपना दृष्टिकोण किसी दूसरे पर थोपना हिंसा माना जाता है।

शारीरिक और मानसिक अनुशासन को सक्षम करने के लिए, साधुओं को उनके आचार्यों और उनके पहले आए उन्नत आत्माओं के नाम का जप करने के लिए प्रोत्साहित किया जाता है। जैन मूर्तियों की पूजा के समय जप किया जाता है। कुछ अर्पण नहीं किया जाता है क्योंकि साधुओं के पास कुछ नहीं होता है।

जैन धर्म में गृहस्थ सामायिक नामक अभ्यास सीखते हैं, जिसमें व्यक्ति शरीर को शिथिल बनाकर अड़तालीस मिनटों के लिए खड़ा या बैठा रहता है, शरीर और सांसारिक चिंताओं से संपर्क तोड़ने की कोशिश करता है, और हिंसा की इच्छा को वश में करके संतुष्ट बनने का कड़ा प्रयास करता है।

साधु एकांत में जीता है। उसका जीवन कई रूपकों से वर्णित किया जाता है - एक कूर्म जो अपनी इंद्रियों से पीछे हट सकता है, गेंडे का सींग जो अकेला होता है, कमल के पौधे का पत्ता, जो पानी से तटस्थ रहता है, शेर की तरह चलना, वह जिस पर वार करना कठिन है जैसे कोई गज, पक्षी जैसा मुक्त, हवा जितना मुक्त, जिसके लिए कोई बाधाएं नहीं होती हैं।

37

उपासना पर विचार

हिंदू मंदिरों की तरह जैन मंदिर भी होते हैं। इनमें चौबीस में से किसी एक तीर्थंकर की छवि प्रतिष्ठापित होती है। मुख्य छवि (मूल-नायक) के दोनों ओर बहुधा दो या अधिक अन्य तीर्थंकरों की छवियां होती हैं। कुछ जैन, जैसे स्थानक-वासी जैन, मंदिरों और मूर्तिपूजा का विरोध करते हैं। लेकिन अधिकांश जैन, जो मूर्तिपूजक हैं, मानते हैं कि मंदिर स्थापित करके वे देवों

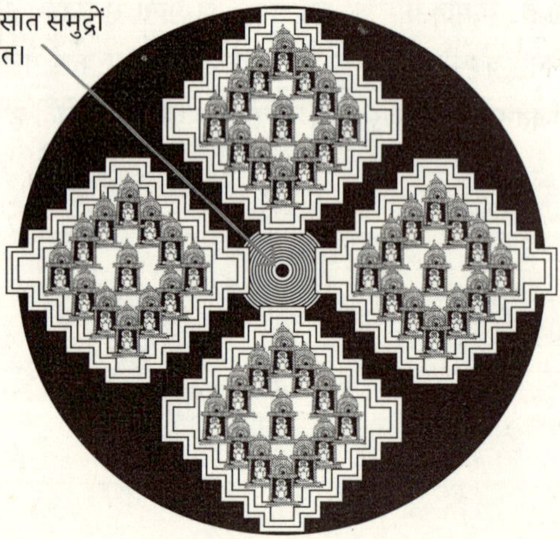

सात समुद्रों के पार नंदीश्वर-द्वीप, जिस पर देवता तीर्थंकर के सम्मान में मंदिर बनाते हैं।

का अनुसरण कर रहे हैं, क्योंकि देवों ने नंदीश्वर-द्वीप में वैसे ही मंदिर बनाए और उनमें छवियां प्रतिष्ठापित कीं।

इस कालचक्र में मंदिर बनाने वाले पहले मनुष्य चक्रवर्ती भरत थे। कैलाश पर्वत पर या उसके निकट बनाए गए इस मंदिर में आठ पायदान हैं, जिस कारण उसे अष्टपद कहते हैं। चक्रवर्ती सागर ने इस मंदिर के चारों ओर एक खाई बनाई, जो अंत में गंगा नदी बन गई। रावण अपने पुष्पक विमान पर इस मंदिर में आया था लेकिन वह पर्वत को पार नहीं कर सका। यह स्थल कहा है यह हम अब नहीं जानते हैं।

शुरू में तीर्थंकर की मूर्ति मंदिर में प्रतिष्ठापित की जाती है और फिर एक विशेषज्ञ अभिषेक की भव्य विधियां करता है। इसे पंच कल्याणक प्रतिष्ठा महोत्सव कहते हैं, जिसके पांच भाग हैं। इस महोत्सव में प्रत्येक तीर्थंकर के जीवन की पांच मुख्य घटनाओं को अभिनीत किया जाता है:

1. गर्भधारण, जब तीर्थंकर की माँ के सपने में शुभ प्रतीक आते हैं।
2. जन्म, जो बिना किसी पीड़ा के होता है और जिसका निरिक्षण देवता करते हैं।
3. तप, जिसमें बाल नोचे जाते हैं और कपड़े त्याग दिए जाते हैं।
4. बोध, जिसके बाद गोल सभा को प्रवचन दिया जाता है।
5. निर्वाण, जब शरीर को त्याग दिया जाता है।

मुख्य मंदिर से दूर बैठे लोगों के सामने पांच ध्वज रखे जाते हैं। प्रत्येक महोत्सव में प्रत्येक ध्वज को अर्पण किया जाता है।

- गर्भधारण के अनुष्ठान में, जो प्रतीक तीर्थंकर की माँ ने सपनों में देखे थे, उनकी छवियां दिखाई जाती हैं।

- जन्म के अनुष्ठान में, तीर्थंकर की छवि का सुगंधित पानी के साथ अभिषेक किया जाता है। देवता नवजात तीर्थंकर को मेरू पर्वत पर दूध के सागर में नहलाने लेकर गए थे। अभिषेक करते समय लोग स्वयं उन देवताओं की क्रियाएं दोहराते हैं। छवि को नहलाने वाले स्त्री और पुरुष मानते हैं कि वे इंद्राणी और इंद्र हैं। बहुधा, पानी की जगह सुगंधित चंदन के पाउडर (वासक्षेप) से अभिषेक किया जाता है।
- तप के अनुष्ठान में, छवि से लिपटा हुआ कपड़ा निकाला जाता है। बाल नोचने की क्रिया को विधिवत दिखाने के लिए, छवि के सिर में लौंग अटकाकर उन्हें निकाला जाता है। छवि को जुलूस में ले जाया जाता है, यह दिखाने के लिए कि वह बस्ती (भोग-भूमि) से जंगल (तपो-वन) तक जा रही है।
- बोध के अनुष्ठान में, छवि की आंखों पर अंजन लगाया जाता है ताकि तीर्थंकर 'जीवित' हो जाएं। छवि को सकेंद्रित वृत्तों के पवित्र आरेख के बीच में रखा जाता है। यह आरेख तीर्थंकर की गोल सभा (समावर्सन) का प्रतीक है। इस सभा में उपस्थित सभी जीव अपनी-अपनी भाषा में और हर दिशा से तीर्थंकर का दैवी प्रवचन सुन और समझ सकते हैं।
- निर्वाण के अनुष्ठान में, जो मुख्यतः दिगम्बर जैनों में होता है, चंदन या कर्पूर जलाया जाता है।

अपने दैनिक जीवन में जैन धर्मीय पूजा करने हर सुबह मंदिर जाते हैं। वहां, वे पिछले दिन अर्पण की हुई चीज़ें निकालते हैं, छवि को चंदन का लेप और कर्पूर लगाते हैं, उसे सुगंधित पानी या सुगंधित चंदन के पाउडर से नहलाते हैं, उसे पोछते हैं और फिर फूल (या रंगीन चावल के दाने) अर्पण करते हैं। फिर दीए और अगरबत्ती जलाई जाती है और साथ में चावल, सूखे मेवे, मसाले और नारियल के टुकड़े अर्पण किए जाते हैं। आमतौर पर

आठ वस्तुएं अर्पण की जाती हैं। जैन धर्मीय साधारणत: फूल अर्पण नहीं करते हैं और दीए भी नहीं जलाते हैं ताकि ग़लती से किसी जीव को हानि न पहुंचे या कोई कीड़ा मारा न जाए। इनकी जगह रंगीन चावल और नारियल अर्पण किए जाते हैं। ऐसा करने से मंदिर का परिसर स्वच्छ रहता है और कोई नाशक जीव जंतु भी नही आते हैं, जिनके आने से हिंसा हो सकती है।

सभी लोगों को जैन संहिता याद दिलाने के लिए, तीर्थंकर और साधु, ऋषि, आचार्य और विद्वान जैसे पवित्र पुरुषों के सम्मान में नवकार-मन्त्र गाए जाते हैं। मंदिर में प्रवेश करते समय, संयम और त्याग की भावना उत्पन्न करने के लिए 'निसहि' उच्चारा जाता है, जिसका अर्थ है 'जाने दें'। थाली में रखे चावल के दानों में कुछ प्रतीक निकाले जाते हैं: चतुर-जीव के लिए स्वस्तिक, त्रि-रत्नों के लिए तीन बिंदु, सिद्ध-लोक के लिए एक बिंदु सहित चाँद तथा श्रीवत्स और नंदीव्रत जैसे अन्य जटिल प्रतीक। आदर्श रूप से, यह शारीरिक अनुष्ठान अर्थात द्रव्य-पूजा भावनाओं और विचारों की अनुष्ठानिक अभिव्यक्ति अर्थात भाव-पूजा होना चाहिए।

भरत द्वारा आदि-नाथ ऋषभ-देव के सम्मान में बनाए गए अष्टपद तीर्थ नामक मंदिर में आठ पायदान हैं। रावण अपने पुष्पक विमान पर यहां आया था, लेकिन अब हमें मंदिर के ठिकाने का पता नहीं है।

हिंदू धर्म में, किसी अनुष्ठान की आर्थिक सहायता करके भक्त उसका यजमान बन सकता है। ऐसे अनुष्ठान में ब्राह्मण मध्यस्थ बनता है। लेकिन जैन धर्म में कोई औपचारिक पुरोहित वर्ग नहीं है, जिस कारण त्यौहारों में अनुष्ठान करने के लिए जन साधारण के लोग बोली लगाते हैं। यह प्रथा जैन धर्म में ही पाई जाती है। नीलामी की इस प्रथा से स्पष्ट है कि व्यापारी समुदायों में सैंकड़ों वर्षों से जैन धर्म का पालन होता आ रहा है। एकत्रित किए धन से मंदिर का अनुरक्षण किया जाता है।

हिंदू और जैन धर्मों में उपासना बहुत समान लगती है, लेकिन उनमें बहुत बड़ा वैचारिक अंतर है। हिंदू देवताओं के भोग के लिए उन्हें भोजन, वस्त्र, अगरबत्ती, संगीत और नृत्य अर्पण किए जाते हैं। यह मान्यता है कि जो बच जाता है उसमें देवता का आशीर्वाद होता है, जिस कारण भक्त उन्हें प्रसाद या निर्माल्य के रूप में स्वीकार करते हैं। इस लेन-देन की प्रथा की जड़ें प्राचीन वैदिक 'यज्ञ' में हैं, जिसमें देवता को कुछ अर्पण करने से यजमान को बदले में कुछ मिलता है।.

38

त्यौहारों पर विचार

साधारणतः, जैन वर्ष में चौबीस तीर्थंकरों के जीवन की पांच मुख्य घटनाएं (पंच कल्याणक) मनाई जाती हैं: गर्भधारण, जन्म, तप, ज्ञान और निर्वाण। इस प्रकार, वर्ष में कुल 120 घटनाएं और उतने ही उत्सव होते हैं। कभी-कभार एक ही दिन पर एकाधिक घटनाएं होती हैं और इसलिए एकाधिक उत्सव मनाए जाते हैं। इसलिए, वर्ष में 120 से कम दिनों पर उत्सव होते हैं। हालाँकि दिगम्बर जैनों और श्वेताम्बर जैनों के कैलेंडर अलग हैं, जैन त्यौहारों के चक्र की यही संरचना है। चूँकि जैनों में चन्द्र कैलेंडर का पालन किया जाता है, हमारे आधुनिक कैलेंडर में हर वर्ष जैन उत्सवों के दिनांक बदलते हैं। ग़ैर जैन धर्मीयों में वर्धमान महावीर की महावीर जयंती और उनके निर्वाण का दिन (दिवाली) सबसे प्रसिद्ध उत्सव हैं।

हिंदू त्यौहार अपने भोज के लिए जाने जाते हैं और उनमें अधिकांश उपवास के अनुष्ठान

गर्भ

जन्म

तप

ज्ञान

निर्वाण

तीर्थंकर के जीवन में पांच घटनाएं (पंच कल्याणक)।

महिलाएं करती हैं। इसके विपरीत, जैन त्यौहारों में सभी उपवास करते हैं। दोनों धर्मों में, त्यौहार ऋतु के अनुसार आते हैं और दोनों में उल्लेखनीय परस्पर व्यापन है। ऐसा व्यापन हिंदू और जैन संरक्षक-देवताओं के रूप में भी दिखाई देता है। उदाहरणार्थ, जैन धर्म का पार्श्व यक्ष गणेश से बहुत मिलता-जुलता है और जैन धर्म की पद्मावती कई हिंदू उर्वरता देवियों के समान लगती हैं।

वर्षा-ऋतु के उत्तरार्ध में भाद्रपद महीने में (अगस्त और सितंबर के महीनों में) हिंदुओं में गणेश की पूजा की जाती है। यह शुक्ल चतुर्थी को शुरू होती है और दस दिन के लिए, शुक्ल चतुर्दशी तक चलती है। लगभग इसी समय, जैन धर्मीय पर्युषण मनाते हैं, जिसमें एकत्रित होकर, स्मरण किया जाता है और उपवास करके और क्षमा मांगकर शुद्धिकरण किया जाता है।

गज के सिर वाला जैन यक्ष, पार्श्व, जो कछुए पर सवार होता है और हिंदू देवता गणेश जैसे दिखता है।

- श्वेताम्बर जैनों के आठ-दिवसीय त्यौहार की समाप्ति गणेश चतुर्थी के एक दिन बाद, ऋषि पंचमी के दिन होती है।
- दिगम्बर जैनों के दस-दिवसीय त्यौहार की समाप्ति गणेश के त्यौहार की समाप्ति के एक दिन बाद होती है।

पर्युषण में, जैन धर्म के लोग कल्प-सूत्र सुनते हैं, जिसमें जैन लोक का स्वरुप, काल कैसे बढ़ता है, देश कैसे संगठित है, जीवन कैसे अस्तित्व में आया, तिरेसठ शलाक पुरुष कैसे अस्तित्व में आए और कैसे चौबीस में से हर एक तीर्थंकर के जीवन में पांच महान घटनाएं हुईं, ये वर्णित हैं। पर्युषण के अंतिम दिन, सभी जैन एक दूसरे से 'मिच्छामि दुक्कडम' यह वाक्यांश कहकर कोई भी मनोवैज्ञानिक हानि पहुंचाने के लिए क्षमा मांगते हैं। इससे उन्हें याद दिलाया जाता है कि हिंसा न केवल शारीरिक होती है बल्कि मानसिक भी होती है।

हिंदू त्यौहारों की तरह, जैन त्यौहारों का चक्र भी भारतीय ऋतुओं के चक्र के अनुसार है। यह चक्र वर्षा-ऋतु से निर्धारित है। वर्ष तीन चार-माह की अवधियों में बंटा है:

- वर्षा-ऋतु के चार महीनों की अवधि, जिसमें साधु यात्रा नहीं करते हैं।
- वर्षा-ऋतु के बाद के चार महीनों की अवधि, जब शरद-ऋतु और शीत-ऋतु होते हैं।
- वर्षा-ऋतु के पहले के चार महीनों की अवधि, जब वसंत-ऋतु और ग्रीष्म-ऋतु होते हैं।

प्रत्येक अवधि में एक आठ-दिवसीय अष्टाह्निका पर्व होता है जिसमें उपवास किया जाता है। यह इसलिए कि इस समय देवता उनके द्वारा स्थापित जैन मंदिर भी जाते हैं।

वर्ष दो भागों में भी बांटा जाता है - जब उगता सूरज शिशिर अयनांत के बाद उत्तर की ओर बढ़ता है, जिसे उत्तरायण कहते हैं और जब उगता सूरज ग्रीष्म अयनांत के बाद दक्षिण की ओर बढ़ने लगता है, जिसे दक्षिणायन कहते हैं। प्रत्येक आधे भाग के मध्य, अर्थात विषुव के समय, हिंदू धर्म में दुर्गा के लिए नवरात्रि का त्यौहार मनाया जाता है। उसी तरह, जैन धर्मीय वर्ष में दो बार नव-पद आयंबिल ओली त्यौहार मनाते हैं:

- चैत्र महीने में (मार्च-अप्रैल में), अर्थात वसंत-ऋतु में।
- अश्विन महीने में (अक्टूबर-नवंबर में), अर्थात शरद-ऋतु में।

इन नौ दिनों में, जैन धर्मीय आठ-तारकों वाले सिद्ध-चक्र यंत्र की पूजा करते हैं, और जैन विवाहित दम्पति, मैना और श्रीपाल के जीवन की याद करते हैं। मैना मानती थी कि उसका भाग्य उसके पिता नहीं बल्कि उसका कर्म निर्धारित करता था। उसके इस दावे से क्रोधित होकर उसके पिता ने उसका विवाह एक कुष्ठरोगी से करवा दिया। नव-पद आयंबिल ओली का व्रत रखकर और सिद्ध-चक्र की पूजा कर मैना का पति ठीक हो गया। उसके पति ने अन्य बाधाओं को भी वश में कर लिया और अपने ससुर पर निर्भर हुए बिना वह भाग्यशाली बन गया।

वर्ष में दो बार, जब हिंदू धन की देवी, लक्ष्मी को पूजते हैं, तब जैन धर्मीय भी त्यौहार मनाते हैं।

- वर्षा-ऋतु के पहले की अवधि में, अक्षय तृतीया पर, जैन उस दिन का स्मरण करते हैं जब ऋषभ-देव ने राजा श्रेयांस द्वारा दिया गया गन्ने का रस पीकर अपना उपवास तोड़ा था।
- वर्षा-ऋतु के बाद, दिवाली में, जैन धर्मीय महावीर के निर्वाण प्राप्त करने और उसी समय उनके मुख्य शिष्य, गौतम के ज्ञान प्राप्त करने

का उत्सव मनाते हैं। ज्ञान प्राप्त करने पर गौतम ने अंत में अपने आचार्य के लिए प्रेम भी त्याग दिया। मिठाइयां पसंद करने वाले, ब्राह्मण परिवार में जन्में, मोटे गौतम भोजन और भाग्य के साथ जुड़े हैं। वे महावीर के पूरक हैं, जिन्होंने क्षत्रिय परिवार में जन्म लिया था, कठोर जीवन जीया और आदर्श तपस्वी हैं। जब गौतम-स्वामी, जो वैसे तो ज्ञानी थे, ने अंत में महावीर के लिए अपना प्रेम त्याग दिया, तब लोगों में उसका उत्सव मनाया।

हिंदू वसंत पंचमी में सरस्वती की पूजा करते हैं। दिगम्बर जैन, जो सरस्वती को मोर के साथ कल्पित करते हैं, उन्हें ग्रीष्म-ऋतु में पूजते हैं और श्वेताम्बर जैन, जो उन्हें हंस के साथ कल्पित करते हैं, उन्हें शरद-ऋतु में पूजते हैं।

- दिगम्बर जैन मानते हैं कि महावीर की सभी सीखें अब खो गईं हैं, और जो बच गया है वह मौखिक रूप से प्रसारित किया गया। लगभग 1800 वर्ष पहले, धरसेन नामक आचार्य ने उन्हें जो कुछ भी याद था वह गुजरात में गिरनार पर पुष्पदंत और भूतबलि के हाथों लिखवा लिया। वर्षा-ऋतु के पहले ज्येष्ठ महीने में श्रुत पंचमी के दिन इस घटना का स्मरण किया जाता है।
- जैसे वर्षा-ऋतु का अंत होता है, वैसे श्वेताम्बर पहले दिवाली और फिर महावीर का निर्वाण और उनके शिष्य, गौतम, का ज्ञान प्राप्त करना मनाते हैं। इसके बाद, ज्ञान पंचमी पर जैन ग्रंथों की पूजा की जाती है। श्वेताम्बर जैन मानते हैं कि 2300 वर्ष पहले नेपाल में महावीर की कई सीखें भद्रबाहु से स्थूलभद्र तक पहुंचीं। वे मानते हैं कि 1500 वर्ष पहले वल्लभी, गुजरात में उन्हें संहिताबद्ध कर लिखित रूप दिया गया।

ऋतु	मास	महीना	हिंदू त्यौहार	जैन त्यौहार
वर्षा-ऋतु के पहले	चैत्र	मार्च/ अप्रैल	वसंत नवरात्रि	वसंत आयंबिल ओली
	वैशाख	अप्रैल/ मई	अक्षय तृतीया	अक्षय तृतीया
	ज्येष्ठ	मई/ जून		श्रृत पंचमी
	आषाढ	जून/ जुलाई		अष्टाह्निका
वर्षा-ऋतु के के समय में	श्रावण	जुलाई/ अगस्त		
	भाद्रपद	अगस्त/ सितंबर	गणेश पूजा	पर्युषण
	अश्विन	सितंबर/ अक्टूबर	शरद नवरात्रि	शरद आयंबिल ओली
	कार्तिक	अक्टूबर/ नवंबर	दिवाली	दिवाली ज्ञान पंचमी अष्टाह्निका
वर्षा-ऋतु के बाद	मार्गशीर्ष	नवंबर/ दिसंबर		
	पौष	दिसंबर/ जनवरी		
	माघ	जनवरी/ फरवरी		
	फाल्गुन	फरवरी/ मार्च		अष्टाह्निका

जैन और हिंदू अनुष्ठानों में कई समानताएं हैं, जिससे स्पष्ट है कि उनकी जड़ें एक हैं और उनकी काल की समझ भी एक है। लेकिन हिंदू त्यौहारों में भोज करने अर्थात उत्सव मनाने और व्रत करने को महत्त्व दिया जाता है, जबकि जैन त्यौहारों में व्रत करने पर अधिक महत्त्व दिया जाता है। इससे हम समझ सकते हैं कि एक साथ रहने वाले समुदाय अपने साझे अनुभवों के बावजूद अपनी स्वतंत्र पहचान बनाए रखते हैं।

39

जादू पर विचार

14वीं सदी में राजशेखर द्वारा लिखित प्रबंधकोष में तंत्र में निपुण जीवदेव-सूरी नामक जैन साधु की कहानी है। वह अपनी तांत्रिक शक्तियों से चक्रेश्वरी यक्षी को बुला सकता था, मृत शरीरों को जीवित कर सकता था और जैन समुदाय को तांत्रिकों के हमलों से भी सुरक्षित रख सकता था। ऐसा एक तांत्रिक जीवदेव-सूरी की खोपड़ी प्राप्त कर उसकी जादुई शक्तियां हासिल करना चाहता था। उसने साधु को मंत्रमुग्ध कर दिया, लेकिन जीवदेव-सूरी उस मंत्र का विरोध करने में सफल रहा। तांत्रिक का मंत्र इतना शक्तिशाली था कि जैन साधुओं के श्वेत लबादे काले हो गए और उनकी जीभें लक़वाग्रस्त हो गईं जिस कारण वे अपने मंत्रों का दैनिक जप नहीं कर सकें। इसके विरोध में, जीवदेव-सूरी ने तांत्रिक की जीभ को लक़वा मार दिया। तब तांत्रिक खा नहीं सका और उसने जीवदेव-सूरी से उसे क्षमा करने की भीख मांगी। फिर जब तांत्रिक ने दो जैन साध्वियों को पकड़ने की कोशिश की तब जीवदेव-सूरी ने घास से तांत्रिक की प्रतिमा बनाई और उसके दोनों हाथ तोड़ दिए। जब जीवदेव-सूरी की मृत्यु का समय आया तब उसने अपने शिष्यों को उसकी खोपड़ी तोड़ने का आदेश दिया। वह जानता था कि यदि उसकी खोपड़ी तांत्रिक के हाथों लग जाएगी तो उसकी मदद से तांत्रिक जैनों को पीड़ा पहुंचाने की नकारात्मक शक्तियां प्राप्त कर सकता है।

इस कहानी से स्पष्ट है कि जैन विश्व में मनोगत विचार और मठवासी आदर्श एक साथ अस्तित्व में थे। लेकिन जैन धर्म के इस पहलु की आधुनिक

संवाद में बहुधा उपेक्षा की जाती है, क्योंकि उसमें तर्कवादी और तत्वज्ञान संबंधी विचारों और मठवासी प्रथाओं को अलौकिक विचारों से अधिक महत्त्व दिया जाता है।

लोग भूल जाते हैं कि भारत में धर्म का उद्देश्य सच्चाई तक पहुंचना नहीं है बल्कि व्यथा दूर करना है। आम आदमी स्वास्थ्य, धन, बच्चों, परिवार और सफलता से जुड़ी सांसारिक आपदाएं सुलझाने के लिए ऋषियों और देवताओं की मदद लेते हैं। इस प्रकार, जैन धर्म केवल तत्व ज्ञान से जुड़ा नहीं है। नीरस सांसारिक समस्याओं के हल के लिए जप और जादू भी जैन धर्म का भाग है।

भारत में तांत्रिक प्रथाएं लगभग एक हज़ार वर्ष पहले लोकप्रिय हुईं। उस काल में, ऐसे विशेषज्ञ भटकते थे जो मृत्यु और श्मशान घाट से जुड़ी प्रेत, पिशाच, भूत और वेताल जैसी आत्माओं का आह्वान कर उन्हें नियंत्रित कर सकते थे। इस समय अद्भुत रामायण जैसे तांत्रिक रामायण और मालती-माधव और वेताल-पच्चीसी जैसे शानदार रोमांस रचे गए, जिनमें जादूगर और उनके काले जादू का वर्णन किया गया। नकारात्मक कर्म को मिटाकर भीतर स्थित आत्मा की असीम शक्ति को छुड़ाने के कई जप, जादू, प्रतीक, इशारे, यंत्र और तावीज़ प्रचलित हुए। इसका अर्थ था कि पानी पर चलने, हवा में उड़ने, आकार और माप बदलने, बीमारी ठीक करने और चमत्कार करने की अलौकिक सिद्ध शक्तियां छुड़ा दी जातीं। इन शक्तियों को रिद्धि, सिद्धि, विद्या, योगिनी और मात्रिका जैसी देवियों का मूर्त रूप दिया गया। इन देवियों को नियंत्रित करने वाले व्यक्तियों को नाथ और सिद्ध-योगी कहा गया।

तंत्र के सबसे तीव्र रूप में लोग अति तीव्र प्रथाएं करते हैं, जैसे श्मशानों में जाकर ध्यान करना, भूतों और प्रेतों के साथ संपर्क करना, संभोग करना, नर बलि करना, और प्रेत विद्या तथा नरभक्षण करना। इसे वाम-आचार कहते हैं। तंत्र का और मध्यम रूप दक्षिण-आचार कहलाता है। उसमें लोग मंत्रों

बाधाएं निकालकर सौभाग्य लाने के लिए सिद्ध-चक्र एक लोकप्रिय जादुई यंत्र है। सभी जैन ऐसी प्रथाओं का समर्थन नहीं करते हैं।

का जप करते हैं और यंत्रों पर ध्यान केंद्रित करते हैं। दक्षिण-आचार जैन विश्व के कुछ भागों में देखा जाता है।

इससे हम जैन धर्म के ग्यारह रूद्रों की धारणा समझ सकते हैं। रूद्र जैन साधु थे, जिन्होंने चौदह में से दस पूर्व (खोए हुए जैन ग्रंथ) सीखने के बाद मठवास त्याग दिया और फिर मनोगत शक्तियां प्राप्त करने के लिए गुप्त रूप से साध्वी के साथ यौन अनुष्ठान किए। इससे तांत्रिक हिंदू धर्म के शिव-शक्ति और वज्रयान बौद्ध धर्म के हेरुक की याद आती है। वज्रयान बौद्ध धर्म के अनुसार हेरुक ने भैरव-भैरवी को वश में कर लिया था। जैसे हिंदू अपने गुरुओं से भभूत प्राप्त करना चाहते हैं, वैसे कई जैन चंदन-पाउडर (वासक्षेप) चाहते हैं। मंत्र और यंत्र की शक्ति से अभिमंत्रित ये पाउडर उन्हें अपनी समस्याओं से निपटने की शक्ति देता है। गुरु जानते हैं कि सभी लोग मठवासी नहीं बन सकते हैं; सभी लोग मंदिरों में जैन ऋषियों की पूजा करने

में संतुष्ट नहीं होते हैं। कुछ लोगों को स्वस्थ्य रहने, भाग्यशाली होने और भावनात्मक सदमा ठीक करने के लिए विविध ब्रह्मांडीय शक्तियों की मदद लगती है। सौभाग्य को आकर्षित करने और दुर्भाग्य को दूर भगाने के लिए उन्हें जादुई मंत्रों और यंत्रों की मदद लगती है।

इसलिए, स्वास्थ्य, कारोबार और रिश्तों की समस्याओं के हल के लिए जैन समुदाय साधारणत: रिद्धि-मंत्र और भक्तामर स्तोत्र जैसे मंत्रों का उपयोग करते हैं। कुछ कहानियों के अनुसार इन मंत्रों के जप ने साधुओं को क़ैदख़ाने जाने से बचाया और उन्हें हानि पहुंचाने वालों से भी सुरक्षित रखा। कई जैन मानते हैं कि अजित-नाथ के लिए गाया गया स्तोत्र हमें विजयी बनाता है और शांति-नाथ के लिए गाया गया स्तोत्र शांति लाता है। जब भी कोई तनावग्रस्त होता है, या उस पर कोई आपत्ति आती है, या महामारी के समय, तब शांति-नाथ का नाम लिया जाता है।

एक जैन आख्यान के अनुसार, जब महावीर ने अपने नश्वर शरीर को त्याग दिया, तब उनके मुख्य शिष्य, गौतम शोकग्रस्त होकर महावीर का नाम दोहराते रहे। कुछ समय बाद उनका मुँह इतना सूख गया कि वे अपने मुँह से केवल 'वि' ध्वनि निकाल सकते थे। इस बीज मंत्र से उनमें वीत-राग और वीत-शोक उत्पन्न हुए जिससे उन्हें आवेग और शोक से मुक्ति मिली। इससे वे खुद को अपने गुरु के लिए प्रेम से मुक्त कर सके। वे समझ गए कि जो व्यक्ति सच्चे ज्ञान की खोज में है उसे गुरु के प्रति प्रेम को भी त्यागना होगा।

उसी तरह, जैन धर्म में माना जाता है कि 'ॐ' की ध्वनि नवकार या नमो-कर मंत्र का प्रतीकात्मक संक्षिप्त रूप है। 'आऊम' पांच महान जीवों - अरिहंत, अशरीर (सिद्ध), आचार्य, उपाध्याय और मुनि - को आदर व्यक्त करने के लिए परिवर्णी शब्द है।

बहुधा, इन मंत्रों का सिद्ध-चक्र जैसे यंत्रों में मानचित्र बनाया जाता है। कई मनोगत यंत्रों में सकेंद्रित वृत्त होते हैं, जो तीर्थंकरों की समवशरण नामक गोल सभा को दर्शाते हैं। इन सभाओं में तीर्थंकर विभिन्न ऋषियों, आचार्यों,

नाथों, देवताओं और धन, शक्ति और ज्ञान की देवी (रिद्धि, योगिनी, विद्या); काल के देवता (नव-ग्रह); देश के देवता (दिग्ग-पाल) और प्रवेशद्वारों के विशिष्ट संरक्षक जैसे विशिष्ट जीवों से घिरे होते थे। वरिष्ठ साधु अपने शिष्यों को विशिष्ट दीक्षा देकर और उनसे कड़ा अभ्यास कराने के बाद उन्हें गुप्त सूत्र (सूरी-मंत्र) सिखाते हैं। फिर ये शिष्य इन यंत्रों की रूपरेखा बनाकर उन्हें आध्यात्मिक और मनोगत शक्तियों से अभिमंत्रित करते हैं। इन अनुष्ठानों के समय मंत्रों का जप किया जाता है और यंत्रों का प्रयोग होता है।

हालाँकि कई कहानियां में इन मंत्रों और यंत्रों की मदद से लोग कठिन परिस्थितियों से बाहर निकले हैं और उनका दुर्भाग्य सौभाग्य में बदला है, ऐसी कहानियां भी हैं जिनमें अलौकिक शक्तियों के साथ जैन धर्म की असहजता दिखाई देती है। दिगम्बर सिद्धांत के अनुसार, एक भयानक अकाल के समय, स्थूलभद्र को डर था कि जैन विद्या खो जाएगी। इसलिए, वह महान आचार्य भद्रबाहु से महावीर की सभी सीख सीखने के लिए मगध से नेपाल गया। जब ज्ञान का प्रसार चल रहा था तब स्थूलभद्र ने अपनी बहनों को देखा, जो उसे मिलने नेपाल आई थीं। सीख का प्रसार चलते समय ही स्थूलभद्र ने अपनी बहनों के सामने दिखावा करने के लिए बाघ का रूप लिया। इससे भद्रबाहु खिजला गए और उन्हें लगा कि महावीर का पूरा ज्ञान प्रसारित नहीं किया जाना चाहिए। यह इसलिए कि ज्ञान प्राप्त करने वाला कोई उसका दुरूपयोग कर सकता था। आख़िर मनोगत शक्तियों ने ज्ञानी स्थूलभद्र को भी लुभाया था।

जैन वास्तुकला

40

स्मारकों पर विचार

जैन स्मारक इस प्रकार के हैं:

- ओडिशा, आंध्र प्रदेश और तमिलनाडु में गुफ़ाएं, जिनमें जैन साधुओं ने वर्षा-ऋतु के चार महीनों में आश्रय लिया।
- तीर्थंकरों की विशाल मुक्त खड़ी मूर्तियां, जैसे मध्य प्रदेश में गोपाचल में मूर्ति और कर्नाटक के श्रवणबेलगोला में बाहुबली की मूर्ति।
- राजस्थान और कर्नाटक में पाए गए स्तंभ, जिनमें बहुधा संरक्षक-देवी या देवता (सासन-देव) की छवि होती है।
- तीर्थंकर की गोल सभा से मिलते जुलते प्राचीन स्तूप, जो अब भुला दिए गए हैं, जैसे मथुरा के कंकाली टीला का स्तूप।
- तमिलनाडु और कर्नाटक के निषिधि पत्थर, जो उन जगहों को चिन्हित करते हैं जहां जैन ऋषि और जैन राजाओं ने आमरण उपवास किया था।
- मंदिर – कर्नाटक के बसदि नामक बिना छत वाले घेरे, जो दो अक्षों के पार सममित हैं; गुजरात और राजस्थान के शिखर-बंधी मंदिर, जो

एक अक्ष के पार सममित हैं; गुजरात और राजस्थान के पहाड़ों पर स्थित घिरे हुए मंदिरों के समूह अर्थात टंक; और पिरामिड के आकार के शिखर को दिया गया महत्त्व, जो सभी को जैन विश्व के केंद्र में स्थित मेरू पर्वत की याद दिलाता है।

19वीं सदी में पुरातत्त्वविदों को मथुरा के कंकाली टीला में सबसे पुराना जैन स्थल मिला, जो संभवत: दो हज़ार वर्ष पुराना है। तीर्थंकरों की छवियों के अलावा, वहां एक जैन स्तूप है और व्रतानुष्ठित पटियां भी हैं जिन पर शुभ जैन प्रतीक हैं। आम धारणा यह है कि बौद्ध धर्मीय स्तूप नामक ढेरों में बुद्ध के अवशेष रखते थे और इन अवशेषों के सम्मान में स्तूप की परिक्रमा करते थे। आज, हम स्तूपों को जैन धर्म के साथ नहीं जोड़ते हैं, लेकिन संभवत: प्राचीन काल में जैनों ने भी स्तूप बनाए थे। कहते हैं कि एक बार कुषाण सम्राट, कनिष्क ने ग़लती से समझ लिया कि एक जैन स्तूप बौद्ध स्तूप है। तबसे जैनों ने स्तूप बनाना बंद कर दिया। जैन आख्यान शास्त्र के अनुसार, जब तीर्थंकर अपना शरीर छोड़ते हैं तब शव का दाह संस्कार किया जाता है और देवता शव की हड्डियां और अवशेष ले जाते हैं। इस प्रकार बौद्ध स्तूप के बिलकुल विपरीत जैन स्तूप में कोई अवशेष नहीं होते थे। संभवत:, उन इमारतों में समवशरण दिखाया गया हो - कैवल्य प्राप्त करने के बाद तीर्थंकर द्वारा बुलाई गई गोल सभा, जिसमें वे देवताओं, मनुष्यों, प्राणियों और पक्षियों से घिरे होते थे, जो उनके चारों ओर बैठकर सभी ओर से उन्हें देख और सुन सकते थे।

प्रारंभिक निर्विवाद जैन तीर्थ स्थान पत्थर के पर्वतों में नक्काशी गई गुफ़ाएं हैं जो आज भी अस्तित्व में हैं। 2100 वर्ष पहले, राजा खारवेल ने ओडिशा में उदयगिरि और खंडगिरि गुफ़ाएं निर्मित कीं। अन्य गुफ़ाएं, जो लगभग 1500 वर्ष पुरानी हैं, तमिलनाडु में कलगु-मलाई और वल्ली-मलाई में, महाराष्ट्र में एलोरा में और कर्नाटक में बादामी में हैं। कलगु-मलाई की गुफ़ाओं में

ज़मीन पर पत्थर के बिस्तर हैं जिन पर जैन साधु सोया करते थे। बाहुबली की प्रारंभिक छवि, जो छठी सदी तक कालांकित की गई है, कर्नाटक की बादामी गुफ़ाओं में है। ये छवि स्थानीय चालुक्य राजाओं के आदेश पर बनाई गई थी। दक्षिण भारत की गुफ़ाओं में सभी दीवारों पर तीर्थंकरों की प्रतिमाएं हैं जिनमें वे या तो आसीन हैं या खड़े हैं और राजसी प्रतीकों से घिरे हैं - तिहरा छत्र, चमर, ध्वज, सिंहासन और पादपीठ। आधुनिक मंदिरों में भी तीर्थंकरों को ऐसे ही दर्शाया जाता है, जिससे 2000 वर्षों की निरंतरता दिखाई देती है। लेकिन बौद्ध और हिंदू देवताओं की छवियां सदियों से बहुत बदलती आई हैं।

निषिधि या निषिधिका नामक विशिष्ट पत्थर और स्मारक केवल कर्नाटक में पाए जाते हैं। ये उन जगहों को चिन्हित करते हैं जहां पर जैन साधुओं और राजाओं ने आमरण उपवास अर्थात सल्लेखना किया था। कर्नाटक में सल्लेखना करके मृत्यु पाने वाले व्यक्ति के सम्मान में प्रारंभिक उत्कीर्णन मैसूर जिले में सोसाले में हैं और वे सन 500 तक कालांकित हैं।

लगभग 1000 वर्ष पहले से, ग्रेनाइट की मुक्त खड़ी मूर्तियां बढ़ती मात्रा में बनाई जाने लगीं। इनमें से सबसे प्रसिद्ध मूर्ति गोमतेश्वर बाहुबली की है और वह कर्नाटक के श्रवणबेलगोला में, लगभग 1000 वर्ष पहले स्थानीय गंगा राजाओं द्वारा बनाई गई। बाहुबली केवल दिगम्बर समुदाय में लोकप्रिय हैं। दक्षिण भारत में जैन धर्म की घटती लोकप्रियता के बावजूद, बाहुबली की विशाल मूर्तियां बनाई गईं, जैसी 15वीं सदी में करकला में 42 फुट ऊंची मूर्ति और 17वीं सदी में वेनुर में 35 फुट ऊंची मूर्ति। यहां के जैन धर्मीय आज भी उन मूर्तियों को पूजते हैं। श्वेताम्बर और दिगम्बर जैनों ने मध्य प्रदेश और महाराष्ट्र के पथरीले पहाड़ों में आसीन या खड़े तीर्थंकर की विशाल मूर्तियां नक्काशी हैं। यह प्रथा आज भी प्रचलित है। मध्य प्रदेश के कुंडलपुर में सन 2006 में बनाए गए मंदिर में ऋषभ-देव की प्राचीन आसीन मूर्ति प्रतिष्ठापित की गई। 15 फुट ऊंची इस मूर्ति को उस क्षेत्र में बड़े बाबा के नाम से जाना

जाता है। ऋषभ-देव की सबसे ऊंची मूर्ति (108 फुट ऊंची) महाराष्ट्र के मांगी-तुंगी पहाड़ों पर 2016 में बनाई गई।

जैन धर्म में मंदिर संभवत: 1200 वर्ष पहले बनाए जाने लगें, जिस समय हिंदू धर्म में भी मंदिर निर्माण लोकप्रिय हो गया था। कर्नाटक में, वर्गाकार, दो अक्षों के पार सममित बसदि (संस्कृत में वसति) नामक मंदिर पाए जाते हैं, जो चारों दिशाओं में खुलते हैं। उन्हें चतुर्मुख बसदि कहते हैं और वे बहुधा पत्थर के पहाड़ों पर बनाए जाते हैं। साधारणत: इन मंदिरों में मूल-नायक होते हैं और मानस-स्तंभ होता है, जिस पर ब्रह्मा-यक्ष या शक्र (जैन धर्म के इंद्र) जैसे संरक्षक देवता होते हैं।

राजस्थान और गुजरात में देरासर या देवग्रह पाए जाते हैं। परंपरागत मंदिर जैसे दिखने वाले देरासर दो अक्ष नहीं बल्कि एक अक्ष के पार सममित होते हैं। इनमें गर्भगृह और मंडप होता है और उसके चारों ओर बरामदा होता है। देरासर के शिखर को देखकर लगता है कि कई पहाड़ एक दूसरे में मिला दिए गए हों। राजस्थान में 15वीं सदी में बनाया गया जैन धर्म का रणकपुर मंदिर देवताओं के विमान जैसे दिखता है।

हमें बहुधा जैन तीर्थ स्थलों में पहाड़ों के ऊपर समूहों में बनाए गए मंदिर मिलते हैं, जो घेरों में होते हैं और टंक कहलाते हैं। ये मंदिर समूह व्यापारियों ने कई सदियों से बनाएं हैं। सबसे शानदार जैन तीर्थ स्थल, जिनमें कई मंदिर हैं, पहाड़ के ऊपर स्थित मणियों जैसे दिखते हैं। ये गिरनार में माउंट आबू और गुजरात में पालीताना (शत्रुंजय पर्वत) में हैं। वे इस क्षेत्र की मरू-गुर्जर शैली में बनाए गए हैं, जिसमें कई मंज़िलें, मीनार और प्रवेशद्वार पर तोरण होते हैं।

कई मंदिरों में तीर्थंकरों को आसीन या खड़ा दिखाया गया है। लेकिन कुछ मंदिरों में आख्यान शास्त्र की जगहें भी दर्शाई गई हैं, जैसे नंदीश्वर-द्वीप, जहां देवताओं ने जैन मंदिर बनाएं और अष्टापद तीर्थ, जहां पहले तीर्थंकर, ऋषभ-देव ने निर्वाण प्राप्त किया।

शिखर-बंधी जैन देरासर जिसकी पर्वत जैसी छत होती है। कभी-कभार, उसके सामने संरक्षक देवता (सासन-देव) की छवि के साथ एक स्तंभ होता है।

कई बार, तीर्थंकर की आसीन या खड़ी छवियां चारों दिशाओं में होती हैं। उन्हें चतुर्मुख कहते हैं। ये मीनार और स्तंभों के ऊपर भी हो सकती हैं, तीर्थंकर के समवशरण दिखाने के लिए। राजस्थान का कीर्ति-स्तंभ जैन धर्म के सम्मान में बनाया गया सबसे प्रसिद्ध स्तंभ है। इससे प्रेरित होकर राजपूतों ने युद्ध में जीत का उत्सव मनाने के लिए चित्तोड़ में विजय स्तंभ बनाया। साधारणतः जैन मंदिरों में मुख्य तीर्थंकर (मूल-नायक) की छवि के दोनों ओर दो अन्य छवियां होती हैं, जो बहुधा दो तीर्थंकरों की होती हैं। इससे हमें याद दिलाया जाता है कि जैन धर्म के कई स्रोत हैं और वह अनेकांत-वाद का आदर करता है।

जैन धर्म में धर्म प्रचार नहीं किया जाता है। लेकिन मंदिर बनाकर वे सुनिश्चित करते हैं कि आने वाली पीढ़ियां जैन मार्ग याद रखें। 13वीं और 15वीं सदियों के बीच उत्तर भारत पर राज कर रहे मुसलमान सरदारों ने कई मंदिर नष्ट किए। इसलिए, इस अवधि में जैन धर्मियों ने मंदिर निर्माण

रोक दिया और अपनी संपत्ति से उन्होंने पाण्डुलिपियां लिखवाईं। फिर, यह पाण्डुलिपियां विविध जैन संस्थानों के शास्त्र भंडारों में एकत्रित रखीं गईं।

मंदिर निर्माण 15वीं सदी के बाद फिर से शुरू हुआ, जब जैन धर्म के लोगों ने सुल्तानों और मुग़ल सम्राटों के दरबारों में अपने लिए नाम बना लिया। 'शिखर-बंधी मंदिर' इस वाक्यांश का अर्थ है पिरामिडनुमा छत वाला मंदिर। आजकल, इस वाक्यांश से सभी को याद दिलाया जाता है कि किसी समय ऐसा मंदिर मंदिर बनाना एक विशेषाधिकार था, क्योंकि कई सदियों के मुसलमान शासनकाल के के समय में ऐसे मंदिर नष्ट कर दिए गए और उनका निर्माण वर्जित था।

41

गुफ़ाओं पर विचार

यह अध्याय एक यात्रा-विवरण है।

समनार-मलाई मदुरै के पास एक संरक्षित स्मारक है। 'समनार' जैन के लिए तमिल शब्द है। वह संस्कृत शब्द 'श्रमण' से आया है, जो जैनों सहित सभी संन्यासियों को और विशिष्ट रूप से उन संन्यासियों को संदर्भित करता है जो अध्यात्म की खोज में वैदिक अनुष्ठान करने के बजाय ध्यान करना और तपस्या पसंद करते हैं। 'मलाई' पहाड़ के लिए तमिल शब्द है। संन्यासियों के इस पहाड़ पर क़दम क़दम पर हमें 2500 वर्षों का जैन इतिहास देखने मिलता है।

समनार-मलाई जा रहे रास्ते में तमिलनाडु के राजनीतिक दलों के ढेर सारे पोस्टर हैं। ये दल स्वयं की पहचान 'मूल' द्रविडियाई लोगों से करते हैं। ये द्रविडियाई लोग गोरी त्वचा के वैदिक ब्राह्मणों के आने से पहले यहां रहते थे। ब्राह्मणों ने आकर जाति व्यवस्था के माध्यम से अपना प्राधान्य स्थापित किया।

क्या दक्षिण भारत में वैदिक संस्कृति के आने से पहले कोई तमिल संस्कृति थी? हां, और हमें उसकी झलक समनार पहाड़ों के तल पर ही

मिलती है। यहां, कमल के तालाब के पास एक भड़कीला, भव्य अम्मन मंदिर है, जो घोड़ों पर सवार संरक्षक देवताओं की परंपरागत व्रतानुष्ठित छवियों से घिरा है। तमिल देहातों में इस प्रकार के कई लोक मंदिर पाए जाते हैं। त्यौहारों के समय यहां के लोगों की उन्मत्त भक्ति देखने लायक है। सन 100 तक कालांकित प्राचीन तमिल संगम काव्य में यह विश्व वर्णित है। लगभग 2000 वर्ष पहले जैन, बौद्ध और ब्राह्मणों के आने के बाद यह विश्व बदल गया।

जैन साधु समुद्र के रास्ते तमिलनाडु आए। इसका प्रमाण हमें जैन गुफ़ाओं से मिला है, जो ओडिशा में खंडगिरि और उदयगिरि में, आंध्र प्रदेश में उंडवल्ली में और तमिलनाडु में जैनगिरि पल्ली, वल्लीमलाई और सित्तनवासल में हैं। जैन तपस्वी, साध्वी और आचार्य तीसरी और छठी सदियों के बीच रचे गए शिलप्पदिकारम, जीवक चिंतामणि और जीवकेसी जैसे जैन महाकाव्यों में किरदार हैं। उनमें मदुरै और उसके संपन्न व्यापारियों का उल्लेख है, जिनकी संपत्ति से स्थानीय राजाओं को डर लगा। उनमें

जिन गुफ़ाओं में जैन साधुओं ने आश्रय लिया वे संभवतः सबसे प्राचीन जैन तीर्थ स्थल हैं।

प्रेमियों के बीच तनाव का उल्लेख है। वे यह दावा भी करते हैं कि जिन लोगों का संसार के सांसारिक मोहों से मोह भंग हुआ है उनके लिए विश्व त्याग एक व्यवहार्य क़दम है। जैन धर्म के समर्थकों ने समनार पहाड़ पर गुफ़ाएं बनाईं। संभवतः, वर्षा-ऋतु में साधुओं ने यहां आश्रय लिया होगा।

जिन गुफ़ाओं में जैन साधुओं ने आश्रय लिया वे संभवतः सबसे प्राचीन जैन तीर्थ स्थल हैं।

समनार मलाई चढ़ते समय मैंने देखा कि उसके आस-पास स्थित चावल के खेतों के समतल मैदान के सामने वह पीले-भूरे पत्थर का पहाड़ हटकर था। जैन तीर्थ स्थल तमिलनाडु के दक्षिण भाग में अधिक पाए जाते हैं, जो पाण्ड्य राजाओं द्वारा शासित पाण्ड्य नाडु था, जबकि बौद्ध धर्म उत्तरी तमिलनाडु में चोल राजाओं के चोल नाडु में अधिक प्रचलित था। संभवतः यह इसलिए है कि दक्षिण तमिलनाडु में पत्थर के पहाड़ हैं, जिनमें जैन साधुओं ने रुकना पसंद किया होगा। ये पहाड़, जिनमें जैन गुफ़ाएं, उत्कीर्णन और शिलालेख हैं, ग़ैर-क़ानूनी पत्थर के खदानों के कारण खतरे में हैं।

समनार पहाड़ों पर, पुरातत्त्वविदों को 2200 वर्ष पुरानी तमिल ब्राह्मी लिपि मिली है। यह ब्राह्मी लिपि का एक रूप है, जो भारत की सबसे पुरानी लिपि है। यहां के उत्कीर्णन में इस बात का उल्लेख है कि कैसे स्थानीय लोगों ने जैन साधुओं की मदद की। इससे इस बस्ती और इस धर्म की प्राचीनता का ठोस प्रमाण मिलता है।

संभवतः प्राचीन भारत में धर्म की धारणा आधुनिक भारत में धर्म की धारणा से बहुत अलग थी। लोग देवताओं और पवित्र पुरुषों को पूजते थे। जैन साधु व्यापारियों और राजाओं द्वारा पूजे गए, जिन्होंने साधुओं के लिए पत्थर के पहाड़ों पर गुफ़ाएं नक़्क़ाशीं। पुरातत्वविदों को मदुरै और उसके आस-पास समनार पहाड़ों सहित जैन विरासत से जुड़ी छब्बीस गुफ़ाएं, 200 पत्थर के बिस्तर, 60 शिलालेख और 100 से भी अधिक मूर्तियां मिली हैं।

समनार पहाड़ों पर दो मुख्य गुफ़ाएं हैं - पहली, सेट्टिपोड़वु, जहां आसानी से पहुंचा जा सकता है, और दूसरी, पेचिपल्लम, जहां पहुंचने की चढ़ाई बहुत कठिन है।

सुगम्य गुफ़ा के प्रवेश के ऊपर पत्थर को चीर दिया गया था। मेरे दोस्त ने मुझे बताया कि इसका उद्देश्य था कि वर्षा का पानी गुफ़ा में न जाते हुए बाज़ू से रिस जाए। फिर हमने दीवारों पर भव्य उत्कीर्णन देखे, जिनमें कम से कम अलंकार के साथ स्पष्ट रेखाएं थीं। महावीर की भव्य छवि के नीचे एक शेर है, उनकी छवि के ऊपर एक भव्य छत्र है और दोनों ओर महावीर के संरक्षक यक्ष और यक्षी हैं, जिनके पैर उनसे दूर मुड़े हैं। महावीर के गोलाकार होंठ, थोड़ी सी तोंद, उनकी भुजाओं की सीधी रेखाएं, उनके आड़े रखे पैर और चौड़े कंधे देखकर मैं अवाक रह गया। अधिकांश आधुनिक जैन उत्कीर्णनों के विपरीत इसमें एक मूलभूत कामुकता स्पष्ट दिखाई दे रही थी। शिल्पकारों ने शिल्प शास्त्र के सिद्धांतों के अनुसार यह पत्थर की छवियां बनाई थीं। शिल्प शास्त्र का उद्देश्य पत्थर की छवियों में प्राण फूंककर उन्हें श्वास और कोमलता से सजीव करना है। चौड़े कंधे और संकीर्ण कमर से पता चलता है कि महावीर राजसी घराने से थे। थोड़े से मोटेपन से पता चलता है कि उपवास प्रबोधन से संतुलित है। उपवास करने से शरीर से ऊर्जा और सुंदरता चली जाती है, जबकि प्रबोधन इस प्रक्रिया को उलट देता है। यहां, इस बात पर ज़ोर देने की कोशिश की गई कि ऋषि कुलीन परिवारों से थे। उनमें और दुबले-पतले और भूखे तपस्वियों में भेद किया गया। ये तपस्वी मनोगत प्रेतात्माओं से जादुई शक्तियां प्राप्त करने के लिए अपने शरीर को तड़पाते थे।

ऊपर स्थित कम सुगम्य गुफ़ा तक पहुंचने के लिए एक घंटे की कठिन चढ़ान थी और इसलिए मैं वहां नहीं गया। यहां, बारहमासी तालाब है, जिस कारण संभवत: साधुओं ने इस गुफ़ा ने ठहरना पसंद किया होगा। इसमें एक बड़ी मूर्ति है जिसमें महावीर (जो शेर के प्रतीक से पहचाने जाते हैं) और

पार्श्व-नाथ (जो अपने सिर के ऊपर फन वाले नाग से पहचाने जाते हैं) सहित कई तीर्थंकरों की छवियां हैं। यहां बाहुबली की छवि भी है, जिसमें उनके पैरों तले लताएं हैं।

दोनों समनार गुफ़ाओं में पुरानी दक्षिण भारतीय वट्टेलुट्टू लिपि सहित अन्य लिपियों में कन्नड़ और तमिल भाषाओं के कई उत्कीर्णन हैं। उनसे पता चलता है कि तमिलनाडु और कर्नाटक के जैन संपर्क में थे। सबसे नए उत्कीर्णन 9वीं सदी तक कालांकित किए गए हैं, जिससे स्पष्ट है कि यह इतिहास एक हज़ार वर्ष पुराना है। उसके बाद जैन संस्कृति का पतन शुरू हुआ। कुछ जगहों में शैववाद और वैष्णववाद के अनुयायियों ने हिंसापूर्वक जैनों को बाहर ढकेल दिया। जैनों ने अस्पताल और शैक्षणिक संस्थान चलाए थे और राजनीतिक शरणार्थियों को आश्रय दिया था। केवल इससे मिले सद्भाव के कारण जैन धर्म जीवित रहा। आज,मदुरै में और उसके आस-पास लगभग एक लाख जैन अभी भी रहते हैं।

1300 वर्ष पहले हिंदुओं और जैनों में हिंसा शुरू हुई। इस समय तमिलनाडु में सर्वशक्तिमान परमात्मा के प्रति भावुक भक्ति पर आधारित एक नई सोच उभर रही थी। नयमनार संतों ने इस परमात्मा को शिव कहा और अलवर संतों ने उन्हें विष्णु कहा। ये भक्ति आंदोलन के अग्रदूत थे, जो अंत में उत्तर भारत तक फैला। हिंदू धर्म का यह नया रूप पुराने वैदिक रूप से बहुत अलग था। उसने अस्पृश्य जप और स्तोत्रों से अधिक महत्त्व पत्थर की स्पृश्य मूर्तियों को दिया। उसने गृहस्थ (संसारी) को संन्यासी (श्रमणी) से अधिक महत्त्व दिया। समय के साथ, उसके अनुयायियों ने दक्षिण भारत में भव्य शैव और वैष्णव मंदिर परिसर निर्मित किए, जैसे मदुरै का मीनाक्षी

अम्मन मंदिर परिसर। इस मंदिर ने अंततः मदुरै की जैन गुफ़ाओं और जैन जीवन-पद्धति को पीछे छोड़ दिया।

मठवासी संप्रदायों और मंदिर की परंपराओं में तनाव आना अनिवार्य था। दोनों में सबसे पहला संघर्ष संभवतः 7वीं सदी का मदुरै में कुख्यात नरसंहार रहा होगा, जिसमें शैववादियों ने जैन धर्मियों को सूली पर चढ़ाया था। यह घटना 500 वर्ष बाद अर्थात 12वीं सदी की पाण्डुलिपियों में दर्ज हुई। आधुनिक काल में कई लोग राजनीतिक तनाव उत्पन्न करने के लिए इस घटना की जानकारी फैला रहे हैं। कहते हैं कि कवि-संत संबंदर ने वहां के जैन धर्मियों को तर्क-वितर्क में हराया था और स्थानीय पांड्य राजा की बीमारियां ठीक की थीं। इससे प्रभावित होकर राजा ने शैववाद अपनाया था। इसके बाद, या तो राजा के कहने पर जैन धर्मियों का वध किया गया या जैनों ने सल्लेखना की विवादास्पद प्रथा की। लेकिन तमिलनाडु में छोटे पर महत्त्वपूर्ण जैन समुदाय का अस्तित्व इस बात का प्रमाण है कि बौद्ध समुदाय के विपरीत जैन समुदाय कितना अटल है।

जैसे आप संन्यासियों के पहाड़ से लौटते हुए शहर की ओर जाते हों, वैसे मीनाक्षी मंदिरों के भव्य गोपुरम स्पष्ट दिखाई देते हैं। नायक राजाओं ने अपनी वीरता और शक्ति का प्रदर्शन करने के लिए 17वीं और 18वीं सदी में ये मंदिर बनाए। इस मंदिर में, सर्वश्रेष्ठ संन्यासी, शिव, शहर की रानी और संरक्षक देवी के सहचर हैं। स्थानीय तमिल आख्यानों के अनुसार मीनाक्षी देवी उत्तर भारत पर विजय प्राप्त करने के बाद शिव को दक्षिण ले आईं। ये आख्यान संस्कृत आख्यान के विरुद्ध है, जो राम के दक्षिण पर विजय का दावा करता है।

उस शाम, सैंकड़ों श्रद्धालुओं के साथ, मैंने भी दैनिक समारोह देखा। उसमें, सुंदरेश्वरार, पालकी में बैठकर निजी, राजसी शयनकक्ष में जाते हैं। चमेली के फूलों, आइनों और झूलों से सुसज्जित शयनकक्ष में देवी-रानी मीनाक्षी अपने राजसी कर्तव्य निपटाकर उनके लिए रुकी हुई होती हैं। संन्यासी के पालतू बनाए जाने के कथानक का स्पष्ट रूप से राजनीतिक और तात्विक उद्देश्य है। उस कथानक में जैन और यहां तक कि बौद्ध मठवासी संप्रदायों को वश में करने की बात की गई। जबकि बुद्ध और जीनों ने प्रबोधन की खोज में अपनी पत्नियों को त्याग दिया था, मदुरै में बुद्धिमानी तब मिलती है जब शिव देवी के पास लौटते हैं।

42

मंदिरों पर विचार

जैन विश्वोत्पत्ति के अनुसार, पृथ्वी समुद्र के पानी से घिरी है। उसके पार, कई गोलाकार भूमि और समुद्र हैं जो बारी-बारी में आते हैं। नंदीश्वर-द्वीप सबसे दूर स्थित भूमि है। जैनों का मानना है कि नंदीश्वर-द्वीप पर पहाड़ों पर प्रत्येक मुख्य दिशा में 13 अर्थात कुल 52 जैन मंदिर हैं। उनके अनुसार देवता वर्ष में तीन बार इन मंदिरों की पूजा करने नंदीश्वर-द्वीप की तीर्थयात्रा करते हैं। यह इस बात का संकेतक है कि मूर्तिपूजा प्राचीन काल से जैन धर्म का अविभाज्य अंग रही है, और उसने बाद में बौद्धों और हिंदुओं को भी प्रेरित किया। यथार्थवादी छवियों का निर्माण संभवतः 2300 वर्ष पहले यूनानियों के भारत आने के बाद होने लगा। नग्न तपस्वी ने उन्हें प्रभावित किया, जो संभवतः जैन थे।

जबकि देवताओं ने लोक के चार कोनों में स्थित मंदिरों की पूजा की, मनुष्यों ने पहला मंदिर पृथ्वी के ठीक मध्य में, मेरू पर्वत पर बनाया। यह अष्टापद मंदिर है, जहां इस कालचक्र के पहले तीर्थंकर, ऋषभ-देव ने निर्वाण प्राप्त किया था। कुछ लोग मानते हैं कि यह कैलाश पर्वत है। ऋषभ-देव के बेटे, भरत ने यहां एक

कई पुराने जैन मंदिरों में, जैसे शिखरजी के मंदिर में, तीर्थंकर के पदचिन्ह पूजे जाते हैं।

विशाल मंदिर स्थापित किया और उसे धातुओं और रत्नों से सुसज्जित किया। इस मंदिर में आठ पायदान थे और इसलिए उसे अष्टापद तीर्थ कहा जाता है।

दूसरे चक्रवर्ती, सागर को डर था कि यह शानदार मंदिर तोड़ दिया जाएगा। इसलिए, उसने पर्वत को तोड़कर, चढ़ाई बहुत कठिन बना दी, ताकि कोई उस पर चढ़ न सके। उसने जहानु सहित अपने सभी बेटों के हाथों मंदिर के चारों ओर खाई बनवाई। खाई इतनी गहरी थी कि वह निचले क्षेत्र में नागाओं के निवास स्थान तक पहुंच गई। जब जहानु ने खाई को पानी से भर दिया, तब पानी नागाओं के राज्य में रिस गया। वे इतना खिजला गए कि उन्होंने सागर के सभी 60,000 बेटों का वध किया। अत्यंत दुःखी होकर सागर ने अपने पोते, भगीरथ को खाई का पानी समुद्र तक ले जाने के लिए कहा। यह वो नदी बन गई जिसे हम आज गंगा कहते हैं। गंगा नदी की उत्पत्ति की यह कहानी उसकी उत्पत्ति की हिंदू कहानी से बहुत अलग है। उसमें गंगा आकाश से नीचे धरती पर आते समय शिव की जटाओं में फंस गईं।

टंक एक जैन मंदिर या मंदिरों का समूह है जो पहाड़ पर एक घेरे में स्थित होते हैं।

दुर्भाग्यवश, अष्टापद का स्थल हमें पता नहीं है, जिस कारण कोई जैन उस पवित्र पहाड़ की तीर्थयात्रा नहीं कर सकता है जहां पहले तीर्थंकर ने निर्वाण प्राप्त किया था। कुछ लोग मानते हैं कि कैलाश पर्वत अष्टापद के पास स्थित है और इसलिए कई लोग कैलाश पर्वत की यात्रा करते हैं। अन्य स्थल बहुधा पर्वतों पर होते हैं, जिस कारण उन तक पायदानों से पहुंचा जाता है। ये स्थल आमतौर पर उत्तर भारतीय व्यापार मार्गों पर स्थित हैं, जो पूर्व में बिहार और झारखंड से लेकर, मध्य प्रदेश से होते हुए पश्चिम में महाराष्ट्र और गुजरात तक फैले हैं। यह प्रसिद्ध दक्षिण-पथ है, जिसने गंगा के मैदानों को विंध्य पर्वत, नर्मदा और गोदावरी की नदी घाटियों और अंत में कोंकण और कर्नाटक के समुद्र तट से जोड़ा।

- सबसे महत्त्वपूर्ण जैन तीर्थ झारखंड में शिखरजी में स्थित है, जहां चौबीस में से बीस तीर्थंकरों ने निर्वाण प्राप्त किया। यहां, कई तीर्थंकरों के पदचिन्हों को पूजा जाता है।
- अन्य दो तीर्थ बिहार में चंपा और पावापुरी में हैं, जहां क्रमशः बारहवें तीर्थंकर, वसुपूज्य और चौबीसवें तीर्थंकर, महावीर ने निर्वाण प्राप्त किया।
- बाईसवें तीर्थंकर, नेमि-नाथ ने गुजरात में गिरनार पर्वत पर निर्वाण प्राप्त किया। इस पर्वत पर कृष्ण के बेटे, प्रद्युम्न और सांब और उनके पोते, अनिरुद्ध के भी पदचिन्ह हैं, जो जैन तपस्वी बने।
- गुजरात में शत्रुंजय पर्वत आदि-नाथ के पहले प्रवचन और पांडवों के मोक्ष के साथ जुड़ा है।
- महाराष्ट्र में मांगी-तुंगी पहाड़ों पर कई शूरवीरों से जुड़े स्थल हैं। जैन आख्यानों के अनुसार, मांगी पहाड़ कृष्ण के भाई, बलराम के निर्वाण

के साथ और तुंगी पहाड़ पद्म (राम) और हनुमान के निर्वाण के साथ जुड़ा है।

- हालाँकि माउंट आबू पर स्थित दिलवारा मंदिर किसी पूज्य घटना के साथ नहीं जुड़े हैं, वे अपनी सुंदरता के लिए प्रसिद्ध हैं। उन्हें 1000 वर्ष पहले 13वीं सदी में सोलंकी राजाओं के शासनकाल के के समय में वस्तुपाल और तेजपाल जैसे व्यापारियों और दरबारियों ने बनाया। अपनी सांसारिक सफलता के बावजूद इन लोगों ने आध्यात्मिक ज्ञान का महत्त्व पहचाना। यह मंदिर बनाकर उन्होंने सुनिश्चित किया कि आने वाली पीढ़ियां जैन सिद्धांत नहीं भूलेंगी।

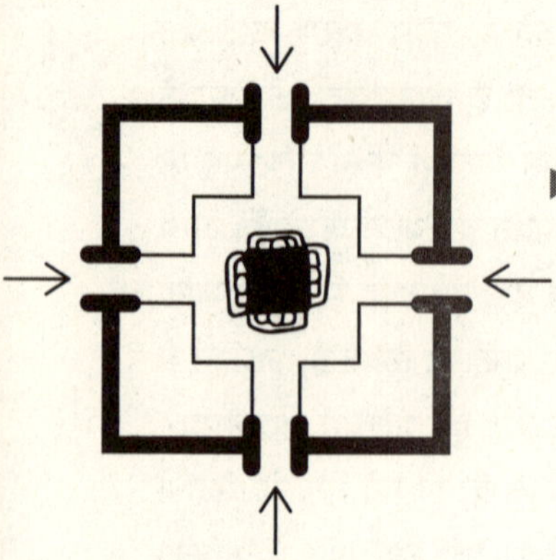

कर्नाटक में चतुर्मुख दिगम्बर बसदि, जो चारों दिशाओं से खुली है।

राजस्थान में जोधपुर के पास ओसियां एक ऐसा स्थल है जो ओसवाल जैन समुदाय में लोकप्रिय है। यह स्थल अरावली पर्वत श्रृंखला की छाया में स्थित व्यापार मार्ग पर स्थित है। वहां, पहाड़ पर सचिया माता की छवि है और पहाड़ के तल पर महावीर की छवि है। उदयपुर के पास, रणकपुर में 15वीं सदी में बनाया गया शानदार विमान मंदिर है, जिसमें आदि-नाथ ऋषभ-देव की छवि है।

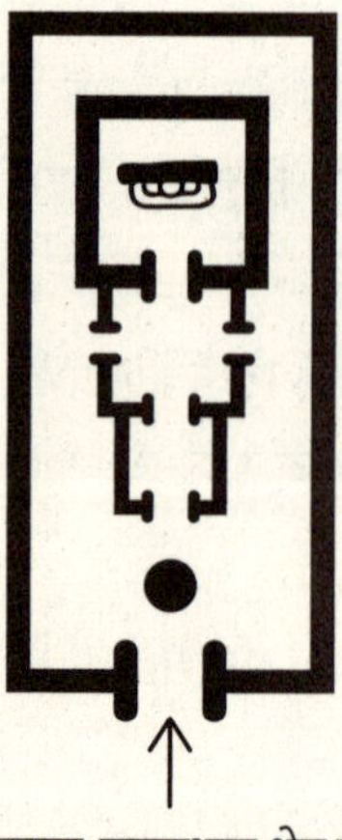

गुजरात-राजस्थान क्षेत्र का एकमुख श्वेताम्बर देरासर, जो केवल एक दिशा में मुड़ा होता है, साधारणतः पूर्व दिशा में।

जैन धर्म दक्षिण भारत में दूसरी सदी तक पहुंच गया था। स्थानीय दिगम्बर समुदायों से जुड़े कई मंदिर और मठ मंगलोर के पास, मूडबिद्री जैसी जगहों में पाए जाते हैं। आठवें तीर्थंकर, चंद्रप्रभा को समर्पित हज़ार स्तंभों वाली साविरा कंबाडा बसदि यहां स्थित है। गुरु बसदि, जिसमें सबसे पुरानी दिगम्बर पाण्डुलिपियां हैं, भी यहीं है। इसके पीछे एक रोचक कहानी है।

दिगम्बर मंदिरों में तीर्थंकर की आंखें आधी बंद होती हैं।

दिगम्बर आख्यानों के अनुसार, मौखिक रूप से प्रसारित होती आ रही महावीर की सीख समय के साथ या तो भुला दी गई या वह दूषित हो गई। लगभग 2000 वर्ष पहले जीवित धरसेन नामक जैन साधु को डर था कि बचा हुआ ज्ञान भी खो जाएगा। इसलिए, उसे जो भी याद था वह उसने दो अन्य साधुओं, पुष्पदंत और भूतबलि द्वारा लिखवा लिया। इस सीख ने 6000 सूत्रों वाले षट्खण्डागम का रूप लिया। दिगम्बर जैन इस लेख की पूर्ति का दिन श्रुत पंचमी के रूप में आज भी मनाते हैं। बाद में, 8वीं सदी में राष्ट्रकूट राजाओं के शासनकाल में, वीरसेन और जिनसेन नामक जैन साधुओं ने उस पर भाष्य लिखें। यह धवल ग्रंथ है, जिसमें 90,000 से अधिक श्लोक हैं। प्राकृत में रचे ये सूत्र और भाष्य, गुरु बसदि में रखकर पूजे गए। कई सदियों तक किसी को

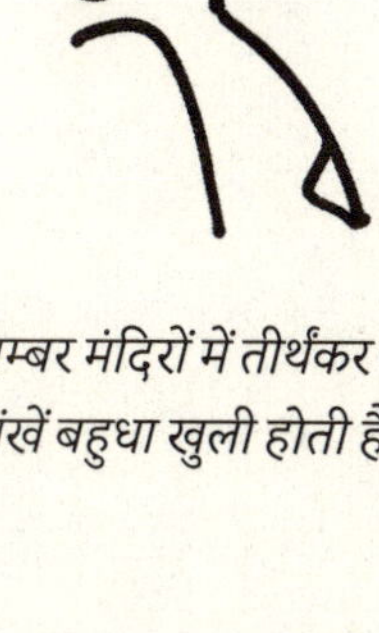

श्वेताम्बर मंदिरों में तीर्थंकर की आंखें बहुधा खुली होती हैं।

भी उन्हें पढ़ने की अनुमति नहीं थी। आख़िरकार, 20वीं सदी में व्यवसायियों की मदद से विद्वानों ने इस पाण्डुलिपि की प्रतिलिपि की और उसे अनुवादित किया। यह कार्य मंदिर के न्यासी और अन्य रूढ़िवादी जैनों को पता लगने से पहले किया गया, क्योंकि वे उसके विरोध में थे।

दक्षिण भारत में श्रवणबेलगोला नामक तीर्थस्थल प्रसिद्ध है। प्रत्येक 12 वर्ष में, सभी पंथों के जैन, गोमतेश्वर बाहुबली की 57 फुट ऊंची मूर्ति का अनुष्ठानिक स्नान देखने के लिए एकत्र होते हैं।

43

विमान पर विचार

यह अध्याय एक यात्रा-विवरण है।

मेरे सामने इस कालचक्र के पहले तीर्थंकर, आदि-नाथ ऋषभ-देव की विशाल छवि है। वे आड़े पैर, बिना कोई वस्त्र पहने, चेहरे पर हाव-भाव रहित बैठे हैं। उनके ऊपर, छत पर इच्छापूर्ति वृक्ष, कल्पवृक्ष, का उत्कृष्ट रूप से संगमरमर में उत्कीर्ण किया हुआ पत्ता है। उसके नीचे खड़े होकर की गई इच्छा पूरी हो जाती है। टूरिस्ट गाइड ने तो वही कहा। इसलिए, तीर्थयात्रियों की कतार बन गई थी। जैसे ही मैं कतार में खड़े होने गया, वैसे मैंने एक स्त्री को हंसकर बोलते सुना, 'इसकी विडंबना तो देखिए – जिनके ऊपर इच्छापूर्ति पत्ता है, वो ऐसे ऋषि हैं, जो कभी चक्रवर्ती सम्राट रहकर भी अपनी सभी इच्छाओं के पार गए और उन्होंने अपनी सारी संपत्ति त्याग दी।' मैं मन ही मन लज्जित होकर पीछे हट गया।

टूरिस्ट गाइड ने एक स्तंभ पर स्थित छोटी मूर्ति की ओर इशारा करते हुए कहा, 'इस शानदार मंदिर के निर्माता की वह एकमात्र छवि है। कुछ लोगों के अनुसार उसका नाम धरनाशाह था। उसे बहुत मनाने के बाद वह छवि वहां रखी गई, लेकिन उसका प्रतिबंध यह था कि छवि किसी की हथेली से बड़ी नहीं होगी और छवि से मूल-नायक की छवि को देखने में कोई बाधा नहीं आनी चाहिए। आजकल मंदिर बनाने वालों का रवैया इसके कितना विपरीत है।'

जैन मंदिर में प्रतिष्ठापित पूज्य छवि को 'मूल-नायक' कहा जाता है न कि विग्रह या देवता। हिंदू मंदिरों में देवता प्रतिष्ठापित होते हैं जबकि इस जैन मंदिर में तीर्थंकर प्रतिष्ठापित होते हैं, जिन्होंने बोध का सबसे ऊंचा स्तर अर्थात कैवल्य प्राप्त किया है।

मैं मंदिर के निर्माता की ओर घूर रहा था, जिसका नाम संभवत: धरनाशाह था। उसने अपने धन और दृष्टि से लगभग छह सदियों पहले, राजस्थान के पाली जिले में, उदयपुर से कुछ 100 किलोमीटर दूर, अरावली की हरी घाटी में रणकपुर में यह शानदार मंदिर बनाया। फिर मेरी दृष्टि मंदिर के स्तंभों की ओर गई। यहां 1444 स्तंभ हैं और कहते हैं कि प्रत्येक स्तंभ अलग है। लेकिन, हम यह निश्चित रूप से कह नहीं सकते हैं, क्योंकि सभी की तुलना करना बहुत कठिन है।

एक किंवदंती के अनुसार धरनाशाह ने सपने में नलिनी गुल्म विमान देखा। गुल्म विमान का शाब्दिक अर्थ है 'स्तंभ के समूह का उड़ता राजमहल', जो केवल स्वर्गीय जीवों के लिए आरक्षित है। उसने अपने वास्तुविदों को वैसा राजमहल बनाने के लिए कहा, लेकिन उनकी एक भी रचना उसे पसंद नहीं आई। फिर, देपा नामक निश्चिन्त वास्तुविद ने एक रचना बनाई। देपा शिल्पकारों में लोकप्रिय नहीं था - उसे कला बहुत पसंद थी, उसे चापलूसी नापसंद थी और अपनी रचनाओं में कोई समझौता करने के बदले वह गरीब रहना पसंद करता था। उसके लिए धरना उत्तम ग्राहक था। धरना धनी था, वह कुछ शानदार बनाना चाहता था और वह उस पर भरोसा करता था, जबकि देपा में वह उत्कृष्ट कला कौशल था जिससे वह प्रकल्प सफल हो सकता था। इस प्रकार भारत के सबसे शानदार जैन मंदिरों में से एक का

निर्माण शुरू हुआ। मंदिर के लिए भूमि स्थानीय राजा, राणा कुंभा ने दान में दी, जिस कारण वह रणकपुर मंदिर कहलाया।

यहां आदि-नाथ की चार दिशाओं में चार छवियां हैं। और प्रत्येक छवि के लिए स्तंभों के कक्ष हैं, जो तीन मंज़िल ऊँचे हैं। सभी कक्षों का एक ऊंचा आधार है। दूर से देखें, तो संगमरमर की यह उत्कृष्ट कृति, जो 48,000 वर्ग फुट के पार फैली हुई है, जिसमें उनत्तीस कक्ष और अस्सी गुंबद हैं, जिनके ध्वज हवा में लहराते हैं, एक विमान जैसे दिखते है।

भारत में सभी मंदिर विमान कहलाते हैं और यह मान्यता है कि वे प्रतिष्ठापित देवता के उड़ते रथ होते हैं। विमानों का हिंदू, बौद्ध और जैन आख्यान शास्त्रों में उल्लेख है। उनमें से रावण का पुष्पक विमान सबसे प्रसिद्ध है। संभवत: विमान वह है जो मन को ऊपर उठकर उन्नत स्थिति तक विस्तार होने में सक्षम बनाता है, जहां कोई भय और अज्ञान नही होता है। इस स्थिति तक पहुंचने का एक तरीका कला और सौंदर्य शास्त्र के माध्यम से है। इसलिए, रणकपुर मंदिर, जिसमें विश्व का त्याग करने वाले चार तपस्वियों की छवियां हैं, की रचना इतनी सुंदर है।

रणकपुर में विमान।

प्रत्येक स्तंभ पर पेड़ पौधों, प्राणियों, नायकों, सुंदरियों और जटिल ज्यामितीय प्रतिरूपों की उत्कृष्ट छवियां उत्कीर्ण की गई हैं। कोई दो स्तंभ एक समान नहीं हैं। प्रत्येक स्तंभ का स्थान यूं है कि उस पर हमेशा धूप और छांव का खेल होता है। और मंदिर की रचना के कारण जब आप अंदर जाते हो, तब रेगिस्तान में होने के बावजूद आप पर समीर बहता है। मेरी पसंदीदा छवि गांठ वाले नाग की थी। मैं उसका पिछला हिस्सा नहीं ढूंढ सका। मैं सोच में पड़ गया कि क्या वह संगमरमर का था या लेस का काम था, मानो पत्थर में क्रोशे बनाया गया हो।

ऋषभ-देवी की माँ, मरू-देवी की छवि भी भव्य है, जिसमें वे गज पर सवार हैं।

मंदिर के बनने में 50 वर्ष से अधिक लगे और वह 15वीं और 16वीं सदियों में बहुत लोकप्रिय था। 17वीं सदी में मुग़लों के आक्रमण के बाद स्थानीय जनसंख्या को वहां से पलायन करना पड़ा। मंदिर सूनसान पड़ गया और डाकुओं का अड्डा बन गया। केवल 20वीं सदी में कल्याणजी आनंदजी ट्रस्ट के प्रयासों के कारण इस मंदिर की भव्यता फिर से लौट आई। यह ट्रस्ट पिछले 300 वर्षों से देशभर के श्वेताम्बर मंदिरों की देखभाल करता आ रहा है। रणकपुर मंदिर 1953 में जनसाधारण के लिए खुल गया। यह ट्रस्ट इस मंदिर परिसर में भोजनालय भी चलाता है, जहां अहिंसा के जैन सिद्धांत के अनुकूल पौष्टिक जैन खाना मिलता है, जिसमें कम से कम मसाले होते हैं और जड़ की सब्ज़ियां नहीं होती हैं।

जैन कला

44

प्रतीकों पर विचार

प्राचीन काल से पवित्र विचार प्रतीकों के माध्यम से संचारित होते आए हैं। उसके बाद, मानवरूपी छवियां उभरीं। हम जानते हैं कि प्रारंभिक बौद्ध कला में बुद्ध नहीं दिखाएं गए। उन्हें पेड़, पदचिन्हों या पगड़ी के माध्यम से दिखाया गया। जैन कला में भी तीर्थंकरों को दर्शाने के लिए कई प्रतीकों का प्रयोग होता है। पुराने शिलापट्टों में, जो पेड़ों के नीचे रखे गए पत्थर की पटियां हैं, पवित्र, शुभ प्रतीक पाए गए हैं जिनसे पता चलता है कि कोई पवित्र व्यक्ति वहां है। आज भी, झारखंड के शिखरजी पहाड़ों पर, तीर्थंकर को बहुधा दो पदचिन्हों से दिखाया जाता है, जो केवल चार पंखुड़ियों वाले पवित्र श्रीवत्स प्रतीक से सुसज्जित होते हैं।

प्रतीकों को समझने के लिए हम उन्हें अलग प्रकार से वर्गीकृत कर सकते हैं:

- तत्त्वों में, जैसे सूर्य, चंद्र, तालाब, मणि, समुद्र और अग्नि।
- पेड़ों में, जैसे इच्छा-पूर्ति पेड़, कल्पवृक्ष, या कोई विशिष्ट फलदायक, फूलदायक पेड़, जैसे आम, आलूबुख़ारा, अंजीर, बदरी या तुलसी का पेड़।

- प्राणियों में, जैसे वृषभ, अश्व, गज, साही, गण्डक, बकरी, हिरण, मछली, हंस और मोर जैसे पक्षी, सांप, यहां तक की मधुमक्खियां, तितलियां और मछली भी।
- शिल्पकृतियों में, जैसे मटका, हथियार समान वज्र; राजसी प्रतीक जैसे सिंहासन, पादपीठ, चमर, आईना, ध्वज, छत्र, महल, रथ, माला, घंटा, टोकरी; और धान, सोने, फूल और फलों से लबालब मटके।
- ज्यामितीय प्रतीकों में, जैसे प्याले में बिंदु जो सिद्ध-लोक का प्रतीक है; तीन बिंदु, जो रत्न-त्रयी का प्रतीक है, जो सम्यक दर्शन, ज्ञान और चरित्र का तिगुना पथ है; स्वस्तिक, जो स्वर्गीय क्षेत्र में, मानवीय क्षेत्र में, प्राणियों और पौधों के क्षेत्र में और भूमिगत लोकों में रहने वाले जीवों का प्रतीक है।

एक या अधिक प्रतीकों से विचार संचारित किए गए। जैन धर्म में अष्टमंगल अर्थात आठ प्रतीक शुभ माने जाते हैं। अनुष्ठानों में इन प्रतीकों को बहुधा थाली में रखे चावल के दानों में निकाला जाता है।

अन्य प्रतीक उन रानियों के सपनों में आए जिनके पेट में कोई महान पुरुष पल रहा था। इनमें से कुछ प्रतीक गज, वृषभ, सिंह, माला, भाग्य की देवी, सूर्य, चंद्र, ध्वज, कमल का तालाब, महासागर, मछलियों की जोड़ी, घड़ा, सिंहासन, राजमहल, रथ, रत्नों का ढेर और बिना धुए की अग्नि। सपने में चौदह या सोलह प्रतीक देखना इस बात का संकेत है कि तीर्थंकर या चक्रवर्ती जन्म लेंगे; सात प्रतीक वसु-देव का संकेत हैं; चार प्रतीक बल-देव का और एक प्रतीक मांडलिक (राजा) का प्रतीक है।

कला में प्रत्येक तीर्थंकर को एक जैसा दिखाया जाता है। लेकिन उन्हें उनके प्रतीक (लांछन) या उनके विशिष्ट पेड़ से पहचाना जा सकता है।

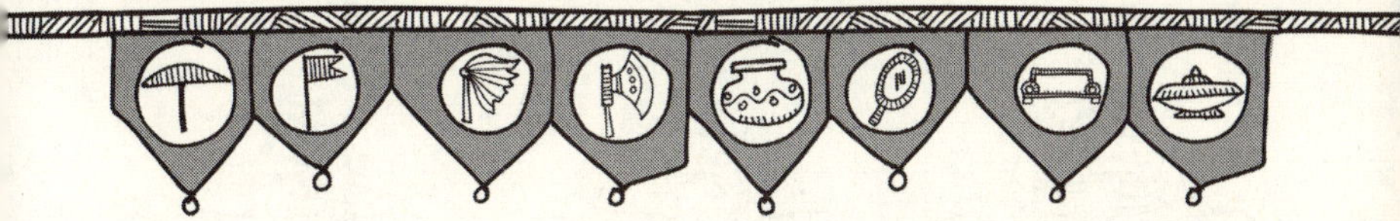

दिगम्बर अष्टमंगल

श्वेताम्बर अष्टमंगल

सासन-देवों और उनके रूपों में भी प्रतीक दिखाए जाते हैं। कुछ सासन-देवों के मानवी सिर होते हैं; अन्य के सांड या गज के सिर होते हैं; कुछ सासन-देव सिंह, महिष, वराह, अश्वों, कुरंगों और कछुओं पर सवार होते हैं। वे हाथ में हथियार, उपकरण, संगीत वाद्य, मटके और प्राणी भी धारण कर सकते हैं। जहां चक्रेश्वरी के हाथ में पहिए होते हैं, अंबिका में हाथ में आम की टहनी और पार्श्व यक्ष के हाथ में सांप और नेवला होता है।

दिगम्बर और श्वेताम्बर पंथों में शुभ प्रतीकों, सपने में आए प्रतीकों, लांछनों और सासन-देवों के रूपों की सूचियां अलग हैं, जिस कारण ग़ैर जैन धर्मीय इनमें उलझ सकते हैं। बारीकी से देखें तो ये प्रतीक नहीं बल्कि चिन्ह हैं, क्योंकि उनका उद्‌देश्य देखने वाले को कोई संदेश भेजना है। इसके अलावा, प्रत्येक तीर्थंकर एक विशिष्ट पेड़ से जुड़े हैं। उदाहरणार्थ, ऋषभ-देव अश्वत्थ या बरगद के पेड़ से और महावीर साल या सागौन के पेड़ से जुड़े हैं। यह सूची ग्रंथ अनुसार बदलती है। संभवत:, छवियों के प्रचलन के पहले लोगों ने इन्हें पूजा होगा।

1. ऋषभ-देव या आदि-नाथ
(वृषभ)

2. अजित-नाथ
(गज)

3. संभव-नाथ
(अश्व)

4. अभिनंदन-नाथ
(वानर)

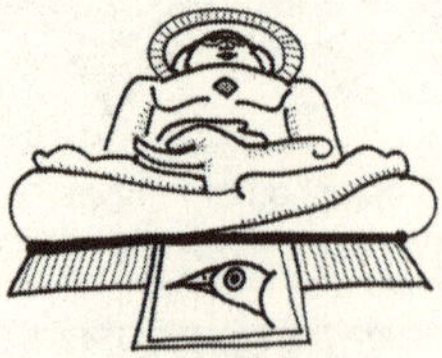

5. सुमति-नाथ
(बगुला या हंस)

6. पद्मप्रभा
(लाल कमल)

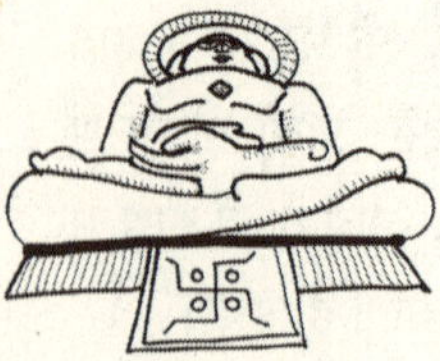

7. सुपार्श्व-नाथ
(स्वस्तिक)

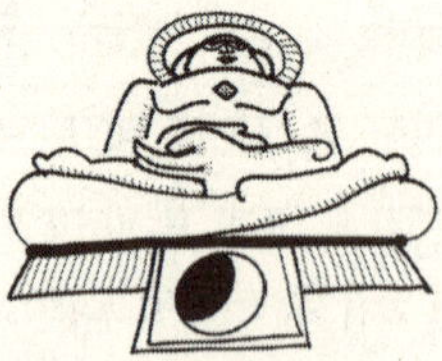

8. चंद्रप्रभा
(अर्धचंद्र)

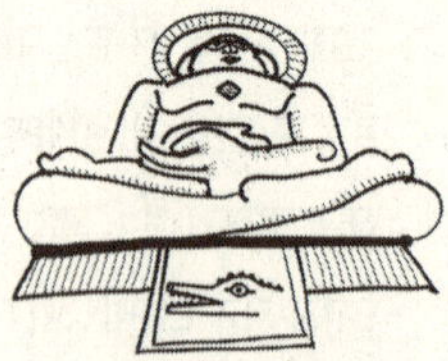

9. पुष्पदंत या सुविधि-नाथ
(मगरमच्छ)

10. शीतल-नाथ
(कल्पवृक्ष/ श्रीवत्स)

11. श्रेयांस-नाथ
(गण्डक)

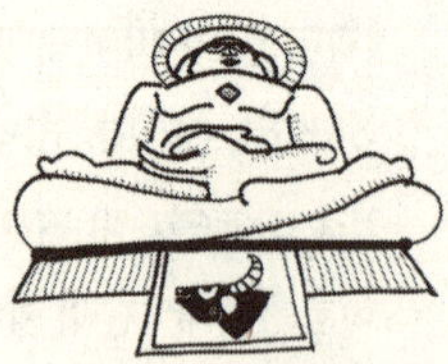

12. वसुपूज्य-नाथ
(महिष)

13. विमल-नाथ
(वराह)

14. अनंत-नाथ
(गरुड़/ साही)

15. धर्म-नाथ
(वज्र)

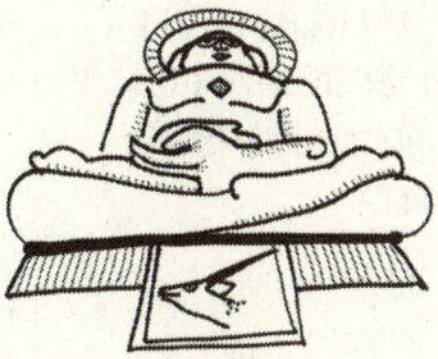

16. शांति-नाथ
(हिरण)

17. कुंथु-नाथ
(बकरी)

18. अर-नाथ
(नंदावर्त/ मछली)

19. मल्ली-नाथ
(कलश)

20. मुनिसुव्रत
(कूर्म)

21. नमि-नाथ
(नीला कमल)

22. नेमि-नाथ
(शंख)

23. पार्श्व-नाथ
(सांप)

24. महावीर
(सिंह)

हालाँकि, 1974 में, महावीर के जीवित रहने के 2500 वर्ष बाद, सभी जैन पंथों ने मिलकर एक सार्वजनिक जैन प्रतीक चुना। यह प्रतीक और उसका अर्थ नीचे दिया गया है।

45

मूर्तियों पर विचार

बुद्ध और तीर्थंकर की छवि में भेद कैसे करें? यह प्रश्न पूछना स्वाभाविक है, क्योंकि दोनों के मठवासी संप्रदायों का भारत में 2500 वर्ष पहले उद्गम हुआ और उनकी छवियां 2000 वर्ष पहले दिखने लगीं। तीर्थंकर और बुद्ध दोनों ने राजसी घराने में जन्म लिया था, जिस कारण दोनों को चौड़े कंधों, संकीर्ण कूल्हों, सुदृढ़ अंगों और आश्वस्त पर शांत चेहरे के साथ दिखाया जाता है। उनके चेहरे पर न कोई आक्रामकता होती है न कोई चिंता।

पहला और सबसे स्पष्ट भेद यह है कि बुद्ध को हमेशा कपड़ों के साथ दिखाया जाता है जबकि अधिकांश बार तीर्थंकर बिना कपड़ों के होते हैं। बुद्ध की छवियों में वे एक निचला और एक ऊपरी वस्त्र पहने होते हैं। गांधार की कला में ऊपरी लबादे से दोनों कंधे ढके होते हैं जबकि मथुरा की कला में केवल बाया कंधा ढका होता है। हालाँकि तीर्थंकरों की कुछ छवियों में उन्हें कमर पर वस्त्र पहने दिखाया जाता है, ये छवियां दुर्लभ हैं। महावीर की जीवंतस्वामी छवि, जो कथित रूप से उनके जीवनकाल में बनाई गई थी, में वे मुकुट और आभूषण पहने हुए हैं।

पाठों में मिले प्रमाण के अनुसार, बुद्ध ने अपना सिर मुंडवाया था। कला में मुंडवाया हुआ सिर अशुभ माना जाता है, जिस कारण कलाकारों ने हमेशा बुद्ध और तीर्थंकरों की छवियों को चोटी के साथ दिखाया। बुद्ध की चोटी को खोपड़ी पर उभार के रूप में दिखाया जाता है, जिसे उष्णीष कहते हैं। उष्णीष बुद्धत्व का संकेतक है। दक्षिण पूर्व एशियाई कला में यह उभार ज्वाला का

रूप लेता है। तीर्थंकर अपनी छाती पर श्रीवत्स के चिन्ह से पहचाने जाते हैं, जो कैवल्य (सर्वज्ञता) की स्थिति का संकेतक है। यदि छवि में श्रीवत्स का चिन्ह नहीं होता है, और पैर लताओं से लिपटे होते हैं, तो समझ लें कि वह छवि बाहुबली की है। बाहुबली तीर्थंकर नहीं हैं, लेकिन दिगम्बर पंथ के अनुसार जैन मार्ग पर चलने वाले वे पहले व्यक्ति थे।

एक और भेद यह है कि बुद्ध को इशारा करते हुए दिखाया जाता है - या तो वे ज़मीन को स्पर्श करते हैं, या वे 'भयभीत न हों' का इशारा करते हैं या उनका इशारा ज्ञान का संकेत करता है। तीर्थंकर कोई इशारा नहीं करते हैं। खड़ी अवस्था में उनकी भुजाएं शरीर के दोनों ओर शरीर को लगकर और हथेलियां शरीर की ओर होती हैं। कायोत्सर्ग नामक इस मुद्रा में शारीरिक आराम मायने नहीं रखता है और तीर्थंकर अपने शरीर के बारे में सचेत भी

पूर्ण रूप से कपड़ों से ढके बुद्ध, जिनके सिर पर प्रबोधन का उष्णीष प्रतीक है, जिनके हाथ में कटोरा है और जो ज़मीन हो हाथ लगा रहे हैं, जो उनके परिवर्तन की साक्षी रही है।

नग्न तीर्थंकर, जिनकी हथेलियां एक के ऊपर एक रखी हैं, और वे पालथी मारकर बैठे हैं। छाती पर बोध का श्रीवत्स चिन्ह है, सिर पर तीन छत्र हैं और जो अपने आसन पर तैर रहे हैं।

नहीं होते हैं। जब तीर्थंकर को आसीन दिखाया जाता है, तब उनकी दाहिनी हथेली हमेशा उनकी बायीं हथेली पर होती है।

बुद्ध को कभी-कभार कटोरे जैसा उपकरण या कमल का फूल पकड़े दिखाया जाता है। जीन को कुछ पकड़े हुए कभी नहीं दिखाया जाता है। ऐसी जैन छवि जिसमें हाथ इशारा कर रहे होते हैं, या जो कोई पाण्डुलिपि पकड़े होते हैं, और जो कपड़े पहनी हुई होती है, जैन आचार्य, वरिष्ठ साधु (सूरी) या नेता (गणाधार) की होती है।

कहते हैं कि बुद्ध बहुत सुंदर थे और अपने बत्तीस शारीरिक गुणों के लिए जाने जाते थे। इन गुणों में जाल वाली लंबी उंगलियां, लंबे अंग, लंबे कान और नरम घुंघराले बालों का समावेश है। बुद्ध के विपरीत तीर्थंकर के ऐसे कोई शारीरिक गुण नहीं हैं। तीर्थंकर के प्रवचन के समय बहुत कुछ होता है जो कला में चित्रित नहीं किया जा सकता है - जैसे कमल के फूलों से सुगंध का निकलना, तीर्थंकर के आस-पास संघर्ष और झगड़े न होना और लोगों को उनका प्रवचन अपनी भाषाओँ में समझ पाना।

तीर्थंकर को हमेशा राजसी प्रतीकों के साथ दिखाया जाता है: सिंहासन (वे इसके ऊपर तैरते हैं), उनके ऊपर स्थित तिहरे छत्र, चमर और दोनों ओर ध्वज, संगीतकार, मालाएं पकड़े दिव्य जीव, लबालब मटके, और उनके चारों ओर आभूषणों से भरी थालियां। बुद्ध के साथ ऐसा छवि-चित्रण नहीं होता है। कभी-कभार बुद्ध को नाग द्वारा संरक्षित दिखाया जाता है। जैन धर्म में केवल 23वें तीर्थंकर, पार्श्व-नाथ को नाग के साथ दिखाया जाता है।

तीर्थंकरों की सभी छवियां या तो आसीन या खड़ी और हमेशा लंबवत होती हैं। कई मंदिरों में बुद्ध को लेटे हुए भी दिखाया जाता है, जब वे मरने के लिए तैयार होते हैं। थाईलैंड में उन्हें चलते हुए भी दिखाया जाता है।

जबकि बुद्ध भी लंबवत दिशा में बैठे या खड़े दिखाए जाते हैं, बोधिसत्त्व को हमेशा या तो एक ओर मुड़े हुए, एक कूल्हे पर विश्राम किए हुए या उनका सिर झुकाए हुए, मानो वे किसी की बात सुन रहे हों दिखाया जाता

है। बोध प्राप्त करने के बाद तीर्थंकर को कभी इन पदों में नहीं दिखाया जाता है। तीर्थंकर के आस-पास के देवता, नर्तक, संगीतकार, यक्ष और यक्षियों को घुमावदार आसनों में दिखाया जाता है जो इस बात का संकेत है कि वे अब भी सांसारिक विश्व का भाग हैं।

जो सेवक जीन के आस-पास होते हैं वे जीन जितने स्थिर नहीं होते हैं। यह दिखाने के लिए कि वे सांसारिक विश्व का भाग है, उन्हें हिलते हुए या झुकते हुए दिखाया जाता है।

46

नग्नता पर विचार

तीर्थंकर की छवियां नंगी नहीं, नग्न हैं। नग्नता विश्व के प्रति तटस्थता की संकेतक है। नंगापन विश्व में शामिल होने, उसे मोहित करने या उसे चौंका देने की इच्छा का संकेतक है। बहुधा दोनों शब्दों का एक दूसरे के लिए प्रयोग होता है, लेकिन उनमें अंतर जानना महत्वपूर्ण है।

जैन तीर्थंकरों की प्रारंभिक छवियां मथुरा के कंकाली टीला की 2000 वर्ष पुरानी छवियां हैं। वे नग्न हैं, लेकिन उन पर सांड, शेर या नाग के कोई प्रतीक नहीं हैं जिस कारण हम प्रत्येक तीर्थंकर को पहचान नहीं सकते हैं। लेकिन नग्न तपस्वी बहुत पहले से अस्तित्व में रहे हैं। बुद्ध भी उनके बारे में जानते थे, जिस कारण उन्होंने साधुओं को अपनी तपश्चर्या के के समय में कपड़े निकालने से मना किया था। इससे स्पष्ट है कि नग्न तपस्वी भारत में कम से कम 2500 वर्षों से रहे हैं।

कुछ इतिहासकार मानते हैं कि कपड़े निकालने की प्रथा बुद्ध के कुछ दशक पहले जीवित महावीर के साथ शुरू हुई। श्वेताम्बर ग्रंथों के अनुसार, महावीर के माता-पिता पार्श्व-नाथ के अनुयायी थे, जो महावीर से 200 वर्ष पहले जीवित थे। संभवत:, पार्श्वनाथ इतिहास में पहले संन्यासी थे जिन्होंने कर्म और नियति की बात की। लेकिन वे नग्न नहीं रहते थे।

लगभग 1500 वर्ष पुराने तमिल महाकाव्य, मणिमेकलई, के अनुसार दक्षिण भारत में दो प्रकार के नग्न तपस्वी हुआ करते थे - आजीविका और निग्रन्थ। आजीविका जीवन सहते थे। निग्रन्थ वे थे जो सचेत रूप से जीवन

की सभी गांठें (ग्रन्थ) सुलझाते थे। दोनों प्रकार के तपस्वी योगी थे, जो योग करने का अर्थात मन की सिकुड़न निकालने का प्रयास करते थे। आजीविका मानते थे कि मनुष्यों में कोई मुक्त इच्छा नहीं होती है जबकि निग्रन्थ मुक्त इच्छा में विश्वास करते थे।

गोसाल आजीविका समूह का नेता था और वह महावीर का साथी रह चुका था। उनके कपड़े त्यागने के कारणों का हमें दो कहानियों में पता चलता है।

- श्वेताम्बर आख्यानों के अनुसार, महावीर ने अपनी सारी संपत्ति दूसरों को दे दी सिवाय एक लबादे के जिससे उन्होंने अपने शरीर को ढका। उन्होंने उस लबादे का आधा भाग तक एक दरिद्र व्यक्ति को दे दिया। लेकिन इस व्यक्ति ने अपने लालच में महावीर का पीछा किया इस आशा में कि वे उसे लबादे का बचा हुआ आधा भाग भी दे देंगे। जब महावीर का वस्त्र एक कांटेदार झाडी में फंस गया तब उन्होंने उसे छुड़ाने का कोई प्रयास नहीं किया, क्योंकि वैसे करने का तात्पर्य होता कि उनका लबादे से लगाव हुआ है। इस प्रकार, महावीर 'आकाश से ढकें' (दिगम्बर) बन गए, जो 'नग्न साधु' के लिए शिष्ट शब्द है।
- बौद्ध आख्यानों के अनुसार, गोसाल ने एक दरिद्र परिवार की गौशाला में जन्म लिया था। उसके पिता अपने सिर पर देवताओं की छवियां लेकर सभी जगह घूमते थे। दीन होने के कारण गोसाल को किसी का दास बनाया गया। जब उसने अपने मालिक से भागने की कोशिश की, उसके मालिक ने उसका पीछा किया। दौड़ते समय मालिक ने उसके लबादे को पकड़ा और गोसाल नग्न हो गया। गोसाल ने इस घटना को अपना भाग्य मान लिया और अपनी नग्नता स्वीकार ली।

महावीर राजकुमार के कपड़े पहने हुए। जीवंतस्वामी नामक यह दुर्लभ छवि सबसे पहले एक देवता ने उत्कीर्ण की।

कुछ दशक पहले, बाहुबली की मूर्ति मुंबई के देशीय एयरपोर्ट के ठीक सामने लगाई जा रही थी। कई लोगों ने इसका विरोध किया। वे नहीं चाहते थे कि लोग एयरपोर्ट से बाहर निकलने पर एक नंगे व्यक्ति की छवि सबसे पहले देखें। इसलिए, मूर्ति के मध्य भाग को पट्टी से ढक दिया गया और अंत में वह मूर्ति निकाल दी गई। अनभिज्ञ लोगों की ताक ने एक अतींद्रिय, अलैंगिक प्रतीक को कामुक जीव में बदल दिया था। जागरूक न होने के कारण नग्नता को नंगापन माना गया।

मनुष्य ऐसा प्राणी है, जो जीवन का अर्थ निकालता है। हम किसी ध्वनि और किसी रेखा को अर्थ देकर शब्द बना सकते हैं। हम किसी छवि या किसी हाव-भाव को अर्थ देकर प्रतीक निर्माण कर सकते हैं। हम हमारे अर्थ की कई परतें बना सकते हैं, जिस कारण पेड़ केवल एक पेड़ नहीं रह जाता और बीड़ी केवल बीड़ी नहीं रह जाती है। नग्नता के साथ भी हम यही करते हैं।

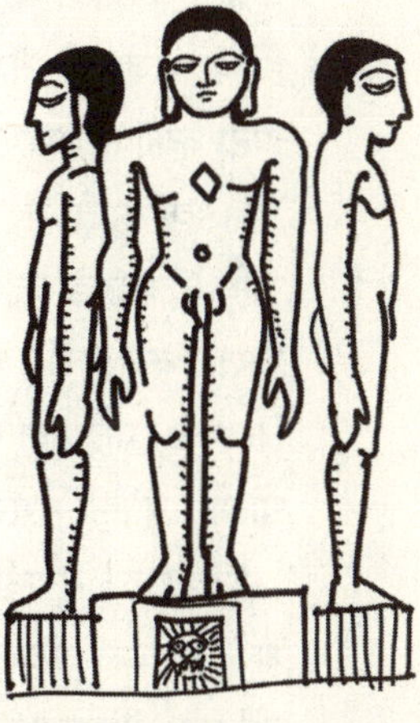

तीर्थंकर महावीर, खड़े कायोत्सर्ग मुद्रा में, बिना किसी लबादे के और प्रबोधन प्राप्त किए हुए। इस मुद्रा के कारण वे अपने शरीर के बारे में अनभिज्ञ हैं।

संदर्भ या देखने वाले के अनुसार नग्नता के अलग अर्थ निकाले जा सकते हैं। वह कामुक या ग़ैर कामुक हो सकती है और उसके माध्यम से शरीर का गुणगान किया जा सकता है या वह अध्यात्म की संकेतक हो सकती है। 16वीं सदी में इटली में माइकल एंजेलो द्वारा संगमरमर में बनाई गई डेविड की 14 फुट ऊंची मूर्ति की तुलना 10वीं सदी में श्रवणबेलगोला गोमतेश्वर बाहुबली की 57

फुट ऊंची मूर्ति के साथ करने पर यह अंतर स्पष्ट दिखाई देता है।

श्वेताम्बर मंदिर में नेमि-नाथ की सजाई हुई छवि।

बाइबिल के अनुसार, शुरुआत में ईडन में रहने के के समय में मनुष्य भोले थे और अपनी नग्नता के बारे में अवगत नहीं थे। लेकिन निषिद्ध फल खाने के बाद वे अपनी नग्नता से अवगत हो गए और उन्होंने अपने आप को पत्तों से ढक दिया। इस मूल पाप के बाद जब भी कोई व्यक्ति नंगा रहा, वह गॉड की कृपा से वंचित हो गया, और उस कृत्य को अश्लील और घृणास्पद माना गया। ओल्ड टेस्टामेंट में एक कहानी के अनुसार राजा डेविड ने आर्क ऑफ़ द कोवेनेंट के सामने नंगा नाच किया था। कई लोगों को यह कहानी घृणास्पद लगती है। वे मानते हैं कि राजा को वैसे नहीं करना चाहिए था या उन्होंने वह नृत्य नहीं किया होता क्योंकि वैसा नृत्य अशिष्ट है और वह केवल मूर्तिपूजकों में होता है।

15वीं सदी में माइकल एंजेलो ने इसी राजा डेविड की मूर्ति बनाई। लेकिन यह डेविड के यौवन की मूर्ति थी जिसमें उसने गोलिअथ नामक विशालकाय जीव की हत्या की थी। बाइबिल में नंगेपन से जुड़ी लज्जा के बावजूद, माइकल एंजेलो ने डेविड की मूर्ति नग्न बनाई, उस शैली में जिसमें प्राचीन यूनानी परसिअस जैसे अपने वीरों की मूर्तियां बनाते थे। बहुदेववादी 'मूर्तिपूजक' यूनानी आत्मा के बजाय शरीर और मनुष्य के रूप को मनाते थे। माइकल एंजेलो की डेविड की मूर्ति अपने आत्मविश्वास, एकाग्रता, सुंदरता और मनोहरता के लिए प्रसिद्ध है। लेकिन यह निश्चित है कि यूरोपीय पुनर्जागरण के के समय में बनाई गई इस कलाकृति को रूढ़िवादी ईसाई धर्म के विरोध में नंगा बनाया गया। कला, कलाकार और प्रेक्षक तीनों इस नंगेपन के बारे में अवगत हैं।

यूरोपीय पुनर्जागरण के पांच शतकों पहले बनाई गई गोमतेश्वर बाहुबली की विशाल मूर्ति सांसारिक विश्व से मुक्ति के लिए संघर्ष का मूर्त रूप है। इस मूर्ति में बाहुबली ऊंचे और अटल हैं और बिना कोई वस्त्र पहने क्षितिज की ओर देखते हैं। उनके पैरों से लिपटीं लताएं और उनकी छाती पर श्रीवत्स चिन्ह का न होना बाहुबली की छवि को तीर्थंकरों की छवि से अलग करता है। बाहुबली न अपने पिता, ऋषभ-देव, जैसे निर्वाण प्राप्त किए तीर्थंकर हैं और न ही वे अपने भाई, भरत, जैसे बंधे हुए चक्रवर्ती हैं। वे ऋषि और राजा के बीच हैं और इसलिए जैन धर्म के दिगम्बर संप्रदाय के साधारण अनुयायी उनके साथ सहानुभूति रखते हैं। इस मूर्ति में नग्नता त्याग का मूर्त रूप है और उसका पौरुष सुंदरता या शक्ति से कुछ लेना-देना नहीं है।

हालाँकि जैन कला में पुरुषों की नग्नता को अनुमति है, महिलाओं की नग्नता को अनुमति नहीं है। केवल एक नग्न तपस्विन की छवि पाई जाती है और वो है श्वेताम्बर परंपरा के अनुसार 19वीं तीर्थंकर, मल्ली-नाथ की छवि। लेकिन यह दुर्लभ है। कई तपस्वी परंपराओं के अनुसार, स्त्री शरीर में सांसारिक विश्व के बंधनों से मुक्ति पाने का साधन नहीं है। इसके अलावा, यह मान्यता है कि स्त्री शरीर प्रलोभन देता है और इसलिए उसे ढकना आवश्यक है। इसलिए जैन साध्वियां अपने शरीर ढकती हैं। केवल दिगम्बर साधु अपने कपड़े त्याग देते हैं, श्वेताम्बर साधु वैसा नही करते हैं। ऐसा करने से यह सच्चाई स्वीकार की जाती है कि लोग खुले में नग्न पुरुष के होने से असहज महसूस कर सकते हैं।

देखने वाले में संभवत: मठवासी नग्नता और कामुक नंगेपन में भेद करने की अध्यात्मिक परिपक्वता न हो। भारत में मुसलमान शासन शुरू होने के बाद भ्रमणकारी नग्न तपस्वियों की प्रथा लगभग पूरी तरह से बंद हो गई। केवल 20वीं सदी के जैन पुनरुत्थान के समय वह फिर से शुरू हुई।

47

देश पर विचार

जैन समुदाय भारत के सबसे सफल व्यवसायी समुदायों में से एक हैं। उनसे अच्छी मांग और आपूर्ति की समझ कोई नहीं रखता है। इसलिए, कोई आश्चर्य की बात नहीं कि उनका आख्यान शास्त्र भूख पर आधारित है; भूख हमारी सारी भौतिक, भावनात्मक, बौद्धिक और अध्यात्मिक इच्छाओं के लिए एक रूपक है।

सर्वश्रेष्ठ जीनों ने अपनी सारी भूख वश में कर ली है, जिस कारण वे सिद्ध-लोक के निवासी हैं। दूसरी ओर, जीव भूखे होते हैं, और इसलिए वे लालसा और खोज के विश्व में फंसे हैं। यह वे अपनी इंद्रियों की मदद से करते हैं। लालसा और खोज से उनके अध्यात्मिक शरीर भौतिक पदार्थ (पुद्गल) से ढक जाते हैं, जिस कारण वे विभिन्न ऊपरी लोकों से नीचे के तलों तक खींचे जाते हैं।

जैन विश्व को अपनी कमर पर हाथ रखें एक व्यक्ति के रूप में कल्पित किया जाता है। यह लोक-पुरुष है। उनका सिर सिद्ध-लोक है, जहां जीन निवास करते हैं। जीन सभी लोकों के बाहर स्थित हैं। वे जन्म लेने या मृत्यु का अनुभव करने के लिए बाध्य नहीं हैं। उनका मन इच्छाओं से निरंकुश है और इसलिए असीम है और अत: सभी जीवों के सत्य की सराहना कर सकता है, जिसे कैवल्य कहते हैं।

पृथ्वी लोक-पुरुष की कमर है। यहां आप और मेरे जैसे लोग रहते हैं।

लोक-पुरुष के पैरों के पास तल है, जहां भूख होती है। उसके निवासी प्रेत (जो भूखे और भविष्य के लिए आतुर होते हैं) और भूत (जो प्रतिशोधी होते हैं और अतीत में फंसे हैं) हैं। उनके पास न खाना है, न वे संतुष्ट हैं और न ही वे आराम का अनुभव करते हैं, जिस कारण वे दुःखी हैं। इन तलों में सभी शोषित जीव रहते हैं। उनके ऊपर रहने वाले जीव उन्हें भोजन से वंचित रखते हैं। यहां रहने वाले लोगों ने अपने पूर्व जन्मों में अत्यधिक उपभोग करने से ऋण अर्जित किए हैं जिन्हें उन्हें चुकाना होता है।

ऊपर, लोक-पुरुष की छाती में लोक होते हैं, जिनके निवासियों के पास आवश्यकता से कई अधिक होता है। सबसे ऊपर स्थित स्वर्ग-लोक में सभी इच्छाएं पूरी की जाती हैं। देवताओं के राजा इंद्र (शक्र) वहां रहते हैं। स्वर्ग में रहने वाले जीवों के खाते में साख या प्रसिद्धि जमा होती है, जिस कारण उन्हें दूसरों से ऋण वसूल करने होते हैं। ये जीव जमाखोर होते हैं जिन्होंने दूसरों को भोजन से वंचित किया है। वे सुखी हैं लेकिन शांतिपूर्ण नहीं हैं, क्योंकि उनके लोक पर भूखे जीव आक्रमण करते रहते हैं। उन्होंने भूख को वश में नहीं किया

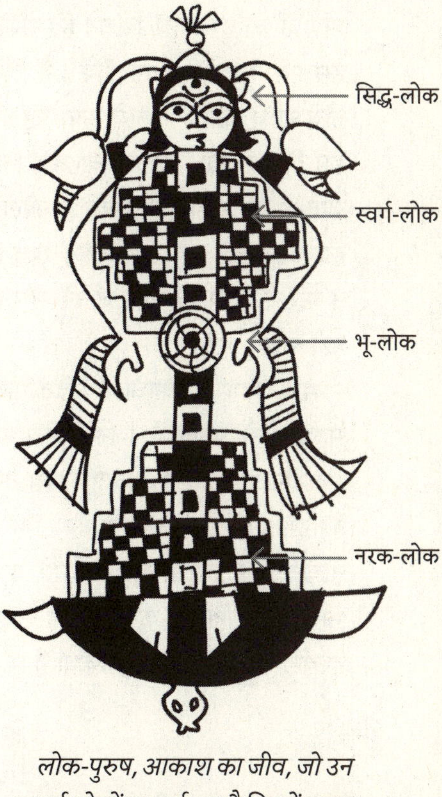

लोक-पुरुष, आकाश का जीव, जो उन कई लोकों का मूर्त रूप है जिनमें मनुष्य अपने कार्मिक खाते के अनुसार जीते हैं।

है, जिस कारण वे असंतुष्ट हैं और उदार नहीं हैं। इसलिए वे अब भी जीन नहीं बल्कि जीव हैं।

पृथ्वी पर आम आदमी सिद्ध-लोक से अधिक स्वर्ग में जाना चाहता है। हम ऋण से मुक्त होना चाहते हैं लेकिन जमा से मुक्त नहीं होना चाहते हैं। हम भोग चाहते हैं मोक्ष नहीं।

यह विचार सांप-और-सीढ़ी के खेल से बच्चों को सामझाया गया। सांप वे ऋण हैं जो हमें नीचे खींचते हैं। सीढ़ियां जमा हैं जो हमें ऊपर ले जाते हैं। हम इस आशा में पासा फेंकते हैं कि हम ऊपर जाएंगे, लेकिन बहुधा हम नीचे खींचे जाते हैं। सबसे ऊपर पहुंचने पर खेल समाप्त हो जाता है, लेकिन हम फिर से खेल खेलना चाहते हैं। इस प्रकार हम जीवन के खेल में फंस जाते हैं, जो सांप और सीढ़ी के खेल जैसे है। हम इस खेल और जीवन में हार और जीत तब तक चाहते रहते हैं जब तक कि हम खेल खेलना बंद न कर दें, और खेलकर जीतने और हारने की इच्छा के पार जाकर संतुष्टि नहीं चाहने लगें।

मध्य भाग को बहुधा संकेंद्रित गोलों के साथ दिखाया जाता है। ये सात महाद्वीपों के प्रतीक हैं, जिनके बीच सात तरह के महासागर हैं। मनुष्य केंद्रीय महाद्वीप पर रहते हैं। देवता सबसे दूर स्थित नंदीश्वर द्वीप पर मंदिर बनाते हैं। इस प्रकार, आकाश न केवल हमारे ऊपर, लोक के रूप में और हमारे नीचे तल के रूप में है, वह हमारे चारों ओर कई सागरों और द्वीपों का रूप भी लेता है। क्षितिज के पार बहुत कुछ है जो मानवीय दृष्टि या मनुष्य निर्मित दूरबीन से नहीं देखा जा सकता है।

48

संरक्षकों पर विचार

भारत में यक्ष और यक्षी नामक प्रकृति में पाए गए पुरुष और स्त्री आत्माओं की पूजा वैदिक परंपराओं के आने और जैन और बौद्ध धर्म के उद्गम से बहुत पहले होती आई है। उन्हें चैत्य नामक मंदिरों में, या पत्थर के रूप में पेड़ों के नीचे और तालाबों के पास पूजा गया। धीरे-धीरे, विशेष रूप से 5वीं और 10वीं सदियों के बीच, वे हिंदू, बौद्ध और जैन देवगणों में समाए गए। कुछ लोग मानते हैं कि यह तांत्रिक काल था। अधिकांश आत्माएं संरक्षक-देवता (क्षेत्र-पाल), धर्म के संरक्षक (सासन-देवता), द्वार-पाल, सेवक और प्रशंसकों के रूप में सम्मिलित की गईं। हिंदू धर्म में ये लोक देवता स्वयं देवता के रूप में पूजे जाने लगे।

सबसे पुराने 'अयागपट्ट' या पत्थर की पटियां जिन पर जैन धर्म से जुड़े चित्र हैं मथुरा के कंकाली टीला में पाए गए हैं। सन 100 तक कालांकित इन पटियाओं पर हमें तीर्थंकर और जैन 'चैत्य' की सेवा करते हुए यूनानी सेंटो और पक्षी रूपी 'किन्नर' दिखते हैं। सासन-देवों की यह प्रारंभिक छवियां हैं।

प्रारंभिक सूचियों में चौबीस तीर्थंकरों के लिए चौबीस यक्ष और यक्षियों का उल्लेख नहीं है। ऐसी सूचियां केवल 1000 वर्ष पहले उभरीं। यक्ष तीर्थंकर की छवि की दाहिनी ओर और यक्षी छवि की बाई ओर होती है। संभवत:, ये प्राचीन स्थानीय देवता थे जो परोपकारी और अपकारी दोनों थे। जैन साधुओं ने परोपकारी देवताओं का सम्मान किया और अपकारी

देवताओं को वश में किया। जैन धर्म को लोकप्रिय बनाने में इन स्थानीय देवताओं की पूजा की महत्त्वपूर्ण भूमिका रही।

ऋषभ-देव का नंदी रूपी वृषभ-मुक नामक सेवक; पार्श्व-नाथ का गणेश रूपी गज के सिर, नेवला धारण किए और कछुए पर सवार सेवक; और उत्तर और दक्षिण के प्रसिद्ध यक्ष राजा, मणिभद्र और पूर्णभद्र, कुछ लोकप्रिय यक्ष हैं। प्रत्येक यक्ष के एक से अधिक सिर और हाथ होते हैं, जिनमें हथियार, फल और संगीत वाद्य होते हैं। यक्ष किसी प्राणी के साथ जुड़ा होता है जैसे गज, सिंह, अश्व, कबूतर, मोर, कूर्म, इत्यादि। कभी-कभार क्षेत्र-पाल और यक्ष में भेद किया जाता है। दोनों जैन धर्म की रक्षा करने के प्रति समर्पित सासन-देवता हो सकते हैं, लेकिन क्षेत्र-पाल भूगोल से जुड़ा है जबकि यक्ष विशिष्ट तीर्थंकर से जुड़ा है।

14वीं सदी में जीनप्रभसूरी द्वारा लिखित विविधतीर्थकल्प में कपर्दी नामक यक्ष की कहानी है। वह एक राजा था जो जैन साधुओं को वर्षा-ऋतु में आश्रय देता था। उसने उन्हें उसकी उपस्थिति में कोई प्रवचन न देने के लिए कहा था, लेकिन साधुओं ने अपनी कृतज्ञता दिखाने के लिए राजा को एक मंत्र दिया था। कई वर्ष बाद, जब अपनी रानी के साथ झगड़े के बाद वह शत्रुंजय पर्वत चढ़कर मदिरा पीने लगा, तब वह जान गया कि मदिरा सांप के विष से दूषित थी। वह अकेले मरने वाला था और इसलिए उसने जैन साधुओं द्वारा दिया गया मंत्र जपा और यक्ष बन गया। उसकी पत्नी भी दुःखी हुई और उसने भी वह मंत्र जपा। वह गज और यक्ष की वाहन बन गई।

7वीं सदी में प्राकृत में रचे गए तिलोय पणत्ति जैसे जैन ग्रंथों के अनुसार तीन लोकों में तीन तरह की जैन देवियां होती हैं।

- लक्ष्मी और सरस्वती ऊपरी क्षेत्रों की देवियां हैं।
- सोलह समरूप विद्या-देवियों का समूह मध्य क्षेत्र में रहता है और ये देवियां ज्ञान का मूर्त रूप हैं, जिससे मनुष्य शक्तिशाली बन सकते हैं।
- यक्षियां निचले क्षेत्रों की देवियां हैं जो तीर्थंकर की रक्षा करती हैं और उनकी छवियां अपने सिर पर रखती हैं। प्रारंभिक कला में तीर्थंकर की छवियों के नीचे केवल यक्षियों को दिखाया गया। यक्ष बाद में दिखाए जाने लगे।

तीर्थंकर नेमि-नाथ की यक्षी, अंबिका, दुर्गा जैसे सिंह पर सवार होती है। वह मातृक भी है और उसके कारण सूखे पेड़ खिलते हैं और सूखे कुंए पानी से भर जाते हैं। शुरू में, अंबिका सभी तीर्थंकरों की यक्षी थी। बाद में, प्रत्येक तीर्थंकर के लिए अपनी यक्षी उभरी।

- महावीर की यक्षी, सिद्धयिक, सिंह पर सवार होती है और इसलिए अंबिका जैसी दिखती है।
- ऋषभ-देव चक्रेश्वरी से जुड़े हैं, जो देवी कृष्ण जैसा चक्र धारण करती हैं।
- चंद्रप्रभा ज्वालामालिनी से जुड़े हैं, जिसके हाथों में दुर्गा की तरह कई हथियार होते हैं।
- पार्श्व-नाथ पद्मावती से जुड़े हैं, जिसके हाथ में सांप होते हैं।

कर्नाटक में, संतारा राजवंश ने पद्मावती को अपनी देवी माना। पद्मावती ने राजवंश के संस्थापक को उसके पिता से बचाया, जो अपनी कनिष्ठ पत्नी के बहकावे में आकर अपने बेटे की हत्या करने जा रहे थे। पद्मावती ने राजा को अपनी छवि पर लोहे का डंडा लगाने के लिए कहा; वह सोने

में बदल गया। लेकिन जब राजा ने उसे मिले दो मोतियों में से सच्चा मोती रानी को और नक़ली मोती पद्मावती को दिया, तब उसने राजा की मदद करना बंद किया।

यक्षों की तरह सभी यक्षियों की कई भुजाएं होती हैं जिनमें वे हथियार, फल, फूल और संगीत वाद्य धारण करती हैं। प्रत्येक यक्षी एक प्राणी से जुड़ी है। लेकिन यक्ष के विपरीत यक्षी का केवल एक सिर होता है।

गो-मुख या वृषभ-मुख यक्ष और चक्रेश्वरी यक्षी आदि-नाथ ऋषभ-देव की रक्षा और सेवा करते हैं।

49

चित्रों पर विचार

भारत की सबसे प्राचीन ताड़ पत्री की पाण्डुलिपियां जैन धर्मियों की हैं। एक जैन कहानी के अनुसार, एक राजकुमारी को अपने पूर्व जन्म याद थे और वह पूर्व जन्म के पति के लिए तरसती थी। उसके कहने पर चित्रकारों ने उसके पूर्व जन्म की घटनाओं के चित्र बनाए। फिर वे चित्र दिखाने के लिए अलग-अलग राज्य गए। राजकुमारी को आशा थी कि चित्र देखने पर उसका पति उसे याद करेगा और उसे ढूंढने आएगा। और यही हुआ। एक राजकुमार को चित्र देखकर अपना पूर्व जन्म याद आया और वह राजकुमारी से मिलने आया। किसी अगले जन्म में यह राजकुमार इस कालचक्र का पहला तीर्थंकर, ऋषभ-देव बना।

यह कहानी जैन परंपरा में पाण्डुलिपियों के महत्त्व की बात करती है। 13वीं और 15वीं सदियों के बीच पाण्डुलिपियां विशेष रूप से लोकप्रिय बन गईं। जैन परंपरा में पाण्डुलिपियों की भूमिका को समझने के लिए हमें भारत के इतिहास के बारे में जानना होगा।

जैनियों ने मंदिर निर्माण और छवि-चित्रण को लोकप्रिय बनाया। वे पृथ्वी पर वो कर रहे थे जो देवता आकाशीय क्षेत्रों में कर रहे थे। लेकिन 10वीं सदी से मध्य एशिया से आ रहे मुसलमान सरदार जैन मंदिर नष्ट करने लगे। इस्लाम में मूर्तिपूजा निषिद्ध थी, जिस कारण वे मंदिरों पर आक्रमण कर उनसे संपत्ति लूटते थे और मूर्तियां नष्ट कर देते थे। 12वीं सदी से ये सरदार भारत के शासक बन गए और उन्होंने जैन मंदिरों के स्तंभों से मस्जिद

बनाए, जैसे गुजरात में खंभात में जामी मस्जिद और दिल्ली में क़ुतुब मीनार परिसर में मस्जिद।

दिल्ली के सुल्तानों ने फ़ारसी और मध्य एशियाई अकाउंटेंट और नौकरशाहों को काम पर रखना पसंद किया। लेकिन 13वीं सदी में मंगोल आक्रमणों और 14वीं सदी में तैमूर के दिल्ली के आक्रमण के बाद यह बदल गया। यह इसलिए कि उसके बाद भारत तक यात्रा करना ख़तरनाक बन गया जिस कारण दिल्ली के सुल्तानों ने इन पदों के लिए भारतीयों को नियुक्त करना बेहतर समझा। उस समय कई जैनों और ब्राह्मणों ने सुल्तानों के दरबारों में काम करना शुरू किया। इस समय दिल्ली सल्तनत भी दुर्बल हो चुकी थी, जिस कारण उसके आस-पास के राज्य और शक्तिशाली बन गए, जैसे मध्य भारत में मालवा, गुजरात में पाटन और गंगा के मैदानों में जौनपुर के राज्य। इन सभी राज्यों में जैन व्यापारी दरबारी और मंत्री भी बन गए, और उन्होंने राजा को अपने ख़ज़ाने की देखरेख करने और कर इकट्ठा करने में मदद की। यह सहयोग बहुत सफल रहा।

इस समय, सफल व्यापारियों ने अपने अतिरिक्त धन से जैन आख्यानों को बढ़ावा दिया और लोगों को उनके बारे में अवगत कराया। परंपरागत रूप से मंदिर बनाए जाते थे। लेकिन, उन्हें डर था कि सुल्तान मंदिरों को नष्ट कर देंगे, और इसलिए उन्होंने पाण्डुलिपियां बनवाईं। इस प्रकार, प्रारंभिक ताड़ पत्री पाण्डुलिपियां अस्तित्व में आईं, जिनमें शब्द और चित्र दोनों हैं।

सबसे पहली पाण्डुलिपियां 11वीं सदी से हैं। लेकिन जैन पाण्डुलिपियों का सुनहरा दौर 13वीं और 15वीं सदियों के बीच का है, जब पाण्डुलिपियों के माध्यम से जैन आख्यान लोगों तक पहुंचाए गए। कल्प-सूत्र की कई कहानियों से काल के तरंग जैसे स्वभाव; सकेंद्रित महाद्वीपों और सागरों; स्वर्ग, पृथ्वी और नरक के तीन लोकों; और चौबीस तीर्थंकरों सहित बारह चक्रवर्तियों और वसु-देव, बल-देव और प्रतिवसु-देवों के नौ त्रयों की बात की गई।

परिशिष्टों में कई कहानियां हैं, जैसे कलक-आचार्य की, जिसने शकों की मदद से अपनी बहन को राजा से मुक्त किया; यशोधरा की, जिसे कई बार पुनर्जन्म लेना पड़ा क्योंकि वो देवियों के लिए पशु बलि करने में विश्वास करता था; और मैना और श्रीपाल के साहसी कार्यों की जिनमें वे सिद्ध-चक्र यंत्र के कारण सफल रहे। इन पाण्डुलिपियों में तीर्थस्थलों के नक़्शे भी थे।

जैन चित्रों की एक अनोखी बात यह है कि जबकि चेहरों को हमेशा पार्श्वक दिखाया जाता है, दोनों आंखें दिखाईं जाती हैं। ये चेहरे ताड़ पत्रियों और कपड़ों पर निकाले गए। प्राकृत और संस्कृत के शब्द सूक्ष्म, समरूप सुलेखन में हैं। जबकि शुरू के चित्रों में अधिकतर लाल रंग का प्रयोग हुआ, बाद के चित्रों में फ़ारस से आयात लापीस लज़ूली से बनाए गए नीले रंग

जैन चित्रों की एक अनोखी बात यह है कि जबकि चेहरे को पार्श्वक दिखाया जाता है, व्यक्ति की दोनों आंखें दिखाईं जाती हैं।

का प्रयोग भी हुआ। समय के साथ, जैसे जैन समुदाय में संपन्नता बढ़ी वैसे सोने का इस्तेमाल बढ़ता गया।

इन पाण्डुलिपियों को शास्त्र भंडारों में इकट्ठा किया गया। उन्हें इकट्ठा कर उन्हें सुरक्षित रखना एक धार्मिक क्रिया बन गई। सन 500 में अजंता की गुफ़ाओं के भित्ति-चित्रों के बाद इन पाण्डुलिपियों से हमें भारतीय कला के सबसे पहले प्रमाण मिले हैं, अर्थात 1000 वर्षों के अंतराल के बाद। हालाँकि कई पाण्डुलिपियां संग्रहित की गईं, उनमें से बहुत कम पढ़ी गईं।

आज भी, तीर्थ-पट के जैन कपड़े के चित्र, जिनमें तीर्थस्थल दिखाएं जाते हैं, वर्षा-ऋतु के बाद के त्यौहारों में मंदिरों में टांगे जाते हैं। यह उन श्रद्धालुओं के लाभ के लिए है जो बिहार, गुजरात और महाराष्ट्र के दूर दराज़ के मंदिरों की यात्रा नहीं कर सकते। आमतौर पर जैन यंत्रों, अष्टमंगल और जैन रानियों के सपनों के चित्र बनाए जाते हैं; उनका उपयोग कई अनुष्ठानों में और सौभाग्य आकर्षित करने के लिए जादू के रूप में प्रयोग होता है।

जैन कहानियां

50

पुनरावृत्ति पर विचार

अधिकांश कहानियां 'एक समय की बात है' से शुरू होती हैं और 'सभी ख़ुशी ख़ुशी रहने लगे' पर समाप्त होती हैं। लेकिन जैन विश्वदृष्टि में अंत की कोई धारणा नहीं होती है, जो बात जैन कहानियों में भी दिखाई देती है। घटनाएं होती रहती हैं। घटनाओं का पुनरावर्तन होता रहता है।

जैन विश्वोत्पत्ति में, काल सर्प जैसी तरंगों में, आरोहण और अवरोहण से चलते रहता है। अभी अवसर्पिणी अर्थात कालावधि का अवरोहण चल रहा है, जिसमें हम सौभाग्य (सुषमा) से दुर्भाग्य (दुषमा) की ओर जा रहे हैं। इसके बाद उत्सर्पिणी अर्थात कालावधि का आरोहण शुरू होगा, जिसमें हम दुर्भाग्य (दुषमा) से सौभाग्य (सुषमा) की ओर जाएंगे। प्रत्येक उत्सर्पिणी के पहले एक अवसर्पिणी होती है और प्रत्येक अवसर्पिणी के बाद एक उत्सर्पिणी होती है। इस प्रकार, कालचक्र हमेशा से घूमता आया है। हमें बस सभी कुछ याद नहीं है।

सभी कुछ किसे याद है? सभी कुछ तीर्थंकर अर्थात केवलिन को याद है। केवलिन के पास कैवल्य ज्ञान है, अर्थात वे सर्वज्ञानी हैं। वे सबकुछ का और सबका, अतीत और भविष्य का, बाहर और भीतर का और शरीर और मन का ज्ञान रखते हैं। प्रत्येक आधे चक्र में चौबीस तीर्थंकर (ऋषियों के ऋषि),

12 चक्रवर्ती (राजाओं के राजा) और 9 वसु-देव या नारायण (नायकों का नायक), जो उनके बड़े भाई, बल-देव या बल-भद्र को प्रति-वसुदेव (या प्रति-नारायण) की क्रूरता से बचाते हैं। अन्य पात्र भी हैं:

- चौबीस काम-देव या मन्मथ, जिनके प्रति महिलाएं बहुत आकर्षित होती हैं।
- चौदह मनु या कुलकर, जो संस्कृति स्थापित करते हैं।
- ग्यारह रूद्र, जो मठवास को त्यागकर शक्ति प्राप्त करने के लिए मनोगत यौन क्रियाएं करते हैं।
- नौ नारद, जो अफ़वाहें फैलाकर कलह निर्माण करते हैं।

प्रत्येक तीर्थंकर के जीवन में एक जैसी पांच मुख्य घटनाएं होती हैं, देवता जिनके साक्षी हैं।

- बिना किसी पीड़ा की गर्भावस्था और प्रसव, जिसके बाद देवता तीर्थंकर को पहला स्नान देते हैं।
- त्याग, जो बालों को नोचकर किया जाता है।
- कैवल्य का बोध, जिसके बाद समवशरण नामक गोल सभा होती है। इस सभा में जो कहा जा रहा है वह सभी जीव सभी दिशाओं से सुन और समझ सकते हैं।
- शरीर का निर्वाण और स्वर्ग के पार सिद्ध लोक तक उत्थान है।
- सर्वज्ञानी बनने पर जैन ऋषि केवलिन कहलाते हैं। तीर्थंकर वे केवलिन हैं जिनकी गोल सभाएं (समवशरण) होती हैं। अपना नश्वर शरीर

छोड़ने से पहले केवलिन अरिहंत कहलाते हैं। अपना नश्वर शरीर छोड़ने के बाद वे सिद्ध हैं और सिद्धालय (सिद्ध-लोक) के निवासी बन जाते हैं।

प्रत्येक तीर्थंकर का नाम एक ऐसी घटना से जुड़ा है जो उनकी माँ की गर्भावस्था के समय उनके माता-पिता के साथ हुई थी। पद्ममप्रभा की मां कमल की छवियों वाली चादर पर लेटना पसंद करती थीं; शीतल-नाथ ने अपने बुखारग्रस्त पिता की उष्णता कम की थी; चंद्रप्रभा की मां अपनी गर्भावस्था के समय चांदनी का आनंद लेती थीं; मल्ली-नाथ की मां को चमेली के फूलों की सुगंध पसंद थी; नमी-नाथ के जन्म के समय उनके पिता के शत्रु भी उन्हें नमन करने आए; वर्धमान, जो बाद में महावीर कहलाए, के जन्म के समय देहातों में खुशहाली थी।

प्रत्येक तीर्थंकर को या तो आसीन या खड़ा कल्पित किया जाता है। आसीन अवस्था में, दाहिना पैर बायें पैर पर रखा जाता है, और दाहिनी हथेली बाईं हथेली पर होती है। तीर्थंकर सिंहासन के ऊपर तैरते हैं। जब वे खड़े होते हैं तब उनकी हथेलियां शरीर की ओर मुड़ी होती हैं। सभी छवियां राजसी प्रतीकों से घिरी होती हैं: ऊपर एक तिहरा छत्र, नीचे सिंहासन, ध्वज, पंखे, मालाएं पकड़े सेवक, और दोनों ओर रत्न और संगीत वाद्य। प्रत्येक तीर्थंकर इनसे पहचाने जाते हैं:

- प्रतीक
- पेड़
- यक्ष
- यक्षी

चक्रवर्ती और वसु-देव की कहानियों में भी रूपांकन दोहराए गए हैं: गर्भधारण के समय निर्धारित सपने, निर्धारित कथानक, जिससे सभी को याद दिलाया जाता है कि कहानी पहले हुई है और आगे भी होगी। हर चक्रवर्ती के नौ खज़ाने (निधि), चौदह रत्न, 64,000 रानियां और 32,000 करदाता हैं। प्रत्येक वसु-देव प्रति-वसुदेव के साथ पहिए से लड़कर उसका वध कर देता है। हालाँकि हर बल-देव अहिंसक है, उसका अपने भाई से बहुत लगाव होता है और इसलिए जब वसु-देव की मृत्यु होती है तब बल-देव शव का दहन नहीं करने देता है, इस आशा में कि शव फिर से जीवित होगा।

जैन कहानियों के विस्तृत संग्रह में अनेक रूपांकन दोहराए गए हैं:

महा-पुरुष को जन्म देने जा रहीं रानी के सपने। श्वेताम्बर जैनों के अनुसार चौदह प्रतीक और दिगम्बर जैनों के अनुसार सोलह प्रतीक तीर्थंकर या चक्रवर्ती को इंगित करते हैं; सात प्रतीक वसु-देव को इंगित करते हैं; चार बल-देव को और एक मांडलिक (राजा) को इंगित करते हैं।मांस खाने की इच्छा जिसकी परिणति नरभक्षण भी हो सकता है।

- नायकों की कामुक करतूत, जिन पर कई स्त्रियां प्रेम कर बैठती हैं लेकिन अंत में ये नायक जीवन को त्याग देते हैं।
- सौभाग्य और दुर्भाग्य को समझाने के लिए पुनर्जन्म का उपयोग।
- इच्छा के कारण हुआ व्यभिचार यहां तक कि कौटुंबिक व्यभिचार।

एक देवी का पिछला जन्म दिखाया जाना, जिसमें उनकी सास उन्हें पीड़ा पहुंचाती है।

एक देवता का पिछला जन्म दिखाया जाना: या तो एक जैन साधु की सेवा करते हुए या उसे बचाते हुए।

ऐसी देवियां जिन्हें मांस खाना पसंद है, जैन साधुओं से प्रभावित होकर हिंसा त्याग देना और मिठाइयां पसंद करने लगना।

असीम पुनरावृत्ति के साथ यह आसक्ति क्यों? संभवतः मनुष्यों को यह याद दिलाने के लिए कि उनके जीवन न विशिष्ट हैं न अनोखे। जो आज हो रहा है वह पहले हो चुका है। हम पुनर्जन्म के सम्मोहक हिंडोले में फंसे हैं। हालाँकि हमें यह याद नहीं है, पर यह सभी पहले हो चुका है। यदि हम जैन मार्ग नहीं चुनेंगे हम सांसारिक अस्तित्व के तनाव, और पीड़ा से कभी नहीं बच पाएंगे।

51

पुनर्जन्म पर विचार

जातक कथाएं बुद्ध के पूर्व जन्मों पर हैं, कैसे बुद्ध ने अच्छे कार्य करके पुण्य अर्जित किया जिससे उनका बुद्धत्त्व सुनिश्चित हुआ। इन कहानियों को सन 100 से मध्य भारत के स्तूपों में कला के माध्यम से दिखाया गया। यह इस बात का संकेत है कि बौद्ध विचार हमेशा से अस्तित्व में रहे हैं न कि वे 2500 वर्ष पहले, ऐतिहासिक बुद्ध के आने के बाद उभरे।

जैन धर्म भी मानता है कि वह हमेशा से अस्तित्व में रहा है। लेकिन वह नहीं मानता है कि तीर्थंकरों ने अपने पूर्व जन्मों में पुण्य अर्जित कर निर्वाण प्राप्त करने हेतु कोई विशिष्ट अच्छे कर्म किए थे। कर्म इतना यादृच्छिक और जटिल है कि उसे जैसे-को-तैसा भविष्यसूचक गणित अल्गोरिथम के रूप में सरलीकृत नहीं किया जा सकता है। हालाँकि सभी तीर्थंकरों ने अनगिनत पूर्व जन्म जिए हैं, उनके सभी पूर्व जन्म भिन्न हैं।

अपने पूर्व जन्मों में, इस कालचक्र के पहले तीर्थंकर, ऋषभ-देव, देवता, राजा, व्यापारी और चिकित्सक रह चुके थे। प्रत्येक जन्म में उन्होंने अपने कर्तव्य ईमानदारी से निभाएं। जब वे राजा थे, वे विलासिताओं का भोग करना चाहते थे। लेकिन यह जानने पर कि उन्हें जीने के लिए केवल एक महीना बाकी है, उन्होंने वो एक महीना सच्चे जैन मार्ग पर चलने का निर्णय लिया। जब वे चिकित्सक थे, तब उन्होंने कई मरीज़ों का इलाज किया। जब वे व्यापारी थे, तब उन्होंने जैन तपस्वियों की देखभाल की। एक बार, काम में व्यस्त रहकर वे उन्हें खिलाना भूल गए। जब उन्हें याद आया तब वे

तुरंत उन्हें खिलाने गए और यह भी सुनिश्चित किया कि भोजन खाने योग्य था। अपने पूर्व जन्मों में उन्होंने प्रेम, मित्रता और वैवाहिक प्रेम भी अनुभव किया। वे अपनी पत्नी से बहुत प्रेम करते थे। जब उनकी पत्नी का समय से पहले निधन हुआ तब उन्हें बहुत दुःख हुआ। बाद के जन्म में दोनों ने पडोसी राज्यों में जन्म लिया और उनकी पत्नी ने उन्हें ढूंढ लिया। एक अन्य जन्म में वे दोनों एक साथ ख़ुश थे, लेकिन इससे पहले कि वे संसार त्यागकर, अपना सिंहासन अपने बेटे को दे पाते, उनके बेटे ने आतुरता में उनकी हत्या कर दी। उन्होंने एक ही गर्भ से पुनर्जन्म लिया और जुड़वां भाई-बहन बनकर रहे। एक अन्य जन्म में वे मित्र थे जिन्होंने एक साथ जैन मंदिर बनाएं और जैन कहानियां सुनीं।

इसके विपरीत, 19वें तीर्थंकर, मल्ली-नाथ, के पिछले जन्म से हमें पता चलता है कि श्वेताम्बर परंपरा के अनुसार क्यों उन्होंने स्त्री बनकर तीर्थंकर के रूप में जन्म लिया। एक पिछले जन्म में वे और उनके छह मित्र साधु थे और वे उपवास कर रहे थे। लेकिन, चूँकि वे बीमार थे, इसलिए उन्होंने दूसरों से कम भोजन खाया। लेकिन वे अपने मित्रों को यह बात बताना भूल गए। इसलिए, अनजाने में उन्होंने अधिक पुण्य अर्जित किया और वे तीर्थंकर बन गए। लेकिन, चूँकि यह कर्म छल से अर्जित हुआ था, उन्हें स्त्री का शरीर मिला। उनके मित्र राजा बनकर जन्में, जो उनसे विवाह करने के लिए एक दूसरे का वध करने को तैयार थे।

मल्ली-नाथ, जो श्वेताम्बर जैनों के अनुसार एकमात्र तीर्थंकर हैं जिनका स्त्री का शरीर है। यह इसलिए कि अपने पूर्व जन्म में उन्होंने अनजाने में अपने साथियों को बिन बताएं उनसे अधिक उपवास किया था।

23वें तीर्थंकर, पार्श्व-नाथ को अपने पूर्व जन्मों में बहुत संघर्ष करना पड़ा। उनका एक शत्रु उन्हें कई जन्मों तक तड़पाता रहा, लेकिन उन्होंने कभी अपने मन की शांति नहीं खोयी। उनकी यातना उस जन्म में शुरू हुई जब वे मरुभूति थे और तपस्वी जीवन जीना चाहते थे। उनकी पत्नी की कामुक इच्छाएं पूरी न होने के कारण उसने उनके भाई, कमथ के साथ व्यभिचार किया। मरुभूति ने अपने भाई को इस व्यभिचार की सजा दी और कमथ ने बदले में मरुभूति के सिर पर लात मारकर उसकी हत्या की। कमथ का यह क्रोध कई जन्मों तक चलता रहा। मरुभूति ने गज और मनुष्य बनकर जन्म लिया और प्रत्येक जन्म में कमथ ने नाग या शिकारी या शेर बनकर उसे तड़पाकर मार डाला। जब मरुभूति ने स्वर्ग में देवता के रूप में जन्म लिया, तब कमथ ने नरक में पीड़ित आत्मा का रूप लिया। अंत में, जब मरुभूति ने पार्श्व बनकर पुनर्जन्म लिया, कमथ ने पुजारी बनकर पुनर्जन्म लिया, जो पांच अग्नि वेदियों में अनुष्ठान कर रहा था। पार्श्व ने कमथ से अनुष्ठान रोकने का अनुरोध किया चूँकि अग्नि से प्राणी मारे जा रहे थे। पार्श्व ने तो एक नाग के प्राण भी बचाए, जिसे लकड़ी समझकर अग्नि में फेंका गया था। फिर

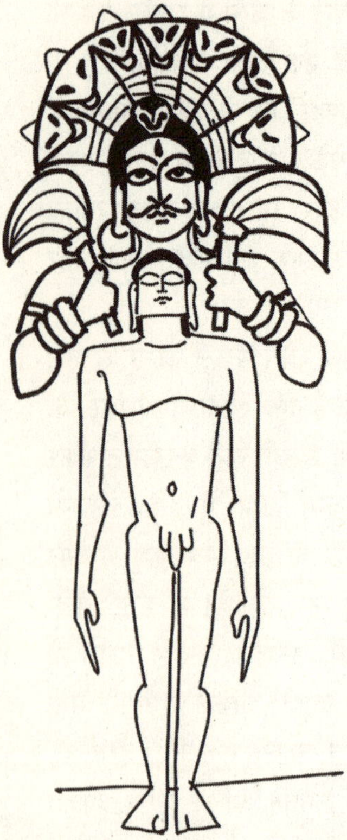

कर्नाटक के दिगम्बर जैनों के आख्यानों के अनुसार, नागों के राजा, धनेंद्र ने अपना फण फैलाकर पार्श्व की उनके शत्रुओं से रक्षा की। अपने पूर्व जन्म में धनेंद्र एक सांप था और पार्श्व ने उसे आग में जलने से बचाया था।

कमथ एक भयानक आदमी में बदल गया और उसने पार्श्व को हानि पहुंचाने की कोशिश की। लेकिन पार्श्व ने जिस नाग को बहुत पहले बचाया था और जिसने अब नागों के राजा धनेंद्र के रूप में पुनर्जन्म लिया था, ने अपना फण फैलाकर पार्श्व की रक्षा की। इसके बाद पार्श्व केवलिन बन गए, वे जो बिना किसी आलोचना के सबकुछ देख सकते हैं।

24वें तीर्थंकर, महावीर के पूर्व जन्मों में उन्हें जैन मार्ग पर चलने के लिए कई चुनौतियों का सामना करना पड़ा। उनके एक पूर्व जन्म में वे ऋषभ-देव के पोते थे। ऋषभ-देव ने भविष्यवाणी की थी कि महावीर तीर्थंकर बनेंगे। इस जानकारी से महावीर को गर्व हुआ और तेज़ी से तीर्थंकर बनने के लिए वे साधु बन गए। लेकिन जैन तपस्वी मार्ग बहुत कठोर लगने की वजह से वे दूसरे संप्रदाय में तपस्वी बन गए। एक जीवन में जब किसी ने उनके दिखावे की ठठ्ठा की, तब वह बहुत क्रोधित हुए। दूसरे जन्म में वे एक वसु-देव थे और हिंसक थे। फिर उन्होंने शेर बनकर पुनर्जन्म लिया और एक बार नरक में भी पुनर्जन्म लिया। कई जन्मों तक यातना सहने के बाद, जिस के समय में 22 और तीर्थंकरों ने पृथ्वी पर जन्म लिया, उन्होंने अंतत: महावीर बनकर जन्म लिया।

52

कारणता पर विचार

13वीं और 15वीं सदियों के बीच रची गईं जैन प्रेम कहानियों में यह धारणा केंद्रीय है कि कर्म हमारे शरीर से बंध जाता है और हमारी आत्मा को पुनर्जन्म के चक्र में फंसा देता है। और जैन मार्ग पर चलना आत्मा को इस चक्र से छुड़ाने का एकमात्र तरीक़ा है। इसके लिए, हमें हमारे पिछले जन्मों के कारण निर्मित हुईं परिस्थितियों को तितिक्षा से स्वीकार कर कोई प्रतिक्रिया नहीं देनी चाहिए, ताकि भविष्य की घटनाएं निर्मित न हों।

उदाहरणार्थ, महाभारत में नल-दमयंती की प्रसिद्ध कहानी को 13वीं सदी में सोमप्रभसूरी द्वारा लिखित कुमारपाल प्रतिबोध में थोड़ा बदला गया है। इस कहानी में नल नामक सुंदर पुरुष ने दमयंती नामक सम्मोहक स्त्री से विवाह किया। वे एक साथ सुखी जीवन जी रहे थे जब जुए में दुस्साहस के कारण उन्हें अलग रहना पड़ा। बारह वर्ष का विरह भुगतने के बाद दोनों का पुनर्मिलन हुआ। उन्होंने एक जैन साधु से 12 वर्षों की उनकी पीड़ा के बारे में पूछा। साधु ने उन्हें बताया कि एक पूर्व जन्म में वे भैसों को चराते थे और एक दिन जब बहुत वर्षा हो रही थी तब उन्होंने एक जैन साधु को आश्रय दिया था। इसलिए वे भाग्यशाली बने थे। लेकिन, एक अन्य जन्म में उन्होंने 12 घंटों तक एक जैन साधु को तड़पाया था जिस कारण उन्हें 12 वर्षों का विरह और पीड़ा सहनी पड़ी।

हमें कर्म और कारणता की एक विस्तृत और बहुत जटिल समझ राजा यशोधरा की कहानी से मिलती है। 8वीं और 13वीं सदियों के बीच कई

संस्कृत, प्राकृत और कन्नड लेखों में इस कहानी का पुनःकथन हुआ। इस कहानी से हमें पता चलता है कि रक्तबलि के भयंकर परिणाम होते हैं, चाहे वो प्रतीकात्मक रूप से भी क्यों न की गई हो।

एक दिन राजा ने अपनी पत्नी को एक कूबड़ के साथ संभोग करते हुए पाया। दुःखी होकर उसने अपनी माँ, चंद्रमति से शिकायत की। चंद्रमति ने उसे उनकी कुलदेवी को मुर्गे की बलि चढ़ाने के लिए कहा, जो फिर रानी को सजा देगी। लेकिन राजा हिंसा से दूर रहना चाहता था और इसलिए उसने आटे का मुर्गा बलि में चढ़ाया। इस बलि के बावजूद देवी ने व्यभिचारी रानी को सजा नहीं दी। इतना ही नहीं व्यभिचारी रानी ने अपने पति और सास को विषैला खाना खिलाकर उनकी हत्या कर दी। उनकी मृत्यु के बाद उसने अपने बेटे को राजा बनाया और वह अपने कूबड़ प्रेमी के साथ रहने लगी। यशोधरा और उसकी माँ ने कई जन्मों तक अपनी 'हिंसा' के कार्मिक परिणाम भुगते। यशोधरा को रक्तबलि की नक़ल करने के लिए और उसकी माँ को उसे वह अनुष्ठान करने के लिए प्रोत्साहन देने के लिए भुगतना पड़ा।

1. यशोधरा ने अपने ही महल के उद्यान में मोर बनकर पुनर्जन्म लिया। उसने रानी पर हमला किया, जो उसकी पत्नी रह चुकी थी, लेकिन महल के कुत्ते (पुनर्जन्म ली हुई उसकी माँ) ने उसे मार डाला।
2. उसने नेवला बनकर पुनर्जन्म लिया, जिसने नाग (पुनर्जन्म ली हुई उसकी माँ) को मारने की कोशिश की; दोनों को लकड़बग्घे ने मार डाला।
3. उसने मछली बनकर उसी कुंड में पुनर्जन्म लिया जहां उसकी माँ ने मगरमच्छ के रूप में पुनर्जन्म लिया था। जब महल की स्त्रियां कुंड में स्नान करती थीं तब यह मगरमच्छ उन पर हमला करता था। एक मछुआरे ने मछली और मगरमच्छ को एक ही जाल में पकड़ा। मगरमच्छ की खाल उसके जीवित रहते ही निकाल दी गई और

मछली को पकाकर वर्तमान राजा के पिता (स्वयं यशोधरा) की याद में परोसा गया।

4. उसने बकरी बनकर पुनर्जन्म लिया और दूसरी बकरी के साथ संभोग करते हुए मारा गया। यह बकरी पुनर्जन्म ली हुई उसकी माँ थी।

5. उसने बकरी बनकर पुनर्जन्म लिया (वह अपना ही पिता था), लेकिन उसकी माँ को प्रसव के समय ही मारा गया और उसका मांस राजा की दादी (चंद्रमति) की याद में अर्पण किया गया। बाद में एक महिष (पुनर्जन्म ली हुई उसकी माँ) ने राजसी घोड़े को मार डाला। इसलिए महिष को बकरी के साथ तड़पाकर मारा गया। व्यभिचारी रानी ने बकरी और महिष का मास भूनकर खाया।

6. उसने और उसकी माँ ने एक ही मुर्गी के चूज़े बनकर जन्म लिया। एक जैन साधु से उन्होंने अपने पूर्व जन्मों के बारे में जाना और वे रोने लग गए। रोने की आवाज़ से खिजलाकर राजा (यशोधरा के बेटे) ने अपने धनुष से दोनों को मार डाला।

7. उसने और उसकी माँ ने भाई-बहन बनकर पुनर्जन्म लिया। उन्हें अपने पूर्व जन्म याद आएं, कैसे राजा उनका पिता था और उसने भाई-बहन के पूर्व जन्म में उन्हें मार डाला था जब वे मुर्गियां थे। उन्हें याद आया कैसे उनकी माँ ने उन्हें तब मारा था जब कई जन्मों पहले वे मनुष्य थे। इन यादों से उन्हें घृणा महसूस हुई और शांति पाने के लिए वे जैन मठवासी बन गए। जब एक और राजा ने अपनी कुलदेवी को उनकी बलि चढ़ाना चाहा, तब भाई-बहन ने उसे नहीं रोका। उनकी अंतिम इच्छा थी कि वे इस राजा को अपने पूर्व जन्मों के बारे में बताएं। राजा यह कहानियां सुनकर जैन साधु बन गया। उसने यशोधरा के बेटे को भी यह कहानी बताई और उसने भी जैन मार्ग अपना लिया।

चंद्रमति (ऊपरी पंक्ति) और यशोधरा (निचली पंक्ति) के कई पुनर्जन्म।

प्राणियों के रूप में माँ और बेटे में कई जन्मों के पार रिश्ता विकसित होते गया। शुरू में वे एक दूसरे के प्रति हिंसक थे, फिर वे एक दूसरे से मित्रवत थे, फिर कामुक और अंत में वे भाई-बहन बने। उनके जीवन में शांति तब लौटी जब वे मठवासी बन गए, जिसने उन्हें व्यभिचार, विडंबना, हिंसा और पीड़ा भरे पुनर्जन्म के चक्र से मुक्त कर दिया।

पुनर्जन्म की बौद्ध और हिंदू धारणाओं के विपरीत, जैन कहानियों में हम कर्म के फल का पूर्वानुमान नहीं कर सकते हैं। इसलिए, कर्म के बीज बोना भी हमारे हाथों में नहीं है। कर्म इतना जटिल है कि उसका परिणाम हमारे नियंत्रण के बाहर होता है। इस प्रकार, जैन धर्म के अनुसार हम केवल अतिसंयम, उदारता और संतुष्टि के माध्यम से कर्म के बोझ को जलाकर कम कर सकते हैं।

53

वासना पर विचार

जैन आख्यान शास्त्र के अनुसार, एक आदर्श विश्व में संभोग, हिंसा, अकेलापन, भूख और भय नहीं होते हैं। मनुष्य लम्बा जीवन जीते हैं। स्त्री और पुरुष एक साथ अस्तित्व में आकर मित्र बनकर रहते हैं। जब उनके निधन का समय आता है तब स्त्री के शरीर से जुड़वां बाहर आते हैं। लड़के और लड़की की यह जोड़ी भी मित्र बनकर जीती है और अंत में अगली जोड़ी जन्म लेती है। बच्चे पूर्णत: विकसित होकर जन्म लेते हैं। यहां बच्चों का पालन-पोषण नहीं करना पड़ता है। सभी जगह उगने वाले इच्छा-पूर्ति पेड़ बच्चों की भोजन और वस्त्र सहित अन्य सभी आवश्यकताएं पूरी करते हैं। फिर, जैसे सुषमा की अवधि दुषमा में बदलती है, वैसे जीवन अवधियां भी कम होती जाती हैं। लोगों में भूख और भय उत्पन्न होते हैं और वे संपत्ति, सीमाओं और वर्गीकरण जैसी धारणाओं के बारे में सोचने लगते हैं। माता-पिताओं को संभोग से बच्चों का गर्भधारण करना पड़ता है और उनका पालन-पोषण भी करना पड़ता है। लोगों की ऊंचाई भी कम होती है।

एक बार एक देवता ने हर और हारिणि नामक जुड़वां जोड़ी को स्वर्ग में मित्र बनकर सुखी जीवन जीते देखा। देवता को याद आया कि अपने पूर्व जन्म में हारिणि उनकी पत्नी रह चुकी थी और हर वो राजा था जिसने हारिणि को लुभाया था। पूर्व जन्म में देवता अकेले और दु:खी अवस्था में मर गए थे। लेकिन उनकी विश्वासघाती पत्नी अपने प्रेमी के साथ जुड़वां बनकर सुखी जीवन जी रही थी! लेकिन देवता को यह नहीं पता था कि उसकी पत्नी

युगलिक, नर और मादा जुड़वां, जो बिना किसी संभोग के एक ही गर्भ धारण करते हैं और जीवनभर एक दूसरे का साथ देते हैं। उनकी मृत्यु तब होती है जब स्त्री अगले जुड़वां बच्चों को जन्म देती है।

और पत्नी के प्रेमी ने अपने व्यभिचार का पश्चाताप किया था और आमरण उपवास भी किया था, जिस कारण उन्हें सौभाग्य प्राप्त हुआ था। इसलिए, देवता, जो अभी भी क्रोधित थे, पृथ्वी पर गए। वहां के लोग एक राजा और रानी के आने के लिए रुके थे जो उन्हें राह दिखाएंगे। देवता ने लोगों को हर और हारिणी का आह्वान करने कहा, जो राजा और रानी बनकर मनुष्यों को मार्ग दिखाने के लिए तैयार हुए। लेकिन स्वर्ग से पृथ्वी पर आते ही उनका कद कम हुआ, उनकी जीवन अवधि कम हुई और वे भूख और भय का अनुभव करने लगे। वे एक दूसरे से कामुक रूप से आकर्षित हुए और लालची बने और संशय करने लगे। उन्होंने बच्चों को जन्म देकर राजाओं के हरिवंश कुल की स्थापना की।

कामुक इच्छाओं का बुरा पहलु समझाने के लिए व्यभिचार और कौटुंबिक व्यभिचार के ये विषय जैन कहानियों में दोहराए गए हैं। जैन लेखकों ने कई संस्कृत कहानियां लिखीं जिनमें व्यभिचारी महिलाओं की करतूतें वर्णित थीं। इन महिलाओं ने अपने पतियों को धोखा दिया और फिर उन्हें यह विश्वास दिलाया कि वास्तव में वे निष्ठावान थीं।

12वीं सदी में हेमचंद्र द्वारा लिखित परिशिष्टपर्वन में एक ससुर ने अपनी बहू को रात के समय बाग़ में उसके प्रेमी के साथ संभोग करते हुए पाया। अपराध के सबूत के रूप में ससुर ने बहू की पायल चुराई। लेकिन बहू भी चालाक थी और वह समझ गई कि उसके ससुर ने ऐसा किया है। इसलिए,

सूर्योदय से पहले, उसने अपने प्रेमी को चले जाने के लिए कहा और अपने पति को उठाया। फिर, पति पत्नी ने बाग़ में संभोग किया। इसके बाद बहू ने अपने पति से शिक़ायत की कि उसने संभोग करते समय ससुर को उसकी पायल चुराते हुए देखा था। इसलिए जब ससुर ने अपनी बहू पर आरोप लगाया, तब पति ने उन पर विश्वास नहीं किया। आख़िरकार, उसी ने अपनी पत्नी के साथ बाग़ में संभोग जो किया था। फिर, ससुर ने मांग की कि उसकी बहू एक यक्ष की चमत्कारी छवि के पैरों के बीच से चलकर अपनी ईमानदारी का प्रमाण दें। यह मान्यता थी कि यक्ष झूठे लोगों के सिर कुचल देता था। अपने आप को बचाने के लिए व्यभिचारी पत्नी ने परीक्षा से पहले अपने प्रेमी को एक पाग़ल आदमी जैसे कपड़े पहनाए और उसे छूने के लिए कहा। फिर उसने यक्ष को घोषणा की, 'यह बात जान लें कि केवल दो पुरुषों ने मुझे छुआ है - मेरी पति ने और इस पाग़ल आदमी ने।' चूँकि तकनीकी रूप से यह वाक्य सही था, यक्ष ने उसे नहीं कुचला और वह बच गई।

उसी कहानी में व्यभिचारी रानी ने अपने पति को मारकर पहले महावत से संबंध रखा और फिर महावत को मारकर चोर के साथ संबंध रखा। चोर ने देखा कि रानी ने महावत को कितनी सहजता से मारा था और इसलिए वह भाग गया। रानी को प्रबुद्ध करने लिए, एक देवता ने सियार का रूप लिया और रानी के सामने अपने जबड़े में मरा हुआ ख़रगोश लेकर प्रस्तुत हुआ। जब सियार ने देखा कि तालाब में एक मछली सांस लेने के लिए तड़प रही है, तब वह ख़रगोश को छोड़कर मछली पकड़ने गया। लेकिन मछली तालाब में भीतर चली गई और एक बाज़ ने ख़रगोश को खा लिया, जिस कारण सियार खाली हाथ रह गया। रानी यह सभी देख रही थी। तब देवता ने उसे बताया, 'तुम सियार जैसी हो, जो दूसरे के लिए एक को छोड़ता है और अंत में उसके पास कुछ भी नहीं रह जाता है।'

13वीं सदी में उदयप्रभा-सूरी द्वारा लिखित धर्माभ्युदय महाकाव्य में वर्णित है कैसे वासना के कारण हम व्यभिचार से कौटुंबिक व्यभिचार करने तक

पहुंचते हैं। एक गणिका को अपने बेटे और बेटी के जन्म के बाद उन्हें त्यागना पड़ा ताकि वह अपना व्यवसाय जारी रख सके। दो व्यापारियों ने उसके बच्चों को गोद लिया और अंत में इन बच्चों का विवाह हुआ, यह न जानते हुए कि वे वास्तव में भाई-बहन हैं। एक दिन, युवती को सच्चाई का पता चला। उसे घृणा हुई और वह जैन साध्वी बन गई। कई वर्षों बाद उसने अपने भाई को एक गणिका के साथ रहते हुए पाया। जैन मार्ग पर कई वर्ष चलने से उसने दैवी शक्तियां अर्जित की थीं। इन शक्तियों से उसे पता चला कि ये गणिका, जिसके साथ उसका भाई रह रहा था, वास्तव में उनकी माँ थी। उसने यह बात अपने भाई को बताई और उसे भी घृणा हुई और उसने जैन मार्ग अपनाया।

महाराष्ट्र में कुंथलगिरि के जैन मंदिर में देशभूषण और कुलभूषण की छवियां हैं। ये दो भाई एक दूसरे को बहुत चाहते थे, कभी झगड़ा नहीं करते थे और सबकुछ हमेशा आपस में बांटते थे। पढ़ाई करने के लिए वे अपने घर से दूर स्थित पाठशाला में गए और कई वर्षों बाद लौटे। घर पर उन्होंने एक सुंदर लड़की देखी और उसे आकर्षक पाकर उसे पाने के लिए लड़ने लगे। फिर उन्हें पता चला कि वास्तव में यह लड़की उनकी बहन थी, जिसने उनके पढ़ाई करने के लिए घर छोड़ने के बाद जन्म लिया था। दोनों भाइयों को अपनी वासना से घृणा महसूस हुई और वे जैन साधु बन गए।

जैन कथाकारों की आशा थी कि इन कहानियों के माध्यम से लोग अपनी वासनाओं को वश में कर लेंगे और ब्रह्मचर्य नहीं तो कम से कम संयमित जीवन जीएंगे।

54

नरभक्षण पर विचार

जैसे हम निम्नलिखित कहानियों से जानेंगे, कई जैनों के लिए मांसाहार नरभक्षन जितना दुष्ट है।

13वीं सदी में सोमप्रभ-सूरी द्वारा लिखित कुमारपाल प्रतिबोध में एक बकरी की कहानी है, जो वैदिक यज्ञ के लिए बलि चढ़ाई जाने वाली थी। एक जैन साधु ने बकरी को देखकर उससे कहा, 'तुमने टंकी बनाई, पेड़ आरोपित किए, लेकिन ये क्या, कल तुम्हारी बलि चढ़ाई जाएगी, उसी टंकी के बग़ल में और उन्ही पेड़ों के नीचे।' जैन साधु क्या बोल रहा था सभी सोच में पड़ गए। साधु ने समझाया कि अपने पिछले जन्म में बकरी एक सफल व्यापारी थी, जिसने टंकी बनाई थी और पेड़ आरोपित किए थे। लेकिन चूँकि उसने देवों के सम्मान में बकरियों की बलि चढ़ाई थी, उसने बकरी बनकर पुनर्जन्म लिया और उसका बेटा ही उसकी बलि चढ़ाने जा रहा था। साधु ने कहा कि इस व्यापारी ने छह बार बकरी बनकर पुनर्जन्म लिया था और हर बार व्यापारी के बेटे ने ही उसकी बलि चढ़ाई थी। लोगों ने साधु पर विश्वास नहीं किया। लोगों की शंका दूर करने के लिए साधु ने कहा कि यदि बकरी वास्तव में उस बलि चढ़ाने वाले व्यक्ति की पिता है, बकरी को याद आएगा कि उसने अपने पूर्व जन्म में घर के नीचे खज़ाना कहा छुपाया है। यह सुनकर लोग आपस में फुसफुसाने लगे और सभी बकरी की ओर देखने लगे। जैसे ही जैन साधु ने यह घोषणा की, बकरी घर की ओर चलकर गई और उसने बेटे को खज़ाने का स्थल दिखाया। यह देखकर सभी जान गए

कि जैन साधु को शुरू से सच्चाई का पता था और यह कि जब कोई किसी प्राणी की बलि चढ़ाता है तब वह वही प्राणी बनकर पुनर्जन्म लेता है।

13वीं सदी में उदयप्रभ सुरी द्वारा लिखित धर्माभ्युदय महाकाव्य में ऐसी ही एक कहानी है। एक धनवान व्यापारी, महेश्वरदत्ता, ने महिष का वध कर उसका मांस अपने बेटे को खिलाया। वहां से जा रहे जैन साधु ने इसे देख हंसकर कहा, 'तुमने अपने पिता का मांस अपनी पत्नी के प्रेमी को खिलाया।' यह बात सुनकर व्यापारी क्रोधित हुआ और उसने साधु से स्पष्टीकरण मांगा। जैन साधु बोला, 'आपने कभी अपनी पत्नी को उसके प्रेमी के साथ संभोग करते हुए पकड़ा। आपने उसके प्रेमी को मार डाला। उसने आपका बेटा बनकर पुनर्जन्म लिया। आपके पिता ने महिष बनकर पुनर्जन्म लिया। और जो कुक्कुरी मारे हुए महिष की हड्डियां खा रही है वह वास्तव में तुम्हारी मां है जिसने पुनर्जन्म लिया है।'

इससे भौंचक्का रहकर व्यापारी ने प्रमाण माँगा। इसलिए साधु के कहने पर व्यापारी ने कुक्कुरी को घर के अंदर छोड़ा। साधु ने कहा कि कुक्कुरी को अपना पूर्व जन्म याद आएगा और घर के कोने में वह गड्ढा खोदकर अपने पति द्वारा छिपाए खज़ाने का ठिकाना दिखाएगी। और जैसे साधु ने कहा था वैसे ही हुआ। व्यापारी को साधु पर विश्वास हुआ और उसने उसे प्रणाम कर, कर्म की जटिलता को स्वीकार किया। इससे प्रेरित होकर उसने जैन मार्ग अपनाया ताकि वह अपनी आत्मा को कर्म के बंधन से छुड़ा सके।

जिस व्यक्ति ने बकरियों का वध किया था उसने बकरी बनकर पुनर्जन्म लिया, लेकिन उसे याद था कि उसने अपने पूर्व जन्म में खज़ाना कहा छिपाया है।

इन दोनों कहानियों में मांसाहार को नरभक्षण और रक्तबलि को प्राणी बनकर जन्म लेने से जोड़ा गया है। जैन आचार्यों ने लोगों को रक्तबलि चढ़ाने और मांस खाने से रोकने के लिए ये कहानियां बताईं। उनका मानना था कि यदि कोई व्यक्ति किसी प्राणी की बलि चढ़ाएगा तो वह व्यक्ति वही प्राणी बनकर पुनर्जन्म लेगा और वह भी बलि चढ़ाया जाएगा। और यदि कोई मांस खाएगा तो संभव है कि वह अपने ही माता-पिता या भाई-बहन का मांस खाएगा।

परंपरागत रूप से जैन धर्म में अहिंसा केवल मांसाहार न करने और प्राणियों की हत्या (जीव-हत्या) न करने से जुड़ी है, जिस कारण ये कहानियां लोकप्रिय थीं। लेकिन अहिंसा का विस्तृत अर्थ भी है। हिंसा मनोवैज्ञानिक भी हो सकती है। इसलिए, अहिंसा का अर्थ है किसी को पीड़ा न पहुंचाना और उसके दृष्टिकोण का आदर करना। इसलिए, जैन धर्म में अनेकांत-वाद, सभी जीवों की प्रतिबंधित समझ (स्याद-वाद) को महत्त्व दिया जाता है। झूठ न बोलना (सत्य), चोरी न करना (अस्तेय), संचय न करना (अपरिग्रह) और भोग न करना (ब्रह्मचर्य) भी मूलतः अहिंसा के सामाजिक रूप हैं। इस प्रकार अहिंसा एक ऐसी धारणा है जिससे हम जैन धर्म की पूरी समझ पा सकते हैं।

55

चोरों पर विचार

जैन धर्मियों से चोरी न करना अपेक्षित व्यवहारों में से एक है। इसके बावजूद, जैन कहानियों में चोरों का कई बार उल्लेख किया गया है। वे कोई न कोई वस्तु चुराने आते हैं और जैन प्रवचन सुनने के बाद सुधर जाते हैं।

रोहिनेय एक प्रसिद्ध चोर था। एक बार, रातभर पीकर नींद खुलने पर उसने पाया कि वह एक विलासी राजमहल में था जहां सुंदर पुरुष और स्त्रियां थीं। उन्होंने उसे बताया कि वह देवताओं के स्वर्ग में था। फिर उसने देखा कि 'देवता' अपनी आंखें टिमटिमा रहे थे और उन्हें पसीना आ रहा था। रोहिनेय समझ गया कि वह ढोंगियों के बीच था जो उसे फंसाना चाहते थे और उसने उन्हें चकमा दे दिया। कुछ दिनों बाद वह सोच रहा था कि उसे इन ढोंगियों की सच्चाई के बारे में कैसे पता चला था। उसे याद आया कि उसने वह जानकारी महावीर के मुंह से सुनी थी। उसके पिता ने उसे महावीर की बातें कभी न सुनने की चेतावनी दी थी। इसलिए, जब वह महावीर के समवशरण के पास से जा रहा था तब उसने अपने कान ध्यानपूर्वक ढक लिए थे। लेकिन जब उसके पैर में कांटा चुभ गया तब उसे निकालते समय उसे अपने कानों से कुछ समय के लिए हाथ हटाने पड़े थे। उतने समय में उसने महावीर की बातों से देवताओं का वर्णन सुना। रोहिनेय को अनुभूति हुई कैसे महावीर के कुछ शब्दों, जो उसने संयोगवश अनिच्छा से सुने थे, ने उसे ढोंगियों और पुलिस की निश्चित गिरफ़्तारी से बचाया था। यदि उसने सचेतन और ध्यान से महावीर की सभी बातें सुनीं होती वह जीवन के सबसे

रोहिनेय, वह चोर जो महावीर का केवल एक वाक्य सुनकर गिरफ़्तार होने से बच गया।

बड़े जाल अर्थात पुनर्जन्म के लुभावने जाल से निश्चित ही मुक्त हो जाता। उसके पिता ने सही कहा था: वे नहीं चाहते थे कि रोहिनेय चोरी का व्यवसाय छोड़ दें। वे महावीर के प्रवचन की शक्ति जानते थे। दुर्भाग्यवश, उनके सभी प्रयासों के बावजूद, उनके बेटे ने महावीर का प्रवचन सुना, और चोरी का व्यवसाय छोड़कर उसने शुद्धिकरण का जैन मार्ग अपनाया।

महावीर के कई शिष्य थे, जिनमें से सुधर्म ब्राह्मण परिवार से था। एक दिन जम्बू नामक व्यापारी सुधर्म का प्रवचन सुनकर जैन विचारों से इतना प्रभावित हुआ कि उसने जैन साधु बनने का निर्णय लिया। लेकिन उसकी आठ लड़कियों से सगाई हुई थी जिस कारण उसके माता-पिता ने उसे सांसारिक जीवन त्यागने की अनुमति नहीं दी। उन्हें आशा थी कि विवाह के बाद वह मन बदलेगा। इसलिए उन्होंने उसे कहा कि वे उसे विवाह के अगले दिन अनुमति देंगे। विवाह के बाद रात में उसने अपनी छह पत्नियों को जैन मार्ग के बारे में बताया। प्रभव नामक चोर ने उसकी बातें सुन लीं।

प्रभव एक राजकुमार था जो अपना राज्य छोड़कर डकैत बन गया था, और नियमों से अप्रतिबंधित जीवन जी रहा था। उसके 500 शिष्य थे, सम्मोहन विद्या में निपुण था और कोई भी ताला तोड़ सकता था। जम्बू के विवाह के दिन वह उसके घर में इस आशा से घुस आया था कि वह उसका विशाल दहेज चुराएगा। इसलिए, दूल्हे को त्याग की धारणा दुल्हनों को समझाते हुए देखकर प्रभव चौंक गया। जो दहेज प्रभव चुराना चाहता था वह जम्बू त्यागने जा रहा था। इसने प्रभव को अपने जीवन का मूल्यांकन करने के लिए प्रेरित किया। अगले दिन, पूरे शहर ने एक आश्चर्यजनक दृश्य देखा। जम्बू अपने बाल नोचते हुए शहर छोड़कर जा रहा था। उसने साधु बनने का वचन लिया था। उसके पीछे उसकी आठ पत्नियां थीं और उनके पीछे प्रभव और उसके 500 शिष्य थे। सभी ने जैन मार्ग अपनाया था। इस कहानी से स्पष्ट है कैसे जीन-वाणी ने जाति और वर्ग के पार जाकर एक ब्राह्मण, व्यापारी और चोर को परिवर्तित किया।

चोर की यह कहानी हमें अस्तेय के जैन सिद्धांत के बारे में याद दिलाती है - चोरी न करना और जो हमारा नहीं है उस पर दावा न करना। यह कहानी अपरिग्रह या असंचय के सिद्धांत की बात भी करती है। क्योंकि संचय से अभाव उत्पन्न होता है और भूखे लोग छापामार और चोर बन जाते हैं।

56

पत्नियों पर विचार

श्वेताम्बर जैनों के अनुसार साधु बनने से पहले अधिकांश तीर्थंकर विवाहित थे और गृहस्थ बनकर जी रहे थे। लेकिन दिगम्बर जैन मानते हैं कि सभी तीर्थंकर विवाहित नहीं थे। दोनों परंपराएं ऋषभ-देव और उनकी पत्नी के वैवाहिक परमानंद की बात करती हैं, जो उन्होंने कई जीवनकालों के पार अनुभव किया। वे इस बात पर भी सम्मत हैं कि नेमि-नाथ ने अपने विवाह के दिन विवाह भोज के लिए राजसी रसोईघर में लाए गए जानवरों की चीखें सुनकर विवाह करने से इनकार किया और साधु बनना चुना। यह बात जानकर उनकी पत्नी, राजुल या राजमती, ने भी लोगों के कड़े विरोध के

जब नेमि अपने विवाह के दिन साधु बन गए तब उनकी पत्नी, राजुल ने भी साध्वी बनने का निर्णय लिया।

बावजूद साध्वी बनना चुना। राजुल के देवर ने उन्हें मनाने की कोशिश की कि वे जैन मार्ग छोड़कर उससे विवाह करें। लेकिन राजुल ने उसे फटकारा और उसे भी जैन मार्ग पर अडिग रहने के लिए मना लिया।

जैन लोककथाओं में साधु बनने हेतु विवाह न करने वाले या विवाहित जीवन त्यागने वाले पुरुषों की कहानियां दोहराई गई हैं। इस पर महिलाओं की क्या प्रतिक्रिया थी? कुछ उदाहरणों में महिलाओं ने उनका समर्थन किया और स्वयं साध्वियां बन गईं। अन्य उदाहरणों में उन्होंने पुरुषों का विरोध किया। दोनों प्रतिक्रियाओं को जैन कहानियों से बताया गया है।

यह रही एक समर्थक पत्नी की कहानी। एक किसान और उसकी पत्नी जैन सीखों से इतने प्रभावित थे कि उन्होंने जीवन त्यागकर साधु और साध्वी बनने का निर्णय लिया। कई वर्षों बाद भटकते हुए वे एक दूसरे से मिले। साधु को याद आया कैसे वह अपनी पत्नी को चाहता था। उसने एक साध्वी को अपनी लालसा के बारे में बताया जिसने वह बात साधु की पत्नी तक पहुंचाई। यह सुनकर उसकी पत्नी को दु:ख हुआ कि उसका पति अपनी इंद्रियों पर नियंत्रण खोकर अपने मठवासी व्रत तोड़ने के लिए तैयार था। इसे रोकने के लिए साध्वी ने आमरण उपवास करने का निर्णय लिया। इसके बारे में जानकर साधु इतना शर्मिंदा हुआ कि उसने भी वही किया। यह कहानी 11वीं सदी में प्रद्युम्नसूरी द्वारा लिखित मूलशुद्धप्रकरण में पाई गई है।

यह रही एक विरोधी पत्नी की कहानी। एक राजकुमार ने अपना वैवाहिक जीवन त्यागकर साधु बनना चुना। इससे उसकी पत्नी इतनी परेशान हुई कि अपनी मृत्यु पर वह एक उग्र, अपकारी देवी बन गईं। देवी को अपना पूर्व जन्म याद आया और उन्होंने अपने पति को सबक सिखाने की ठान ली। उनका पति अब एक वरिष्ठ साधु था। जब वह सेलाना नामक स्त्री से भिक्षा मांग रहा था, इस देवी ने उसके शिश्न को खड़ा करवाया। सेलाना ने यह देखा पर वह जानती थी कि साधु में कोई वासनाएं नहीं थीं। इसलिए उसने उसकी उपेक्षा की और खड़े शिश्न को अपने वस्त्र से ढक भी दिया ताकि

वह दूसरों से छिप सके। साधु ने अंत में सबसे उन्नत स्थिति प्राप्त की और सेलाना की समझदारी का आभार माना। उसे अपने कर्म के कारण वह अपमान सहना पड़ा था। उसे अपनी पूर्व पत्नी के प्रति कोई द्वेष नहीं था और उसे आशा थी कि वह किसी अगले जन्म में बुद्धिमान बनेगी। यह कहानी 10वीं सदी में हरिसेन द्वारा लिखित *बृहत्कथाकोष* से है।

12वीं सदी में हेमचंद्र द्वारा लिखित *परिशिष्टपर्वण* में सुनंदा का भाई, उसका पति और उसका बेटा सभी जैन साधु बन गए। इससे अत्यंत दुःखी होकर वह भी साध्वी बन गई और उसने तटस्थता में शांति प्राप्त की। लेकिन, रविसेन के *पद्म पुराण* में सहदेवी इतनी क्षमाशील नहीं थी। जब उसका बेटा उसके पति जैसे साधु बना, तब सहदेवी की मृत्यु हुई और उसने बाघ बनकर पुनर्जन्म लिया और अपने ही बेटे को खा लिया। लेकिन उसका पति उस बाघिन से क्रोधित नहीं हुआ। उसकी शांतता देखकर बाघिन को

श्रीमती ने अपने पूर्व जन्म की घटनाओं को याद कर उनके चित्र बनाए। वज्रंग ने ये चित्र देखकर अपने पूर्व जन्म को याद किया। दोनों ने विवाह किया। उन्होंने ऋषभ-देव और उनकी पत्नी बनकर पुनर्जन्म लिया।

पश्चाताप हुआ और उसने ठान लिया कि जब वह किसी अगले जन्म में मनुष्य बनेगी तब वह जैन मार्ग पर चलेगी।

इन सभी कहानियों में पुरुष ने पहला क़दम लिया और स्त्री ने प्रतिक्रिया दिखाई। लेकिन एक कहानी ऐसी है जहां स्त्री ने पहला क़दम उठाया और कई पुरुषों ने उसका अनुसरण कर वैवाहिक जीवन त्यागकर मठवासी मार्ग अपनाया। यह कहानी श्वेताम्बर परंपरा से है, जिसके अनुसार 19वीं तीर्थंकर, मल्ली स्त्री थी। मल्ली इतनी सुंदर थी कि छह राजकुमारों ने उससे विवाह करने हेतु उसके पति और एक दूसरे से लड़ाई की। तब मल्ली ने उन्हें अपने कक्ष में बुलाया। वहां उन्होंने एक मूर्ति देखी जो हूबहू मल्ली जैसी दिखती थी लेकिन जिससे दुर्गंध आ रही थी। घृणित होकर वे झट से पीछे हट गए। राजकुमारी ने कहा कि मूर्ति सड़े हुए खाने से भरी थी। वह वही सड़ा हुआ खाना खा रही थी, लेकिन चूँकि उसके शरीर में आत्मा थी, वह खाने को पचा रही थी। उसने राजकुमारों को समझाया कि जीवन का उद्देश्य शरीर का लोभ न करते हुए उसके सच्चे निवासी, आत्मा की खोज करना है। इसलिए, उसके शरीर के लिए लड़ने के बजाय उन्हें जैन मार्ग पर चलना चाहिए। फिर उसने विश्व को त्याग दिया और जैन मार्ग अपनाया और सभी राजकुमारों ने भी वही किया।

57

साधुओं पर विचार

किसी व्यक्ति को इस बात का कब अहसास होता है कि भौतिक संपत्ति और दैहिक सुख निरर्थक हैं, और उसे साधु बनना चाहिए? विश्व का त्याग करने की यह इच्छा हममें कहां से उत्पन्न होती है?

बुद्ध साधु कैसे बने उसके बारे में सभी जानते हैं - कैसे वे विलासिता में पले बढ़े, जहां उनके पिता ने उन्हें विश्व के दुःखों से सुरक्षित रखा। लेकिन एक दिन, अपने विवाह के बाद, उन्हें शहर जाने की अनुमति मिली। शहर में उनका बुढ़ापे, बीमारी और मृत्यु से परिचय हुआ। यह देखकर वे आतंकित हुए क्योंकि वे जान गए कि समय के साथ वे और उनके प्रियजन भी बूढ़े होंगे, उन्हें बीमारियां होंगी और वे मर जाएंगे। इससे उनमें पीड़ा की जड़ ढूंढने की इच्छा ने जन्म लिया और अंत में शाक्य वंश के राजकुमार सिद्धार्थ गौतम प्रबुद्ध अर्थात बुद्ध बन गए।

जैन धर्म में भी ऐसी कई कहानियां हैं जिनमें विलासी घर में जन्म लिया कोई व्यक्ति समझ जाता है कि शरीर का क्षय होगा और फिर वह साधु बन जाता है। पहले चक्रवर्ती, भरत ने अपने सिर पर पहला सफ़ेद बाल देखने पर सिंहासन और राजसी उत्तरदायित्व त्याग दिए। उन्हें अपनी नश्वरता का अहसास हुआ।

एक बार चौथे चक्रवर्ती, सनत्कुमार ने नहाते समय देखा कि दो देवता उसकी प्रशंसा कर रहे थे। तब उसने उन देवताओं से कहा, 'मुझे बाद में देखें, जब मैंने मेरा वस्त्र और आभूषण पहने होंगे।' लेकिन

प्राचीन जैन और बौद्ध आख्यानों में एक राजा का अपना पहला सफ़ेद बाल पाना पुनरावर्ती रूपांकन के रूप में प्रयोग किया गया है।

सनत्कुमार को बाद में देखने पर देवता उससे प्रभावित नहीं थे। 'आप सुबह जितने सुंदर नहीं हो', देवताओं ने कहा। सनत्कुमार उनके कहने से चौंक गया। आईने में देखने पर उसे लगा कि कुछ भी नहीं बदला था। सनत्कुमार के चेहरे पर संभ्रम देखकर देवताओं ने राजा के सेवकों को एक घड़े में पानी भरकर लाने के लिए कहा। फिर उन्होंने सेवकों को कक्ष छोड़ने के लिए कहा। सेवक चले जाने के बाद देवताओं ने घास की एक पत्ती पानी में डुबोई और उससे एक बूंद पानी बाहर निकाला। यह करने के बाद उन्होंने सेवकों को अंदर बुलाया और उनसे पुछा कि क्या घड़े में कुछ बदला था। सेवकों ने कहा कि घड़ा वैसे का वैसा था। लेकिन राजा दोनों में भेद जानता था! घड़े में एक बूंद कम पानी था, ठीक वैसे जैसे राजा के चेहरे पर सुबह की तुलना में अब एक अंश कम सुंदरता थी। सनत्कुमार समझ गया कि समय के साथ सभी कुछ बदलता है और सुंदरता भी घटती है। इस बोध से सनत्कुमार हिल गया और उसने साधु बनकर जैन मार्ग पर चलना शुरू किया।

इंद्र ने सभ्यता के पिता, ऋषभ को स्वर्ग में आमंत्रित किया। वहां ऋषभ ने सुंदर अप्सराओं का नृत्य देखा। नृत्य करते समय निलांजना नामक अप्सरा की मृत्यु हुई। इंद्र नहीं चाहते थे कि नृत्य में कोई विघ्न हो और इसलिए उन्होंने अपनी जादुई शक्ति से एक नई निलांजना तैयार की और नृत्य चलता

रहा। लेकिन, ऋषभ जान गए कि वास्तव में निलांजना की मृत्यु हुई थी और वह प्रदर्शन देवताओं द्वारा किया गया एक भ्रम था। इस अवलोकन के बाद वे सोच में पड़ गए कि क्या उनके आस-पास के सभी जीव जीवित थे या देवताओं द्वारा निर्माण किए भ्रम थे? हम जीवन के सुख भोगने के लिए इतने उत्सुक होते हैं कि हम मृत्यु को भूल जाते हैं। इस पर विचार करके ऋषभ ने सांसारिक जीवन त्यागकर जीवन की और गहन समझ पाने का निर्णय लिया। अंत में उन्होंने जैन मार्ग खोज लिया जिससे मानवता को लाभ हुआ।

अपने किसी पूर्व जन्म में 15वें तीर्थंकर, संभव-नाथ एक राजा थे। बादलों को बनते हुए और वर्षा बरसाकर अदृश्य होते हुए देखकर वे जान गए कि सभी चीज़ों का एक उद्देश्य होता है, और उद्देश्य पूरा होने के बाद उनका अंत होता है। इस समझ के साथ उन्होंने विश्व को त्यागने का निर्णय लिया।

स्वर्ग में निलांजना नामक अप्सरा की मृत्यु राजा ऋषभ से छिपाई नहीं जा सकती थी।

20वें तीर्थंकर, मुनिसुव्रत ने रूपा नामक राजकुमार की कहानी बताई। रूपा को मिठाइयां इतनी पसंद थी कि वह दिनभर केवल नरम, मलाईदार मिठाइयां खाने लगा था। लेकिन एक रात, जब वह पादा तब पाद की दुर्गंध इतनी तीव्र थी कि वह उसके कारण उठ गया। उस समय उसे एहसास हुआ कि जो स्वादिष्ट मिठाइयां वह खा रहा था वो उसके शरीर के भीतर हानिकारक गैसों में परिवर्तित हो रही थीं, जो पादने पर बाहर आती थी। इससे उसे अपने शरीर से घृणा हुई और सांसारिक सुखों को त्यागकर वह साधु बन गया।

जैन रामायण में दशरथ की महारानी ने उनसे इसलिए झगड़ा किया कि दशरथ ने उन्हें वो भेंट नहीं दी थी जो उन्होंने कनिष्ठ रानियों को दी थी। लेकिन दशरथ ने अपनी महारानी को वही भेंट बहुत पहले भेज दी थी। महारानी की दासी बूढ़ी थी और इसलिए बहुत धीमे चलती थी। इसलिए, महारानी के कक्ष तक पहुंचने से पहले अन्य रानियों की दासियां उन तक राजा की भेंटें लिए पहुंच गईं। इससे राजा को समझ आया कि कैसे आतुरता से हम समय के प्रवाह की सराहना नहीं कर पाते हैं।

58

मृत्यु पर विचार

सभी कुछ और सभी कोई मर जाते हैं। लेकिन मनुष्य यह तथ्य स्वीकार नहीं कर सकते हैं। हम उसका विरोध करते हैं और समय के प्रवाह को उलटने की कोशिश करते हैं। जैन रामायण और महाभारत में विलाप करते हुए बल-देव की कहानियां इसी बात को दर्शाती हैं।

जैन रामायण में लक्ष्मण की मृत्यु को पद्म (राम) स्वीकार नहीं कर सके। वे लक्ष्मण के शव को उठाकर महल में भटकते रहे, ठीक उसी तरह जैसे सति की मृत्यु के बाद शिव उनकी जली हुई लाश लेकर पृथ्वीभर भटकते रहे। जब पद्म के शोक की जानकारी लंका तक पहुंची तब इंद्रजीत के बेटे

प्रत्येक कालचक्र के बल-देव वसु-देव की मृत्यु को स्वीकार नहीं कर सकते हैं और ज्ञान प्राप्त करने तक उसके शव को पकड़े रहते हैं।

अर्थात रावण के पोते ने समझा कि वह अयोध्या पर आक्रमण करने का उचित समय था। लेकिन पद्म का भाग्य अच्छा था कि लंका की सेना के पथ में दो स्वर्गीय जीव खड़े थे। अपने पूर्व जन्मों में इनमें से एक जटायु रहा था और दूसरा जीव सुग्रीव की सेना में सेनापति रहा था। दोनों ने अपनी जादुई शक्तियों से लंका की सेना के सामने, पीछे और ऊपर पर्वत बनाकर उसे भ्रमित किया। इससे सैनिक फंस गए, वे न आगे चल सके, न पीछे और न ही ऊपर और अंत में उन्होंने लड़ने का साहस खो दिया। उन्होंने एक संकीर्ण घाटी से लंका लौटने का निर्णय लिया। लेकिन वे हार गए थे और लंका लौटकर शर्मिंदा नहीं होना चाहते थे। इसलिए वे जैन तपस्वी बन गए। फिर स्वर्गीय जीवों ने पद्म को अपने शोक से बाहर निकलने में मदद की। उन्होंने मरे हुए पौधे को पानी दिया, मरे हुए वृषभों से खेत जोते, पानी से मक्खन मथा और रेत से तेल निचोड़ा। पद्म ने उनकी मूर्खता की ठट्ठा की और बदले में उन्होंने पद्म का ध्यान स्वयं अपनी मूर्खता की ओर आकर्षित किया। अंत में पद्म ने लक्ष्मण का दाह संस्कार किया और वे जैन तपस्वी बन गए।

जैन महाभारत (हरिवंश) में तीर्थंकर नेमि ने द्वारका के अंत की भविष्यवाणी की थी। लोग मदहोश बन जाएंगे, पराशर का बेटा, द्वैपायन शहर को नष्ट कर देगा और कृष्ण स्वयं अपने बड़े भाई, जरा के हाथों मारे जाएंगे। इन घटनाओं को कोई नहीं रोक पाएगा। जरा नियति को बदलना चाहता था और इसलिए वह शहर के बाहर भाग गया, जबकि बलराम और कृष्ण ने सारी मदिरा एक गुफ़ा में छिपा दी। लेकिन गुफ़ा में मदिरा के सभी मटके लुढ़ककर नदी में गिर गए और सारी मदिरा पानी में मिलकर बहती हुई शहर पहुंच गई। यादवों ने मदहोशी में एक ऋषि पर हमला किया। यह ऋषि द्वैपायन थे जिन्होंने अग्नि-पुत्र के रूप में पुनर्जन्म लेकर द्वारका को जला डाला। लोगों ने शहर से भागने की कोशिश की लेकिन रथों और बैलगाड़ियों के पहिए अटक गए। सारा शहर जल गया। अपने लोगों को न बचा पाने के दुःख से कृष्ण और बलराम जंगल में गए। वहां, कृष्ण विश्राम करने

के लिए बैठ गए। तब जरा, जो अब शिकारी था, ने अपने भाई के पैर को हिरण का थूथन समझकर ग़लती से उसे तीर मारा।

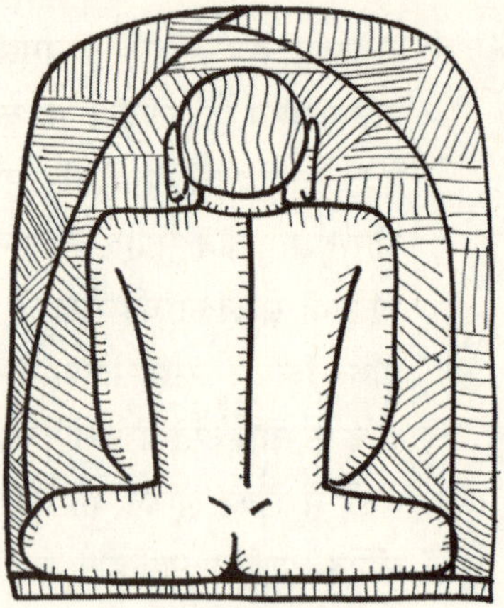

अपनी पीठ को विश्व की ओर कर ध्यान में बैठे हुए बलराम।

बल-देव बलराम कृष्ण के मृत शरीर से उसी तरह लिपटे रहे जैसे बल-देव राम कई दिनों तक लक्ष्मण के शरीर से लिपटे रहे थे। अंत में देवताओं ने राम को समझाया कि मृत शरीर फिर से जीवित नहीं होता है। फिर बलराम जैन साधु बन गए। लेकिन बलराम की सुंदरता को देखकर महिलाएं काम से विचलित हो जाती थी। एक दिन कुएं से पानी निकाल रही एक स्त्री बलराम से इतनी विचलित हुई कि उसने रस्सी से मटके पर फंदा बांधने के बजाय अपने बेटे की गर्दन पर फंदा बांधा। बलराम को अपनी सुंदरता की शक्ति और उससे उत्पन्न वासना से इतनी घृणा हुई कि उन्होंने निर्णय लिया कि वे गांव में फिर कभी नहीं जाएंगे और अपना मुंह कभी किसी को नहीं दिखाएंगे। वे एक चट्टान की ओर मुँह किए और विश्व को पीठ दिखाए ध्यान करने बैठ गए। बलराम की यह छवि उत्तर महाराष्ट्र में नासिक के पास मांगी-तुंगी पहाड़ों पर पाई जाती है।

59

किंवदंतियों पर विचार

जैन कहानियां तीन प्रकार की हैं: आख्यान, नीति-कथा और किंवदंतियां।

- जैन आख्यान वर्णनात्मक होते हैं और वे लोक की संरचना समझाते हैं - काल और आकाश का स्वभाव, नायक कैसे आते-जाते रहते हैं, और पुनर्जन्म और मुक्ति कैसे होती है। 63 शलाक-पुरुषों की कहानियां आख्यान कहलाती हैं।
- नीति-कथाएं निर्देशात्मक होती हैं। इन कथाओं से समझाया जाता है कैसे किसी जैन धर्मीय को जीना है और अनुचित कर्मों के क्या परिणाम होते हैं। पुनर्जन्म, व्यभिचार, कौटुंबिक व्यभिचार और नरभक्षण की कहानियां इनमें शामिल हैं।
- किंवदंतियां राजनीतिक होती हैं और उनमें यह समझाया जाता है कैसे जैन धर्म ने महान राजाओं को प्रभावित कर भारत के इतिहास को आकार दिया। मगध, कर्नाटक और गुजरात के राजाओं की कहानियां इनमें शामिल हैं। इन राजाओं ने या तो जैन मंदिर बनाए या जैन साधुओं का समर्थन किया।

छठी सदी में महावीर और बुद्ध के समय अधिकांश मगध क्षेत्र पर हर्यक राजवंश का शासन था। इन राजाओं का जैन और बौद्ध दोनों किंवदंतियों में उल्लेख है। जैन कहानियों के अनुसार, बिम्बिसार (श्रेणिक) ने महावीर के

समवशरण में उनसे रामायण से जुड़े प्रश्न पूछे थे। उनका बेटा, मेघकुमार जैन साधु बना और उनकी पत्नी, खेमा, बौद्ध साध्वी बनीं। बौद्ध कहानियों के अनुसार, बिम्बिसार को मारने के बाद उनके बेटे, अजातशत्रु को इतना पछतावा हुआ कि वह बौद्ध पथ पर चलने लगा। जैन कहानियों के अनुसार जब महावीर ने अजातशत्रु को बताया कि जैन चक्रवर्ती युद्ध और शासन के समय में की हिंसा के कारण मरने पर सातवें नरक जाते हैं तब वह परेशान हुआ। लेकिन अजातशत्रु केवल छठे नरक गया क्योंकि विशाल साम्राज्य स्थापित करने और कई युद्ध लड़ने के बावजूद वह चक्रवर्ती कभी नहीं बना था।

दो हज़ार वर्ष पहले दक्खन के क्षेत्र पर सातवाहन राजाओं का राज था। जैन किंवदंतियों के अनुसार सातवाहन राजाओं ने जैन आचार्यों को अपने प्रवचन स्थगित करने की विनती की ताकि राजा भी उनमें भाग ले सकें और त्यौहार के दिन भी राजा और जैन साधुओं की सुविधानुसार बदलवाए।

कर्नाटक के चालुक्य और राष्ट्रकूट राजा तथा अधिकांश कोंकण समुद्रतट पर राज करने वाले शिलाहार राजा जैन धर्म के संरक्षक थे। कुछ राजा बुढ़ापे में साधु बन गए तो कुछ ने तो आमरण उपवास भी करना चुना।

वनराज चावड़ा ने गुजरात पर आठवीं सदी में राज किया। जैन कहानियों के अनुसार उनके पिता को मारा गया, जिस कारण उनकी माँ को जंगल में शरण लेनी पड़ी। एक जैन साधु ने देखा कैसे सूर्य की छांव शिशु के पालने से दिनभर हटती नहीं थी। उन्होंने मान लिया कि वह शिशु महान ऋषि बनेगा और इसलिए कुछ जैन साध्वियों से उसका पोषण करवाया। लेकिन शिशु का हिंसक स्वभाव था। वह मंदिर में देवताओं को अर्पण किए गए खाद्य पदार्थ खान वाले चूहों को गुलेल से मारता था। इसलिए, जैन साधुओं ने बच्चे का उन डकैतों से पोषण करवाया जिन्होंने उसकी माँ को शरण दी थी। बड़ा होकर यह बच्चा एक महान राजा बन गया। उसने अपने पिता के हत्यारे को मार डाला और शिव तथा कई तीर्थंकरों के सम्मान में मंदिर बनाए।

10वीं सदी में गुजरात के सोलंकी राजा, जयसिंह सिद्धराज ने जैन साधु हेमचंद्र के संस्कृत और प्राकृत के ज्ञान से प्रभावित होकर उसे अपने दरबार में आमंत्रित किया। जयसिंह इस बात से परेशान था कि उसके प्रतिद्वंद्वी, मालवा के राजा भोज ने साहित्य को बहुत योगदान किया था। इसलिए, जब हेमचंद्र ने राजा भोज से भी श्रेष्ठ साहित्य रचा और राजदरबार का रत्न बन गया तब जयसिंह बहुत ख़ुश हुआ। प्राकृत व्याकरण पर हेमचंद्र का लेख इतना ऐतिहासिक था कि राजा के आदेश पर उस पाण्डुलिपि को गज पर रखकर उसकी शोभायात्रा निकाली।

जयसिंह अपने प्रतिभाशाली भांजे, कुमारपाल को मारना चाहता था। हेमचंद्र ने कुमारपाल को पाण्डुलिपियों के ढेर के नीचे छिपाकर उसे बचा

सोलंकी राजाओं ने हेमचंद्र के साहित्यिक लेखों का गुणगान कर उन्हें हाथियों पर रखकर उनकी शोभायात्रा निकाली।

लिया। अपनी कृतज्ञता दिखाने के लिए कुमारपाल जैन धर्म का समर्थक बन गया। उसने मंदिरों में पशु बलि को प्रतिबंधित किया, जो प्रथा पड़ोस के मालवा और राजपुताना राज्यों में प्रचलित थी।

एक जैन कहानी में अहिंसक जैन राजा होने के साथ जुड़ी चिंता पर बात की गई है। कुमारपाल का पड़ोसी राजा जानता था कि कुमारपाल ने जैन धर्म अपनाया था और इसलिए अहिंसक था। इसलिए वह इस बात का फ़ायदा उठाकर उसके राज्य पर आक्रमण करने वाला था। कुमारपाल इससे चिंतित था लेकिन एक जैन तपस्वी ने उसे आश्वासन दिया कि निर्णायक दिन पर उसका प्रतिद्वंद्वी उनकी तलवार उठाए बिना मारा जाएगा। यह भविष्यवाणी सच निकली। जब प्रतिद्वंद्वी राजा गज पर सोया था तब उसकी सोने की माला पेड़ की शाखा में फंस गई और उसकी गला घुटने से मृत्यु हुई।

मुग़ल वृत्तांतों के अनुसार 16वीं सदी में अकबर ने जैन विद्वान हिरविजय को अपने दरबार में आमंत्रित किया। हिरविजय ने अकबर से पूछा, 'आप अपने शरीर को मृत जानवरों के लिए कब्र क्यों बनाते हों?' कहते हैं कि इसके उत्तर में अकबर ने कुछ निर्धारित दिनों पर मांस खाना रोक दिया और जैन त्यौहारों पर शिकार और जानवरों के मारे जाने पर प्रतिबंध लगा दिया। क्या ये कहानियां ऐतिहासिक दृष्टि से सटीक हैं? संभवतः नहीं। लेकिन ये सच है कि वे ऐतिहासिक घटनाओं और पात्रों पर आधारित हैं। इसलिए, ये कहानियां आख्यान नहीं बल्कि किंवदंतियां कहलाती हैं।

जैन धर्म और एकेश्वरवाद

60

धर्म पर विचार

एकेश्वरवादी आख्यान शास्त्र को ही धर्म माना जाता है। यह इसलिए कि एकेश्वरवादियों ने बहुदेववाद को मूर्तिपूजा मानकर उसे अस्वीकार किया। एकेश्वरवाद में केवल एक गॉड हैं, जिन्हें बड़े अक्षर G के साथ और एकवचनी लिखा जाता है। छोटे अक्षर g के साथ लिखे जाने वाले बाकी सभी गॉड को झूठा माना जाता है। अनीश्वरवादियों का मानना है कि दोनों प्रकार के गॉड की धारणाएं झूठी हैं। विज्ञान मानता है कि केवल जो मापा जा सकता है वह तथ्य है। और इसलिए गॉड तथ्य नहीं हैं। उस तर्क से आत्मा भी तथ्य नहीं है।

आख्यान शास्त्र एक सांस्कृतिक सच है, जो श्रद्धालुओं के लिए सच है लेकिन बाहरी लोगों के लिए झूठ है। उदाहरणार्थ, गॉड आस्था पर आधारित आख्यान शास्त्र की एक धारणा है, जिसके लिए कोई प्रमाण नहीं है। यहूदी धर्म, ईसाई धर्म और इस्लाम इन पाश्चात्य धर्मों के लिए, जो विश्व में प्रमुख धर्म हैं, गॉड मुख्य मिथक है। भारतीय धर्मों के लिए पुनर्जन्म मुख्य मिथक है। गॉड की तरह पुनर्जन्म की धारणा भी प्रमाण पर नहीं आस्था पर आधारित है।

शुरू में विश्वभर की सभी संस्कृतियां बहुदेववादी थीं। एकेश्वरवाद का उगम मध्य पूर्व में हुआ और अंत में उसने यूरोप, अफ्रीका और

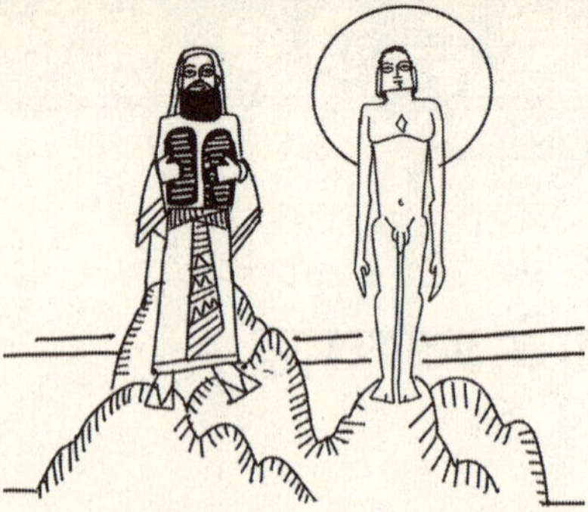

एकेश्वरवादी धर्मों के अनुसार पैग़म्बर गॉड का पैग़ाम मानवता तक लाते हैं। जैन धर्म में आकाश से ढके दिगम्बर की बात की गई है जो सभी बंधन छोड़ देते हैं: भूसंपत्ति, पदवियां, संबंध, आश्रय, वस्त्र यहां तक कि भोजन भी।

एशिया के बहुदेववाद की जगह ले ली। उसका मुख्य रूप से भारत और चीन में विरोध हुआ क्योंकि वहां के आख्यान शास्त्र बहुत अनोखे थे। यूरोप में विज्ञान ने एकेश्वरवाद का विरोध किया, जो संदेह, मापन और प्रमाण पर आधारित है। इसलिए, अनीश्वरवाद का उगम यूरोप में हुआ।

इस सबमें जैन धर्म का क्या स्थान है? उसमें किसी सर्वशक्तिमान गॉड या परमात्मा की धारणा नहीं है। तो क्या वह अनीश्वरवादी है? उसमें कई देवताओं को पूजा जाता हैं। तो क्या वह बहुदेववादी है? उसमें कई ऋषियों ने सभी जीवों के लिए, यहां तक कि देवों के लिए भी मुक्ति का एक मार्ग प्रकट किया है। इस्लाम भी एक मार्ग का प्रचार करता है। लेकिन जबकि इस्लाम मानता है कि हम एक जीवन ही जीते हैं, जैन धर्म के अनुसार हम जब तैयार हो जाएं तब जैन मार्ग पर चल सकते हैं, चाहे वो इस जन्म में हो या किसी भविष्य के जन्म में हो।

पाश्चात्य विद्वानों का ध्यान एकवचनी और बहुवचनी गॉड पर इतना केंद्रित होता है कि वे भारतीय विचारों का अध्ययन करते समय पुनर्जन्म की धारणा पर ध्यान नहीं देते हैं। इसलिए, जैन धर्म सहित अन्य भारतीय धर्मों में विचारों से पाश्चात्य लोग हैरान होते हैं।

	पाश्चात्य आख्यान	**जैन आख्यान**
एक सर्वशक्तिमान परमात्मा	हां	नहीं
एक मार्ग	हां	हां
पुनर्जन्म	नहीं	हां
एक से अधिक देवता	नहीं	हां
नेता	पैग़म्बर	तपस्वी (दिगम्बर)

ईसाई धर्म का उदय मध्य पूर्व में हुआ। उसके कारण चर्च ने रोमन साम्राज्य की जगह ले ली और ईसाई धर्म ने यूनानी, स्कैंडिनेवियाई, केल्टिक, गोथिक और गौल जैसी यूरोपीय बहुदेववादी संस्कृतियों को मिटा डाला। चर्च ने निर्धारित किया कि सारा ज्ञान केवल एक पुस्तक अर्थात बाइबिल से आता है।

- बाइबिल की शुरुआत जेनेसिस अर्थात विश्व के निर्माण से होती है, जहां गॉड ने सभी जीवों का निर्माण किया। इनमें पहले मनुष्य, आदम और हव्वा भी शामिल थे। आदम और हव्वा ईडन नामक वाटिका में रहते थे। उन्हें बताया गया था कि वे एक पेड़ छोड़ अन्य सभी पेड़ों से खा सकते थे। दुर्भाग्यवश, उन्होंने इसका पालन नहीं किया और उन्हें ईडन से बाहर निकाला गया और उन्हें पीड़ा सहनी पड़ी।
- उनके वंशजों को ईडन वापस पहुंचने में मदद करने के लिए गॉड ने पैग़म्बर भेजे। जब मनुष्य गॉड का कहना मानते हैं तब उनके साथ अच्छा होता है। जब वे गॉड का कहना नहीं मानते हैं तब उनके साथ बुरा होता है। ओल्ड टेस्टामेंट के अंत में लगभग 2500 वर्ष पहले यहूदी मंदिर नष्ट किया गया, इज़राइल का राज्य नष्ट किया गया, उसके राजा को गद्दी से निकाला गया और उसके निवासियों को इज़राइल छोड़ना पड़ा। निर्वासित लोगों ने इस आशा में प्रार्थना की कि कोई उन्हें बचाने आएगा।
- नया टेस्टामेंट उस रक्षक के आने के साथ शुरू हुआ। यह रक्षक ईसा थे, जो 2000 वर्ष पहले प्रेम का पैग़ाम लेकर आए। नए टेस्टामेंट के अंतिम अध्याय में समझाया गया है कि कैसे विश्व के अंत में गॉड के सच्चे अनुयायी फ़रिश्तों के साथ जुड़कर डीमन और शैतान के अनुयायियों के विरुद्ध लड़ेंगे। इसे क़यामत कहते हैं। यह विश्वास 1700 वर्ष पहले रोमन कैथोलिक चर्च की मदद से भूमध्यसागर के पार फैला।

- लगभग 1400 वर्ष पहले, अरब में, मुहम्मद ने जन्म लिया। मुसलमान मानते हैं कि मुहम्मद अंतिम पैग़म्बर हैं, जिनका ईसा के बाद जन्म हुआ। वे ये भी मानते हैं कि गॉड अर्थात अल्लाह के साथ उनकी बातचीत को कुरान में दर्ज किया गया। यह गॉड का अंतिम कथन है और ईसाइयों के नए टेस्टामेंट के बजाय उसे प्राधान्य दिया जाता है।

इस प्रकार, एकेश्वरवादी धर्म उनके पैग़म्बर के आधार पर विभाजित होते हैं:

- यहूदी मूसा का पालन करते हैं और मानते हैं कि अंतिम पैग़म्बर का आना अभी बाकी है।
- ईसाई ईसा को अंतिम पैग़म्बर और गॉड के पुत्र मानते हैं।
- मुसलमान मानते हैं कि मुहम्मद अंतिम पैग़म्बर हैं।

भारत में, 3000 वर्ष पहले रचे गए वैदिक स्तोत्रों में कई देवताओं के साथ-साथ एक सर्वव्यापी परमात्मा का उल्लेख किया गया। कुछ स्तोत्र बहुदेववादी हैं तो कुछ एकेश्वरवादी हैं। कुछ स्तोत्र अज्ञेयवादी भी हैं, जिनमें अलौकिक दैवी जीव के अस्तित्व पर संदेह किया गया है। देवताओं का आह्वान कर उनसे कृपा पाने के लिए लोग अनुष्ठान करते थे।

2500 वर्ष पहले उपनिषदों तथा बौद्ध और जैन धर्मों के मठवासी संप्रदायों ने वेदों को चुनौती दी। उन्होंने इस धारणा को नकारा कि परमात्मा ने सृष्टि का निर्माण किया था। इन धर्मों ने पीड़ा को वश में करने के लिए आत्मसंयम के कई तरीक़े प्रस्तुत किए। उन्होंने पुनर्जन्म और कर्म के विचार स्थापित किए। उनका मानना था कि धर्म का पालन करने पर हम पुनर्जन्म से मुक्त हो जाते हैं। हालाँकि वेदों में ऋण की धारणा है, कर्म (पुनर्जन्म) और मोक्ष (मुक्ति) के विचारों का उद्गम वैदिक परंपरा से बाहर, लगभग 500

ईसापूर्व में पूर्वी भारत के जंगलों में स्वतंत्र रूप से हुआ। समाज के बढ़ते वाणिज्यवाद को चुनौती दे रहे लोगों ने इन विचारों को प्रस्तुत किया।

जैन धर्म में इस पथ पर चलने वाले लोग साधु और तपस्वी कहलाते हैं क्योंकि उन्होंने सभी बंधन त्याग दिए हैं। वे दिगम्बर हैं, जो गगन से ढके हैं। कोई संपत्ति न होने के कारण वे नग्न हैं। वे परमात्मा का पैग़ाम लाने वाले पैग़म्बर अवश्य नहीं हैं। दिगम्बर परंपराओं का उद्देश्य सभी ऋण चुकाना है, ताकि खाते में कोई जमा या विकलन न रह जाए और हम मुक्ति प्राप्त कर सकें। पैग़म्बर पर आधारित परंपराओं का उद्देश्य गॉड के नियम का पालन कर उनका प्रेम अर्जित करना है।

भारत की तपस्वी परंपराएं भी एक दूसरे से अलग हैं। बौद्ध धर्म ध्यान करने और सहानुभूतिशील, सहायक बोधिसत्त्व की प्रार्थना करने पर केंद्रित है। हिंदू धर्म राज-ऋषि की बात करता है, जो समाज में रहते हुए भी सभी सांसारिक वस्तुओं से तटस्थ है। जैन धर्म परिवार, वस्त्र और अंततः भोजन को त्यागने वाले तपस्वी की बात करता है।

	जैन	**बौद्ध**	**हिंदू**
ब्रह्मांडीय आत्मा	नहीं	नहीं	हां
व्यक्तिगत आत्मा	हां	नहीं	हां
कई देव	हां	हां	हां
पुनर्जन्म	हां	हां	हां
रक्षक	यक्ष-यक्षी	बोधिसत्त्व	भगवान
नेता	तीर्थंकर	बुद्ध	ईश्वर
विवाह	टालें	टालें	दायित्व
धर्म	उपवास	सचेतन	जाति के कर्तव्य

सोलहवें तीर्थंकर, शांति-नाथ, जिनका प्रतीक एक हिरण है, का नाम दुर्घटना, महामारी और शोक के समय मन को शांत करने के लिए लिया जाता है

एकेश्वरवाद और अनीश्वरवाद दोनों विवादप्रिय हैं और एक सच्चाई पर ज़ोर देते हैं। इसके विपरीत, पुनर्जन्म पर आधारित भारतीय बहुदेववाद कई सच्चाइयों की बात करता है और विवाद की जगह संवाद को महत्त्व देता है। चूँकि बौद्ध, जैन और हिंदू धर्मों के अनुसार विश्व चलते रहता है, उनमें चरम की कोई धारणा नहीं है। उनमें गॉड, दुष्टता यहां तक कि क़यामत के दिन की कोई धारणाएं नहीं हैं। पाश्चात्य लोग भेदों की सराहना नहीं कर पाते हैं और इसलिए वे भारतीय विचार अच्छे से समझ नहीं पाते हैं। इस कारण, कई भारतीय पाश्चात्य लोगों से अपने धर्मों के बारे में बात करते समय रक्षात्मक बन जाते हैं या उनके लिए क्षमा मांगते हैं। और भारतीय विचार पाश्चात्य शब्दावली के माध्यम से समझाने से बात और भी बिगड़ जाती है।

61

अननुमेयता पर विचार

भारत में सिकंदर ने एक नग्न जैन साधु को चट्टान पर शांत अवस्था में बैठे देखा। सिकंदर विश्व पर जीत प्राप्त करने निकला था। जैन साधु भूख, क्रोध, बेचैनी, भय और असंतुष्टता को वश में कर अपने मन के भीतर के शोर को शांत करने के प्रयास में था।

सिकंदर का मानना था कि कुछ असाधारण हासिल करके मृत्यु पाने पर उसे आंका जाएगा और उसे नायकों के हेवन, एलीसियम, यहां तक कि देवताओं के निवास, ओलिंपस में भी जगह मिल सकती है। जैन साधु का किसी न्यायाधीश के अस्तित्व में विश्वास नहीं था। या इस बात में कि किसी अंतिम मंज़िल तक पहुंचना है। उसका केवल इस बात पर विश्वास था कि इस जन्म के बाद बस एक और जन्म होगा, जो इस जन्म की इच्छाओं और ऋणों से आकार लेगा। यदि कोई इच्छा और कोई ऋण नहीं होता तो वह पुनर्जन्म के चक्र से मुक्त होगा। सिकंदर प्रबल अल्फ़ा था

कहते हैं कि सिकंदर, जो 2300 वर्ष पहले भारत जीतने के उद्देश्य से निकला था, ने जैन तपस्वियों से मिलने के बाद अपना मन बदल दिया था।

और इसलिए असाधारण बनने की अपनी भूख मिटाना चाहता था। जैन साधु प्रबल अल्फ़ा या आज्ञाकारी ओमेगा बनने की इच्छा के पार जाना चाहता था।

इससे हम पाश्चात्य और भारतीय विचार में मूल अंतर समझ सकते हैं।

- पाश्चात्य विचारधारा के अनुसार हम केवल एक जीवन जीते हैं और इसलिए हमारा जीवन उतना ही मूल्यवान होगा जितना कि हम उसमें हासिल करेंगे। भारतीय विचारधारा के अनुसार हम कई जीवन जीते हैं और इसलिए हम जितना भी हासिल करेंगे हमारे जीवन का मूल्य शून्य ही रहेगा।
- पाश्चात्य विचारधारा के अनुसार हम केवल एक जीवन जीते हैं और इसलिए हम हमारे पहले आए लोगों को वर्तमान की समस्याओं के लिए उत्तरदायी समझते हैं। भारतीय विचारधारा के अनुसार हम कई जीवन जीते हैं और इसलिए हमारा वर्तमान पूर्व के कार्यों का परिणाम है और भविष्य वर्तमान के कार्यों का परिणाम है। इसलिए, किसी को दोषी नहीं ठहराया जा सकता है।

भारतीय आख्यान शास्त्रों में कोई पूर्णविराम या सीमाएं नहीं होती हैं। न कोई जेनेसिस हुआ और न कोई क़यामत होगी। न गॉड द्वारा सृष्टि का निर्माण हुआ और न अच्छे और बुरे के बीच कोई अंतिम युद्ध होगा। काल अनादि और अनंत है। आकाश की कोई सीमाएं नहीं हैं। जैन आख्यान शास्त्र के अनुसार काल और आकाश को चक्र का रूप दिया जाता है, जो अच्छे और बुरे समय के पार घूमते रहता है। आकाश का चक्र पानी की लहरियों की तरह फैलते जाता है और द्वीप और सागर एक के बाद आते रहते हैं। क्षितिज के पार भी कुछ है। हम जितना ऊपर जाते हैं क्षितिज उतना ही फैलते जाता है। ऋषि सबसे ऊंचे और केंद्र में स्थित मेरू पर्वत पर बैठते हैं और

हमसे अधिक देख सकते हैं। वे सबसे पृथक, कैवल्य की स्थिति में होते हैं और इसलिए सभी वस्तुओं और जीवों के ज्ञानी अर्थात कैवल्य ज्ञानी होते हैं।

भारतीय विश्व अनादि और अनंत है। बौद्ध धर्म शून्य की बात करता है। हिंदू धर्म अनंत की बात करता है। पाश्चात्य देशों ने शून्य और अनंत की धारणाओं को नकारा। लेकिन लगभग 1000 वर्ष पहले अरबवासी ये धारणाएं यूरोप ले आए। संभवतः अरबवासियों ने भारत के पश्चिमी तट के जैनों के साथ व्यापार किया होगा। ये जैन व्यापारी गणित में शून्य का स्थानधारक के रूप में प्रयोग करने वाले पहले लोग थे। उनके धर्म का भी साहूकारी की विकलन और जमा की धारणाओं से निकट का संबंध था।

पाश्चात्य संस्कृति में शून्य और अनंत के प्रति विरोध स्पष्ट है। संभवतः यही कारण है कि पाश्चात्य विचार हमेशा निश्चितता और पूर्वानुमेयता चाहता है जबकि भारतीय विचार मन को अननुमेयता और अनिश्चितता का सामना करने में सक्षम बनाता है। हालाँकि विज्ञान में शून्य और अनंत का व्यापक उपयोग किया जाता है, पाश्चात्य देशों में विज्ञान का उद्देश्य विश्व को नियंत्रित कर हमारे जीवन को पूर्वानुमेय बनाना है।

भारतीय विचारधारा में अनंत अंक होने के कारण बहुत कुछ की गणना नहीं की जा सकती है। इसलिए, जीवन में कुछ भी निश्चित नहीं होता है और हम सभी कुछ नियंत्रित नहीं कर सकते हैं। भगवद गीता का कहना है, 'कर्म पर ध्यान दें, फल पर नहीं।' लेकिन पाश्चात्य विचारधारा में सीमित अंक होते हैं। इसलिए सभी की गणना की जा सकती है, जीवन में निश्चितता है और गॉड सभी कुछ पूर्वानुमेय बना सकते हैं। इसलिए बाइबिल कहता है, 'जैसी करनी वैसी भरनी।'

यहूदी, ईसाई और इस्लामी धर्मों का मानना है कि पहले गॉड आए और उन्होंने सृष्टि निर्मित की और एक दिन सृष्टि का अंत होगा। सभी कुछ गॉड पर निर्भर है। जैन धर्म में विश्व हमेशा से अस्तित्व में रहा है। इसलिए गॉड की धारणा की कोई आवश्यकता नहीं है। और समय के साथ सभी बदलता

है। संस्कृतियों का उद्गम और पतन होता है। हममें से अधिकांश लोग ये भूल जाते हैं। केवल तीर्थंकर को सभी याद होता है और समय-समय पर वे अपना ज्ञान बांटते हैं। जैन धर्म शाश्वत और सनातन है, उस सनातन तीर्थ की तरह जो हमें नावों और पुलों के बिना नदी पार करने में मदद करता है, बशर्ते कि हम जानते हैं कि कहां देखना है। शुरुआत और अंत मानव निर्मित धारणाएं हैं। तीर्थंकर जानते हैं कि जीवन अननुमेय है और इसलिए वे स्वर्ग और नरक के पार सिद्ध-लोक में जीते हैं। सीमित मानव मन अवसर्पिणी और उत्सर्पिणी जैसे पूर्वानुमेय नमूनों की समझ नहीं रख सकते हैं। उसकी समझ केवल अनंतता के क्षेत्र में होती है।

62

लेखा-शास्त्र पर विचार

लोग बहुधा मानते हैं कि जैन धर्म की स्वर्ग और नरक की धारणाएं और ईसाई धर्म तथा इस्लाम की हेवन और हेल की धारणाएं एक हैं। ईसाई धर्म और इस्लाम में गॉड सृष्टि के निर्माता हैं, प्रकृति और संस्कृति दोनों के निर्माता। गॉड के बनाए नियमों का पालन करना मानवता से अपेक्षित है। इन धर्मों में गॉड न्यायाधीश की तरह मनुष्यों पर फैसला सुनाते हैं।

- यदि मनुष्य गॉड के नियमों का पालन करते हैं (जिसे अरबी भाषा में हलाल कहते हैं), वे हेवन अर्थात जन्नत जाएंगे।
- यदि मनुष्य गॉड के नियमों का पालन नहीं करते हैं (जिसे अरबी भाषा में हराम कहते हैं), वे हेल अर्थात जहन्नुम जाएंगे।

जैन आख्यानों के अनुसार मरने पर हम जानवर, मनुष्य, तरह-तरह के स्वर्ग का अनुभव करने वाले देवता या अनगिनत नरक भुगतने वाले जीव बनकर पुनर्जन्म ले सकते हैं। हमारा कर्म निर्धारित करता है कि हमें कौन सा शरीर मिलेगा - मानव, पशु, स्वर्गीय या नारकीय। यह चार संभावनाएं स्वस्तिक के प्रतीक पर चार रिक्त जगहों से इंगित की जाती हैं। यह चार गंतव्य स्थान (गति) हैं।

1. स्वर्गीय शरीर सुख का अनुभव करता है और मानव जीवन को प्रभावित कर सकता है। हम स्वर्ग के सात स्तरों में से कौन से स्तर में जाएंगे यह हमें दूसरों से कितना ऋण वसूल करना है उस पर निर्भर है।
2. नारकीय शरीर निस्सहाय होकर पीड़ा भुगतता है। हम नरक के सात स्तरों में से कौन से स्तर में जाएंगे यह हमें दूसरों को कितना ऋण चुकाना है उस पर निर्भर है।
3. पशु और पेड़-पौधे अन्य जानवरों को खाते हैं, जिस कारण ये दोनों शरीर हिंसा अनुभव करते हैं।
4. सबसे अच्छा रूप मानव रूप है, क्योंकि केवल इस रूप में कोई जैन मार्ग पर चलकर सभी दैहिक रूपों से मुक्ति पा सकता है। मानव शरीर में हिंसा को नकारने और आमरण उपवास करने की भी क्षमता है, जिससे शरीर कर्म रहित हो जाता है और आत्मा भौतिक अस्तित्व से मुक्त हो जाती है।

ध्यान दें कैसे पुनर्जन्म पर आधारित भारतीय आख्यान शास्त्रों में मृत्यु और मरणोपरांत जीवन की समझ में किसी की आलोचना नहीं की जा रही है। जैन, बौद्ध और हिंदू धर्म इस मायने में ईसाई धर्म और इस्लाम से अलग हैं। जैन धर्म में न कोई गॉड हैं न कोई न्यायाधीश है। कर्म से बना विश्व लेखा-शास्त्र पर आधारित है। हिंदू धर्म के अनुसार चित्रगुप्त मानव ऋणों का लेखा-जोखा रखते हैं और निश्चित करते हैं कि सभी ऋण चुकाने तक हम पुनर्जन्म लेते रहेंगे।

ईसाई धर्म इज़राइल में 2000 वर्ष पहले उभरा। लेकिन वह एक प्रभावशाली धर्म केवल 1700 वर्ष पहले बना, जब रोमन साम्राज्य ने ईसाई धर्म अपनाया और साम्राज्य को एकजुट कर उस पर नियंत्रण करने के

लिए धर्म राजनीतिक साधन बन गया। इसलिए, बाइबिल के नए टेस्टामेंट के गॉस्पेल में ईसा दयालु गॉड की बात करते हैं, जबकि जॉन, अपने रहस्योद्घाटन की पुस्तक में ऐसे गॉड की बात करते हैं जिनके फ़रिश्ते योद्धा ईसा के नेतृत्व में शैतान से लड़ते हैं।

बाद में, 1400 वर्ष पहले, इस्लाम ने भी कुछ ऐसे ही विचार प्रस्तुत किए - उसके अनुसार अल्लाह दयालु हैं और नियमों की अवज्ञा करने वालों को दंड देते हैं। इस प्रकार अल्लाह को राजा और न्यायाधीश के रूप में कल्पित किया गया, जो ईनाम और दंड दोनों दे सकते हैं। मध्य पूर्व में उभरे ये धर्म क़ानूनी व्यवस्था को महत्त्व देते हैं। लेकिन ईसाई धर्म और इस्लाम में कई भेद हैं जिन पर बहुधा ध्यान नहीं दिया जाता है।

- ईसाई धर्म में, मनुष्य पाप के बोझ के साथ जन्म लेता है; हम मूल मानव, आदम और हव्वा, के अपराध के पाप का बोझ लेकर जन्म लेते हैं। इस्लाम मानता है कि अल्लाह ने मनुष्य के सभी अपराध माफ़ किए हैं और इसलिए शुरू में हमारा जीवन कोरे कागज़ जैसे होता है।
- ईसाई धर्म में हेवन शांत और पवित्र जगह है। इस्लाम में जन्नत बाग़ों, झरनों, संगीत और सुखों से भरी जगह है।

जीवन के प्रति ऐसा क़ानूनी दृष्टिकोण पुनर्जन्म (कर्म) पर आधारित भारत के धर्मों के लिए अनजान है।

- हिंदू धर्म में, परमात्मा सच्चे श्रद्धालुओं के ऋण चुकाकर उन्हें बचा सकते हैं।
- बौद्ध धर्म में, मनुष्य बोधिसत्त्व से उनके प्रति सहानुभूति दिखाने के लिए अनुरोध कर सकते हैं।

▶ लेकिन जैन धर्म में हमें बाहर से कोई मदद नहीं मिलती है; प्रत्येक जीव को अपने लिए प्रयास करना पड़ता है।

भारतीय प्रतिमान क़ानूनियत पर नहीं बल्कि लेखा-शास्त्र पर आधारित है। यदि आपके खाते में जमा है तो सीढ़ी आपको ऊपर स्वर्ग की ओर ले जाती है। यदि आपके खाते में विकलन है तो सांप आपको नीचे नरक की ओर ले जाता है। उपभोग करने से ऋण निर्माण होता है जो आपको नीचे की ओर खींचता है। योगदान करने से जमा निर्माण होता है और आप ऊपर खींचे चले जाते हों। नीचे खींचने वाली क्रियाएं पाप नहीं हैं; नरक स्थायी नहीं है।

सिद्ध-लोक, जहां कोई भूख नहीं होती है और इसलिए न कोई परभक्षी (बाघ) होता है न कोई शिकार (बकरी) होता है।

स्वर्ग में हमें बकाया ऋण का भुगतान होता है। जो ऋण हमें चुकाने होते हैं वे हमें नरक में बांधे रखते हैं। जैन आख्यान शास्त्र के अनुसार, अपने पूर्व जन्मों में तीर्थंकरों ने भी देवता बनकर स्वर्ग का अनुभव लिया और नरक में उन्हें पीड़ा सहनी पड़ी।

स्वर्ग के पार एक और हेवन है:

- जैन धर्म के अनुसार वह सिद्ध-लोक है।
- बौद्ध धर्म के अनुसार वह धर्म क्षेत्र है।
- शैव हिंदू धर्म के अनुसार वह कैलाश है।
- वैष्णव हिंदू धर्म के अनुसार वह वैकुंठ है।

ये उच्च सफलता के क्षेत्र हैं। विश्व में सभी सांसारिक सुख प्राप्त करने और भूख को तृप्त करने पर हम सफल कहलाते हैं। यहां, जिनकी जीत होती है वे वीर हैं। भूख के पार जाकर संतुष्टता और शांतचित्तता अनुभव कर पाना उच्च सफलता का संकेत है। यहां जीत प्राप्त करने वाले ऋषि (महा-वीर) हैं। ऋण चुकाना हमारा दायित्व है, ऋण वसूल करना सफलता है, लेकिन ऋण माफ़ करना उच्च सफलता है। वह केवल तब संभव है जब आप भूख को वश में कर इतने संतुष्ट बन जाते हो कि आप शरीर का पोषण और उसे जीवित रखने के लिए भोजन भी त्याग देते हो। यह जैन मार्ग है जो हमें मुक्ति की ओर ले जाता है।

आज हम हेवन और हेल इन शब्दों का सहजता से प्रयोग करते हैं, यह मानते हुए कि सभी संदर्भों में उनका एक ही अर्थ है। लेकिन ध्यान देने पर हम उनमें अंतर समझ जाएंगे।

63

दृष्टि पर विचार

विश्वभर, शोधकर्ताओं ने पाया है कि लोगों को हिरण का पीछा करते हुए शेर की छवि दिखाई जाने पर उनकी एक निर्धारित तरह की प्रतिक्रिया होती है।

- यह पूछे जाने पर कि वे किसे बचाना चाहेंगे, अधिकांश लोग कहते हैं कि वे हिरण को बचाना चाहेंगे। लेकिन उनके ध्यान में यह बात नहीं आती है कि हिरण को बचाने से शेर भूखा रहकर मर जाएगा। इस प्रतिक्रिया से लोगों को रक्षक जैसे महसूस होता है।
- यह पूछे जाने पर कि वे कौन सा जानवर बनना चाहेंगे, अधिकांश लोग कहते हैं कि वे शेर बनना चाहेंगे, जो उच्चतम परभक्षी है। लेकिन वे

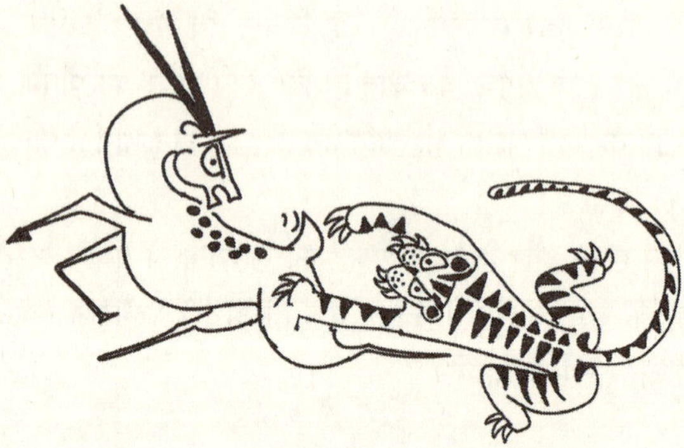

प्रकृति में, परभक्षी शिकार करता है। जानवर क्रूरता के कारण नहीं बल्कि भूख के कारण हिंसक बनते हैं।

यह तथ्य भूल जाते हैं कि शेर को जीवित रहने के लिए मारना पड़ता है। इस प्रतिक्रिया से लोगों को नायक जैसे महसूस होता है।

हम शिकार को बचाना तो चाहते हैं लेकिन परभक्षी भी बनना चाहते हैं। हम अपने सार्वजनिक जीवन में पीड़ितों के लिए लड़ना चाहते हैं लेकिन अपने निजी जीवन में हम दूसरों पर हावी होना चाहते हैं। हम अक्सर हमारे इन जुड़वा व्यक्तित्वों के बारे में अवगत नहीं होते हैं। सार्वजनिक हस्तियों के साथ भी यही होता है। इस प्रकार विरोधाभास होते हैं। इसलिए, किसी एक दृष्टिकोण को स्वीकार करने का अर्थ यह नहीं कि हम अन्य दृष्टिकोणों को नकार रहे हैं। सभी लोगों को इस अनंत, विविध और गतिशील जीवन का केवल सीमित भाग दिखाई देता है। इसलिए, जैन अनेकांत-वाद की बात करते हैं, जिसके अनुसार अनंत दृष्टिकोण होते हैं, परभक्षियों और शिकार दोनों के दृष्टिकोण। वे स्याद-वाद की बात भी करते हैं, व्यक्तियों की सीमित दृष्टि, परभक्षियों या शिकार की, लेकिन दोनों की कभी नहीं।

हमारी दृष्टि कितनी विस्तृत है? आख्यान शास्त्रों में क्षितिज पर क्या दिखाई देता है? अधिकांश संस्कृतियों में यह दृष्टि एक जीवन तक सीमित होती है।

- यूनानी आख्यान शास्त्र के अनुसार नायक न्याय के लिए लड़ता है और देवताओं का भी विरोध करता है। आधुनिक संस्कृति के सुपरहीरो इन यूनानी नायकों पर आधारित हैं।
- यहूदी, ईसाई और इस्लामी आख्यान शास्त्रों में, जिन्हें सामूहिक रूप से मध्य पूर्वी या अब्राहमी आख्यान शास्त्र कहते हैं, पैग़म्बर निश्चित करते हैं कि सभी गॉड के नियमों का पालन करते हैं। इस प्रयास में वे शहीद बन जाते हैं।

यूनानी नायक और बाइबिल के पैग़म्बर मानते हैं कि हम केवल एक जीवन जीते हैं और मृत्यु के बाद हम पर फैसला सुनाया जाता है। यहां अत्यधिक सच्चाइयों या किसी दृष्टिकोण की प्रतिबंधित स्वीकृति की कोई धारणा नहीं है। यहां केवल एक सच्चाई है, जीने का एक तरीक़ा, और एक निश्चितता जिसके साथ सभी को संरेखित होना है।

जैन आख्यान शास्त्र की दृष्टि अधिक विस्तृत है। प्रति-वसुदेव के साथ लड़ने वाले वसु-देव को हम नायक कह सकते हैं। लेकिन जैन कहानियों के अनुसार वसु-देव को अक्सर नरक जाकर अपने कार्मिक ऋण चुकाने पड़ते हैं।

चक्रवर्ती अपने विशाल साम्राज्य को अनुशासित करने के लिए नियम लागू करते है, जिनके कारण लोग अपनी इच्छाओं के विरुद्ध नियंत्रित, सीमित जीवन जीने के लिए बाध्य होते हैं। इसलिए, कई लोग अक्सर चक्रवर्ती को तानाशाह मानते हैं। बाहुबली ने चक्रवर्ती भरत से इसी कारण लड़ाई की। उसे लगा कि भरत खलनायक है। चक्रवर्ती सुभौम ने परशुराम से लड़ाई की। चक्रवर्ती ब्रह्मदत्त, जो शिकार करना और कामुक सुखों का भोग करना पसंद करता था, तीव्र आवेगों के साथ जुड़ा था।

केवल सबसे ऊपर स्थित सिद्ध-लोक में बैठे ज्ञानी तीर्थंकर को इस बात की समझ है कि हमारी दृष्टि नायक और खलनायक निर्मित करती है। जब आध्यात्मिक विकास से दृष्टि में विस्तार होता है, तब हमारा नज़रिया बदल जाता है।

- वसु-देव की एक-विमीय दृष्टि है जिससे वह अल्प अवधि पर ध्यान देता है।
- चक्रवर्ती की दो-विमीय दृष्टि है जिससे वह दीर्घ अवधि पर ध्यान देता है।
- तीर्थंकर की बहु-विमीय दृष्टि है जिससे वे कई जीवनकाल पर ध्यान देते हैं।

हमारी दृष्टि निर्धारित करती है क्या सही है और क्या ग़लत है। संस्कृति का उदाहरण लें। जैसे मनुष्यों ने कृषि करना शुरू किया, वैसे जनजातियों को जंगल से बाहर निकाल दिया गया और उन्हें बंजर भूमि में शरण लेनी पड़ी। बाद में, जब यह पाया गया कि यह बंजर भूमि खनिजों से परिपूर्ण है, तब खनिकों ने इन जनजातीय लोगों को वहां से बाहर निकाल दिया। इस प्रकार, जो काल एक व्यक्ति के लिए अच्छा (सुषमा) होता है वह दूसरे के लिए बुरा (दुषमा) होता है।

सभी लोग सभी कुछ नहीं देख सकते हैं।
हम अपने संदर्भ और हमारी क्षमता से सीमित हैं।
केवल तीर्थंकर सभी कुछ देख सकते हैं।

हालाँकि यूनानी नायकों और बाइबिल के पैग़म्बरों ने ऐसी धारणाओं का प्रसार नहीं किया, वे जैन धर्म की मूल धारणाएं हैं। इन आख्यान शास्त्रों से पता चलता है कि पाश्चात्य नायकों और पैग़म्बरों के विचार सीमित उद्देश्य के विश्व में जन्में हैं। जैन, बौद्ध और हिंदू विचार असीम उद्देश्य के विश्व में जन्में हैं जहां अनंत विभिन्नता और गतिशीलता है। पाश्चात्य विचार द्वैतवाद पर पनपता है: अच्छा/ बुरा, सही/ ग़लत, धार्मिक/ धर्मनिरपेक्ष, हलाल/ हराम, विजेता/ हारनेवाला। विविधता, अनेकत्व और पारस्परिकता जैसे विचार पुनर्जन्म पर आधारित जैन धर्म जैसे आख्यान शास्त्रों के आधारस्तंभ हैं और वे इस द्वैतवाद को धुंधला कर देते हैं। यहां उद्देश्य ढाँचे के पार जाकर, कोई आलोचना किए बिना हिरण और बाघ, परभक्षी और शिकार, और ऋणदाता और ऋणी का अवलोकन करना है।

- प्रकृति में परभक्षी भी खाया जाता है। कोई बचता नहीं है।
- संस्कृति में, भूखे पीड़ित होते हैं, जो खिलाते हैं वे नायक होते हैं और जो हड़पकर इकठ्ठा करते हैं वे खलनायक हैं। खिलाने वाला अपेक्षा करता है कि उसे भी खिलाया जाए। इसलिए, हम विकलन, जमा, कर्तव्य, दायित्व और अपेक्षाओं की बात करते हैं।
- आध्यात्मिकता में सच्चे रूप से सहानुभूतिशील व्यक्ति भोजन के लिए वध नहीं करेगा। इसके बदले वह भूखा रहने और अपने आप को खाए जाने के लिए तैयार होगा!

समवशरण, तीर्थंकरों की अंतिम गोल सभा, जो सभी दिशाओं में सभी जीव सभी भाषाओं में सुन और समझ सकते हैं।

तीर्थंकर का अंतिम प्रवचन सबके लिए है - परभक्षी और शिकार, खाने वाले और खाए जाने वाले, ऋणदाता और ऋणी, नायक और खलनायक और उत्पीड़क और उत्पीड़ित के लिए। चाहे वे किसी भी दिशा से आएं, वे तीर्थंकर को अपने सामने ही देखेंगे, और उन्हें अपनी भाषा में ऐसे शब्दों में बोलते हुए पाएंगे जो उनकी क्षमता के अनुकूल होंगे। इस अंतिम प्रवचन को समवशरण कहते हैं, जिसमें प्रत्येक जीव को समान अवसर मिलता है। यह समोशरण है, जिसमें सभी को इस विश्व के अंतहीन युद्धों और अस्थायी विजयों से शरण मिलती है।

ग्रंथसूची

Austin, Christopher. *Pradyumna: Lover, Magician, and Scion of the Avatara.* Kindle Edition. Oxford University Press, 2019.

Appleton, Naomi. *Narrating Karma and Rebirth.* Kindle Edition. Cambridge University Press, 2014.

Appleton, Naomi. *Shared Characters in Jain, Buddhist and Hindu Narrative (Dialogues in South Asian Traditions: Religion, Philosophy, Literature and History).* Kindle Edition. Taylor and Francis, 2017.

Cort, John E. *Framing the Jina: Narratives of Icons and Idols in Jain History.* Oxford and New York: Oxford University Press, 2010.

De Clercq, Eva. 'The Paümacariya – Padmacarita – Paümacariu: The Jain Rāmāyana-Purāna' in Petteri Koskikallio (ed.) *Epics, Khilas, and Purānas: Continuities and Ruptures*, Zagreb: Croation Academy of Sciences and Arts, 2005, pp. 597–608.

De Clercq, Eva. 'The Jaina Harivamśa and Mahābhārata tradition: A Preliminary Study' in Petteri Koskikallio (ed.) *Parallels and Comparisons: Proceedings of the Fourth Dubrovnik International Conference on the Sanskrit Epics and Purānas*, Zagreb: Croatian Academy of Sciences and Arts, 2009, pp. 399–421.

Dundas, Paul. *The Jains.* 2nd Edition. London: Routledge, 2002.

Gough, Ellen. *Making a Mantra.* London: University of Chicago Press, 2021.

Jain, Pankaj. *Dharma in America.* Kindle Edition. Taylor and Francis, 2020.

Jain Story Book. Third Edition (revised). JAINA Education Series 202, April 2005.

Jaini, Padmanabh. *Collected Papers on Jaina Studies*. Delhi: Motilal Banarsidass Publishers, 2000.

Jaini, Padmanabh S. *The Jaina Path of Purification*. Delhi: Motilal Banarsidass Publishers, 1979.

Kulkarni, V.M. *The Story of Rama in Jain Literature.* Ahmedabad: Saraswati Pustak Bhandar, 1990.

Wiley, Kristi L. *The A to Z of Jainism.* United Kingdom: Scarecrow Press, 2004.

Zwilling, Leonard; Sweet, Michael. "'Like a City Ablaze": The Third Sex and the Creation of Sexuality in Jain Religious Literature,' in *Journal of the History of Sexuality*, January 1996.

लेखक-परिचय

देवदत्त पट्टनायक को आधुनिक काल में पौराणिक कथाओं की प्रासंगिकता पर लिखना, चित्रण करना और व्याख्यान देना बहुत पसंद है। 1996 से लेकर आज तक उन्होंने बड़ों और बच्चों के लिए 50 से अधिक किताबें और 1000 से अधिक लेख लिखे हैं। अधिक जानकारी के लिए www.devdutt.com पर जाएं।

अनुवादक-परिचय

मिहीर नीलम जाजोदिया एक भाषा प्रेमी हैं, जो अंग्रेज़ी के साथ-साथ हिंदी में भी निपुणता से अनुवाद करते हैं। मिहीर ने पौराणिक कथा, लिंग और किशोरों से संबंधित विषयों और इतिहास जैसे विविध विषयों पर लेख, फिल्म स्क्रिप्ट और साउंड एंड लाइट शो स्क्रिप्ट जैसे प्रारूपों में अनुवाद किया है।